utb 5815

Eine Arbeitsgemeinschaft der Verlage

Brill | Schöningh – Fink · Paderborn
Brill | Vandenhoeck & Ruprecht · Göttingen – Böhlau · Wien · Köln
Verlag Barbara Budrich · Opladen · Toronto
facultas · Wien
Haupt Verlag · Bern
Verlag Julius Klinkhardt · Bad Heilbrunn
Mohr Siebeck · Tübingen
Narr Francke Attempto Verlag – expert verlag · Tübingen
Psychiatrie Verlag · Köln
Ernst Reinhardt Verlag · München
transcript Verlag · Bielefeld
Verlag Eugen Ulmer · Stuttgart
UVK Verlag · München
Waxmann · Münster · New York
wbv Publikation · Bielefeld
Wochenschau Verlag · Frankfurt am Main

 **Susanne P. Radtke** ist Professorin für Grafik- und Mediendesign an der Technischen Hochschule Ulm. Sie ist Mitautorin des Standardwerks *Handbuch für Visuelle Mediengestaltung*. Ihr Grafikdesign-Büro gründete sie 1987, heute mit Standorten in Berlin und Ulm. Seit 2009 entwickelt und leitet Radtke interkulturelle Designworkshops, vor allem in Südostasien und den USA. Darüber hinaus legt sie in ihrem Steinbeis-Beratungszentrum den Schwerpunkt auf „Intercultural & Corporate Design". www.intercultural-design-basics.com

Susanne P. Radtke

Interkulturelle Design-Grundlagen

Kulturelle und soziale Kompetenz für globales Design

UVK Verlag · München

Umschlagmotive von links nach rechts: Herz: Jan Herok; Hand: Enik Horák; Mopeds, Auto: Ade Surya Nanda und Dharmawan Arif Setiawan; Illustration am Tablet: Melina Reich.

Bibliografische Information der Deutschen Nationalbibliothek
Die Deutsche Nationalbibliothek verzeichnet diese Publikation in der Deutschen Nationalbibliografie; detaillierte bibliografische Daten sind im Internet über http://dnb.dnb.de abrufbar.

DOI: https://doi.org/10.36198/9783838558158

© UVK Verlag 2022
– ein Unternehmen der Narr Francke Attempto Verlag GmbH + Co. KG
Dischingerweg 5 · D-72070 Tübingen

Das Werk einschließlich aller seiner Teile ist urheberrechtlich geschützt. Jede Verwertung außerhalb der engen Grenzen des Urheberrechtsgesetzes ist ohne Zustimmung des Verlages unzulässig und strafbar. Das gilt insbesondere für Vervielfältigungen, Übersetzungen, Mikroverfilmungen und die Einspeicherung und Verarbeitung in elektronischen Systemen.

Alle Informationen in diesem Buch wurden mit großer Sorgfalt erstellt. Fehler können dennoch nicht völlig ausgeschlossen werden. Weder Verlag noch Autor:innen oder Herausgeber:innen übernehmen deshalb eine Gewährleistung für die Korrektheit des Inhaltes und haften nicht für fehlerhafte Angaben und deren Folgen. Diese Publikation enthält gegebenenfalls Links zu externen Inhalten Dritter, auf die weder Verlag noch Autor:innen oder Herausgeber:innen Einfluss haben. Für die Inhalte der verlinkten Seiten sind stets die jeweiligen Anbieter oder Betreibenden der Seiten verantwortlich.

Internet: www.narr.de
eMail: info@narr.de

Layout: Susanne P. Radtke, Angela Ziegler
Portrait Illustrationen: Daniela Kirchlechner
Wissenschaftliche Recherche: Dr. Anni Peller
Einbandgestaltung: Atelier Reichert, Stuttgart, Angela Ziegler und Susanne P. Radtke
CPI books GmbH, Leck

utb-Nr. 5815
ISBN 978-3-8252-5815-3 (Print)
ISBN 978-3-8385-5815-8 (ePDF)

Widmung

Dieses Buch wäre nicht möglich gewesen ohne die vielen Impulse und die großzügige Unterstützung, die ich von Kolleginnen und Kollegen, Freundinnen und Freunden erhielt: Nada Hussein Abdallah, Rayan Abdullah, Lariset Aguilar, Engy Aly, Jim Baker, Sigrid Bathke, Anne Kristin Baumgärtel, Jasdev Bhogal, Ilona Bubeck, Margarita Budini, Jan Büttner, Christa Casel, Ashley Cooper, Paul Daniel, Emel Eren, Maria Garaeva, Cornelia Häusler, Zari Harat, Andi Haryanto, Nawar Haytham, J. Ellen Hogue, Hanny Kardinata, Margot Körber-Weik, John Kudos, Henri Kusbiantoro, Huang Li, Zhiqian Li, Christina Lobenberg, Georgios D. Matthiopoulos, Mirza Maulana, Lewis Nightingale, Jayesh Patil, Saskia Pferrer, Golnar Kat Rahmani, Lars-Thore Rehbach, Stephan Saaltink, Erich Schmidt-Dransfeld, Wolfgang Schwarz, Verena Seitz, Mimi Sheiner, Mengxuan Sun, Heri Susila, Pilar van der Lugt, Jamila Varawala und auch von allen hier Ungenannten, die mich mit ihren Ratschlägen, Insiderwissen und Beiträgen unterstützten.

Mein besonderer Dank gilt: Elizabeth Resnick, die mir weitläufig Zugang zu ihren internationalen Design-Netzwerken gewährte, Lara Ledwa für das gewissenhafte Lektorat und ihre wertvollen Hinweise zu politischen Begrifflichkeiten, Lindsay Jane Munro für die sorgfältige Übersetzung, Angela Ziegler für das schöne Layout und ihr Durchhaltevermögen sowie Anni Peller für ihre Ermutigungen und die Unterstützung bei den wissenschaftlichen Recherchen, vor allem bei den Texten zu Farbsemantik, Kuba und Polen.

Benutzerhinweis

Lernmaterialien wie Spiele, Videos, interaktive Übungen und Handouts ergänzen das Buch. Zugang erhalten Sie über die Website:

↗ www.intercultural-design-basics.com/education

Folgende Inhalte stehen Ihnen zur Verfügung:

- Videos (Interviews, Workshops und Animationen)
- Galerien, Slideshows, Handouts (Lernen – step by step)
- Spiele (learning by doing)

Viel Spaß!

INHALTSVERZEICHNIS

	Vorwort	10
1	**Zeichen**	**12**
	Kommunikationsquadrat	14
	Sender-Empfänger-Modell	16
	Semiotisches Dreieck	18
	Abstraktionsprozess	22
	Syntax – Semantik – Pragmatik	24
	Internationale Verkehrszeichen	26
	Tradition vs. Popkultur	30
	Interview: *Yossi Lemel*	32
2	**Grundelemente und Grundformen**	**36**
	Überblick	40
	Punkt	44
	Analogien – Vier Jahreszeiten	46
	Linie	48
	Linie in Bewegung	50
	Fläche	52
	Die „gute Form"	54
	Punkt, Linie und Fläche im Alltag	56
	Alternative Lehrmethode: *Daniela Kirchlechner*	58

3 Typo und Form — 62

- Leseprozess und Anatomie der Schrift — 66
- Klassifizierung der Schrift — 68
- Lesbarkeit — 70
- Grauwert, Weißraum und hierarchische Systeme — 72
- Look and Feel — 73
- Schrift im Raum — 74
- Designs aus Simbabwe, Indien, Südafrika, Kanada, USA, Brasilien, Bolivien — 78
- Griechische Schrift: *Georgios D. Matthiopoulos* — 88
- Designs aus Griechenland — 94
- Eine kurze Geschichte der Hanzi: *Zhiqian Li* — 100
- Designs aus China — 106
- Arabische Schrift und Typografie: *Haytham Nawar* — 110
- Designs aus Iran, Libanon, Ägypten — 116
- Interview: *Haytham Nawar* — 120

4 Farbe — 124

- Farbmodelle — 126
- Farbkreise — 130
- Farbkontraste, Farbklänge und Farbharmonien — 132
- Abstraktionsprozess — 136
- Semantik der Farbe — 138
- Designs aus Ägypten, Indonesien, Japan, Mexiko, Taiwan, Elfenbeinküste, China — 148
- Farben im interkulturellen Vergleich — 164
- Farbcodes in Ägypten, Äthiopien, Indien: *Katrin Hinz* — 176
- Interview: *Katrin Hinz* — 178

5	**Interkulturelle Projekte**	**182**
	Interkulturelle Kompetenz im Medienbereich	184
	Stereotypen	186
	Interview: *Jay Rutherford*	188
	„What is normal?"	190
	Interview: *Frank Rausch*	192
	Bilingualen und Trilinguale Sprichwörter	194
	Interview: *Christine Voigts*	196
	Kollektive Identität – Street Art	198
	Interview: *Lewis Nightingale*	200
	Praxis-Projekte	202
	Interview: *Lu Yu*	204
	Kulturelle Unterschiede in Social Media	208
	Interview: *Rayan Abdullah*	210
	„Bauhaus and Beyond"	214
	Schlussfolgerung	215
	Interview: *Fred Meier-Menzel*	216
	Text Message und Tolerance: *Agnieszka Ziemiszewska*	218
	Interview: Zari Harat	220
	Verstehen und Rekonstruieren: *Sigrid Bathke*	222
6	**Local vs. global**	**224**
	Kuba	226
	Nationale Designs	228
	Polen	230
	Nationale Designs	232
	Interview: *Agnieszka Ziemiszewska*	236
	Indonesien	238
	Nationale Designs	239
	Interview: *Henri Kusbiantoro*	242
7	**Anhang**	**246**
	Literatur, Links, Zitate und Ausführungen	246
	Bildnachweis	255

VORWORT

Die vorliegende Publikation ist ein Lehrbuch für Design- und Kommunikationsstudierende sowie Lehrende in Design, Medien und Marketing. Zusammen mit einer Lern-App bietet das Buch einen globalen und innovativen Ansatz für die Designausbildung. Verschiedene kulturelle Einblicke und grundlegende Design-, Typografie-, Farb- und Zeichentheorien werden vorgestellt und können anhand der mannigfaltigen internationalen Designarbeiten in ihrer Anwendung nachvollzogen werden. Darüber wird die Aufmerksamkeit auf internationale Designs und Stile gelenkt, die vielen weniger bekannt sind. Das Verständnis und die Wertschätzung der kulturellen Vielfalt sind eine gute Basis für eine erfolgreiche interkulturelle Kommunikation. In meinen interkulturellen Workshops gehe ich noch einen Schritt weiter und zeige auf, wie die interkulturelle Handlungskompetenz initiiert und gefördert werden kann.

Dieses Buch will bewusst Raum geben für unterschiedliche Perspektiven, Erfahrungen und pädagogische Ansätze von internationalen Designerinnen, Designern und Lehrenden. Das Ziel ist es, sehr komplexe Thema der visuellen Kommunikation im internationalen Kontext auszuloten, um interkulturelle und innovative Lerninhalte zu erweitern.

Im ersten Kapitel geht es um die Bedeutung und die Form von Zeichen und Zeichensystemen, die sich stets auf einen kulturellen Kontext beziehen und nur über diesen verstanden und interpretiert werden können. Sie sind für Designerinnen und Designer wichtig, um zu verstehen, wie Kommunikation – theoretisch wie praktisch – funktioniert.

Das zweiten Kapitel behandelt die grundlegenden Elemente und Formen der visuellen Kommunikation wie den Punkt, die Linie und die Fläche. Es geht um unsere visuelle Wahrnehmung im Zusammenhang mit Größe, Helligkeit und Kontrast. Darüber hinaus spielen kulturell und individuell geprägte Sehgewohnheiten und das menschliche Bedürfnis nach Balance und Stabilität eine Rolle.

Im anschließenden dritten Kapitel geht es um Schrift und Schriftsysteme. Beginnend mit einer Definition und der kurzen Entwicklungsgeschichte der Zeichencodes, werden der kognitive Prozess des Lesens, Schriftanatomie, Typeneinteilung und Klassifizierung sowie die Lesbarkeit beleuchtet. Internationale Designerinnen und Designer werden mit ihren typografischen Arbeiten vorgestellt und kommentiert, um auch hier den kulturellen Kontext sowie unterschiedliche Bedeutungen und Interpretationen deutlich zu machen.

Farbe als ein maßgebliches Element im Grafikdesign steht im vierten Kapitel im Mittelpunkt. Die Wahrnehmung von Farbe ist ausgesprochen vielschichtig und in einem hohen Grad kulturell geprägt. Für Grafikdesign-Studierende ist es wichtig, die unterschiedlichen Assoziationen zu Farbe und Farbkombinationen zu kennen, um erfolgreich arbeiten zu können. Auch hier wird die kulturell unterschiedliche Farbgestaltung an vielen internationalen Designarbeiten gezeigt und kommentiert.

Kapitel fünf wendet sich noch stärker der Praxis zu. Design hat einen starken soziokulturellen Bezug. Deshalb beschäftigt sich dieses Kapitel mit Designworkshops, die sich aus Teilnehmenden verschiedener Nationen zusammensetzen. Es werden Methoden, Prozesse, Themen und Erfahrungen aus diesen Workshops vorgestellt, insbesondere im Hinblick auf den Einfluss, den die Zusammenarbeit in international gemischten Teams auf die Design-Resultate der Studierenden hat.

Unmittelbar daran schließt sich das letzte Kapitel sechs an. Auch in einer globalisierten Welt ist Design nach wie vor lokal geprägt. Das beherzigen auch global agierende Firmen in ihrer Werbung. Anhand von den drei Länderbeispielen Kuba, Polen und Indonesien wird in diesem Kapitel der historische Werdegang beleuchtet, der zu den jeweiligen, heute aktuellen Formen des Grafikdesigns geführt hat.

ZEICHEN

Komplexe Zeichensysteme entstanden bereits vor Jahrtausenden in China und in Mesopotamien, einem Teil Vorderasiens, um nur zwei Kulturen zu nennen. Die moderne Semiotik, die Lehre von den Zeichen, ist relativ jung. Sie hat ihren Ursprung in der Antike und ist für das Verständnis von Design und moderner Kommunikation wichtig.

Im Mittelalter beantworteten die Scholastiker die Frage, was ein Zeichen sei, mit *„aliquid stat pro aliquo"*, also: das Eine steht für ein Anderes.[1] Ein Zeichen hat demnach eine Stellvertreterfunktion, es kann sich in einer konkreten Form materialisieren. Es kann z. B. in Stein gehauen sein, wie eine griechische oder römische Götter- bzw. Göttinnenstatue, die bestimmte Eigenschaften repräsentiert.

Bis heute symbolisiert die Statue der Justitia (staatliche) Gerechtigkeit und ihre drei Attribute – die Augenbinde, die Waage und das Richtschwert – sollen ausdrücken, dass ein Gericht unparteiisch ist, gerecht abwägt und urteilt. Die Justitia ist keine reale Person, genauso wenig wie die Heldinnen und Helden der Pop(ulär)kultur Superman oder Superwoman, die sich ihren individuellen Rechtsraum schaffen. Sie fungieren wie eigenständige Marken, die über Fanartikel und natürlich auch Logos verfügen.

Auch Architektur sendet uns Botschaften, indem sie von weitem sichtbar als Erkennungszeichen oder Wahrzeichen für einen Ort dient. Der Eiffelturm steht für Paris, die Golden Gate Bridge für San Francisco und ein markantes Opernhaus für Sydney.

Zeichen durchdringen unsere gesamte kulturelle Welt und Wahrnehmung. Wohin wir uns auch bewegen, unsere Welt ist voll von zahllosen Zeichen wie Verkehrs-, Laut-, Hand-, Rauch-, Sprach-, Firmen- und Schriftzeichen, um nur einige zu nennen.[2]

1.01 Die Welt der Zeichen
1.02 Justitia, Personifizierung der Gerechtigkeit
1.03 Hintergrundbild: Australien, Höhlenmalerei

 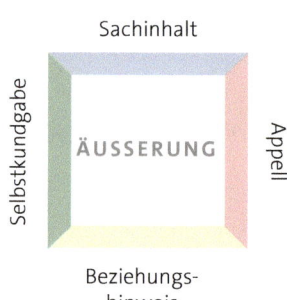 

SENDER
mit 4 Mündern

EMPFÄNGER
mit 4 Ohren

1.04 Kommunikationsquadrat nach Schulz von Thun

Kommunikationsquadrat

Zeichen dienen zuallererst der Kommunikation, dem Austausch von Informationen. Der Kommunikationswissenschaftler und Philosoph Paul Watzlawick formulierte Ende der 1960er Jahre fünf Axiome, um die menschliche Kommunikation zu erklären. Das Bekannteste dieser fünf Axiome lautet: „Wir können nicht nicht kommunizieren."[3] Das bedeutet, dass wir, selbst wenn wir schweigen, durch unser Verhalten immer auch nonverbale Botschaften aussenden.

Ein Folgemodell mit starkem Praxisbezug entwickelte Anfang der 1980er Jahre der Psychologe Friedemann Schulz von Thun. Er entwickelte ein in Kommunikationskursen häufig verwendetes Modell, das vier unterschiedliche Botschaften einer Nachricht ins Zentrum stellt.[4]

Wir kennen alle die Situation, dass wir etwas mitteilen, aber unser Gegenüber es nicht versteht (verstehen kann oder will). Unsere Botschaft kann aus der eigenen Sichtweise noch so klar und eindeutig formuliert sein und kommt dennoch nicht an. Warum ist das so? Weil es keine reine Sachinformation gibt. Bei jeder Äußerung schwingen unsere persönlichen Gefühle mit, ob wir uns dessen bewusst sind oder nicht.

„One cannot not communicate."

Paul Watzlawick

Auch im Berufsleben ist das der Fall, z. B. bei einem Fachvortrag. Mit einem interessanten Thema, dem Sachinhalt, wollen wir unsere Zuhörenden optimal durch Fakten informieren. Wir achten darauf, wie wir als Person wirken und was wir von uns preisgeben. Das ist die Selbstkundgabe. Durch Wortwahl, Gestik, Mimik und Interaktion mit den Zuhörenden, verweisen wir darauf, in welcher Beziehung wir zu ihnen stehen. Wir fokussieren uns darauf, was wir bei den Zuhörenden erreichen möchten. Dieser Teil der Nachricht beinhaltet einen Appell.

Wie die Zuhörenden unsere Botschaften interpretieren und wie sie uns als Person wahrnehmen, muss nicht mit unseren Intentionen übereinstimmen. Dieses Missverhältnis zu klären und den Austausch von Informationen zu verbessern, das ist erklärtes Ziel aller Kommunikationsmodelle.

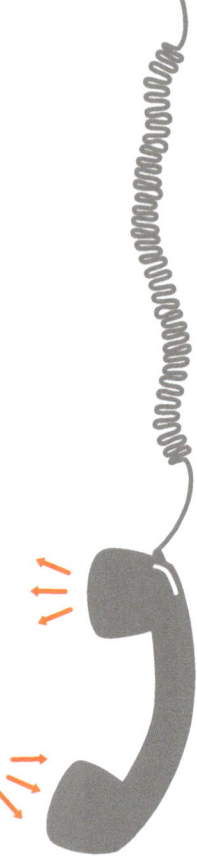

Sender-Empfänger-Modell
Da die menschliche Kommunikation so komplex und vielschichtig ist, lohnt es sich, das Thema Sender-Empfänger zunächst an einem viel einfacheren System der Übertragung von Signalen zu untersuchen: am Telefon zu Beginn des 20. Jh. Denn als das Sender-Empfänger-Modell populär wurde, waren Geräte zum Versenden und Empfangen einer Nachricht überwiegend Festnetztelefone mit Kabelverbindungen, die für die Übertragung der elektrischen Signale sorgten.

In den 1940er Jahren erhielten der Mathematiker Claude E. Shannon und der Nachrichteningenieur Warren Weaver den Auftrag von einer Telefongesellschaft, die Störanfälligkeit bei der Signalübertragung zu reduzieren. Sie entwickelten das sog. Shannon-Weaver-Modell.

Zum Verständnis schauen wir uns zuerst an, wie die akustische Signalübertragung

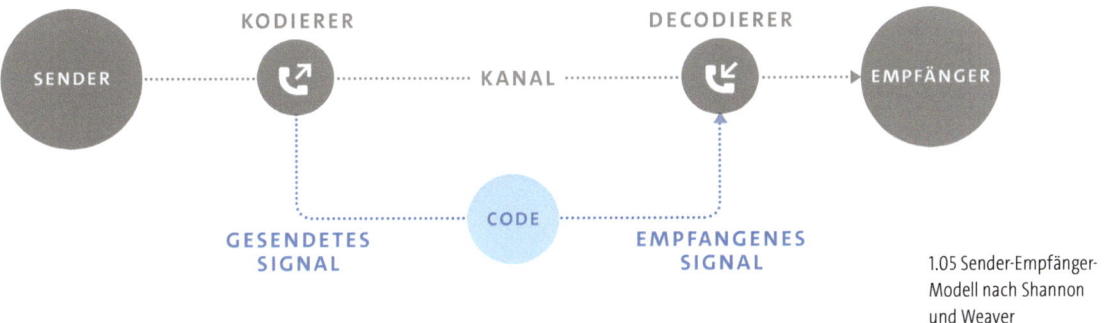

1.05 Sender-Empfänger-Modell nach Shannon und Weaver

erfolgt, wenn wir uns ohne ein Sendegerät unterhalten. Um eine Information mitzuteilen, bedienen wir uns der Stimme, d. h. die Gedanken werden in Laute und Worte, also akustische Signale, umgewandelt. Dann werden die Schallwellen über den Luftkanal an das Ohr des Empfängers übertragen, in neuronale Signale umgewandelt, also decodiert, so dass wir die gesprochenen Worte hören; es sei denn, es gibt eine Störung wie z. B. laute Musik.

Wenn wir uns als Sender eines Telefons als Sendegerät bedienen, werden Informationen über das Mikrofon in Form von Schallwellen in elektrische Signale umgewandelt, also codiert. Die Signale werden über einen Kanal (Kabel oder Funk) an den Lautsprecher des Empfängergeräts geschickt und dort dekodiert, um beim Empfänger in Form von Schallwellen anzukommen. Dabei können Störungen wie Rauschen auftreten.

Dieses klar strukturierte Modell wurde von vielen anderen Disziplinen, z. B. von den Sozial- und Kommunikationswissenschaften, adaptiert und um psychosoziale und marketingrelevante Aspekte erweitert. Aber ein solch technisches Modell bezieht weder die Person des Sendenden noch des Empfangenden und auch nicht den Kommunikationsinhalt mit ein. Deshalb ist das Modell nur bedingt übertragbar.

So ist z. B. der Begriff der „Störung" im technischen Kontext negativ besetzt, aber in der Pädagogik und der interkulturellen Kommunikation kann eine „Störung" durchaus hilfreich oder wichtig sein. Eine Störung im Kommunikationsfluss kann helfen, kulturelle Unterschiede zu identifizieren oder die eigene Aussage zu reflektieren.

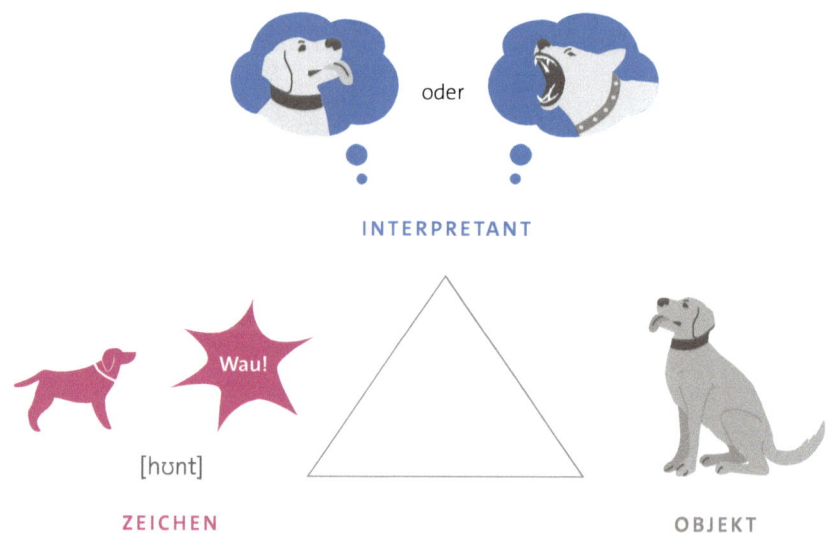

1.06 Semiotisches Dreieck

1.07 Zeichenmodell Ferdinand de Saussure

Semiotisches Dreieck

In der Philosophie nahm die Auseinandersetzung mit den Zeichen einen ganz anderen Weg als in der Technik. Der Sprachwissenschaftler Ferdinand de Saussure prägte im 19. Jh. die Semiotik als einen wichtigen Zweig der Erkenntnistheorie. Er definierte das Zeichen als eine Einheit von Lautbild (Ausdruck) und Inhalt (Bedeutung, Vorstellung). Das mitteilende Zeichen, z. B. der Laut [hʊnt], wird „das Bezeichnende" oder Signifikant (le signifiant) genannt. Der mitgeteilte Inhalt, dass es sich um einen Hund handelt, wird „das Bezeichnete" oder Signifikat (le signifié) genannt. In diesem dyadischen (zweigliedrigen) Zeichenmodell spielt das Objekt, also der Hund, auf den sich der Laut [hʊnt] bezieht, noch keine Rolle.[5]

Ein Zeitgenosse Saussures, der amerikanische Philosoph Charles Sanders Peirce, entwickelte ein Zeichenmodell, das auf der Triade Objekt – Zeichen – Interpretant basiert.[6] Die Sprachwissenschaftler Charles Kay Ogden und Ivor Armstrong Richards prägten später den Begriff semiotisches Dreieck.[7]

Das Objekt meint den Sachverhalt, also den realen Gegenstand, um den es geht. Das Zeichen zeigt, wie man ihn darstellt oder benennt; es besitzt eine sinnlich wahrnehmbare Präsenz. Es könnte ein Piktogramm des Hunds sein, wie beim Hinweisschild zum Leinenzwang für Hunde, aber es könnte auch ein Bellen sein, das auf einen Hund hinweist. Was das Zeichen bedeutet, beschreibt der Interpretant (Signifikat/Referent): Wenn wir z. B. einen Hund bellen hören, machen wir uns einen Begriff, eine Vorstellung. Wer Angst vor Hunden hat, wird sich etwas anderes vorstellen als ein Hundenarr. Peirce sieht die Entstehung von Zeichen (Semiose) und deren Bedeutung als einen wirkungsorientierten Prozess, der uns als Zeichenbenutzende inkludiert.

1.08 „Wau Wau", Entwurf Kartenspiel

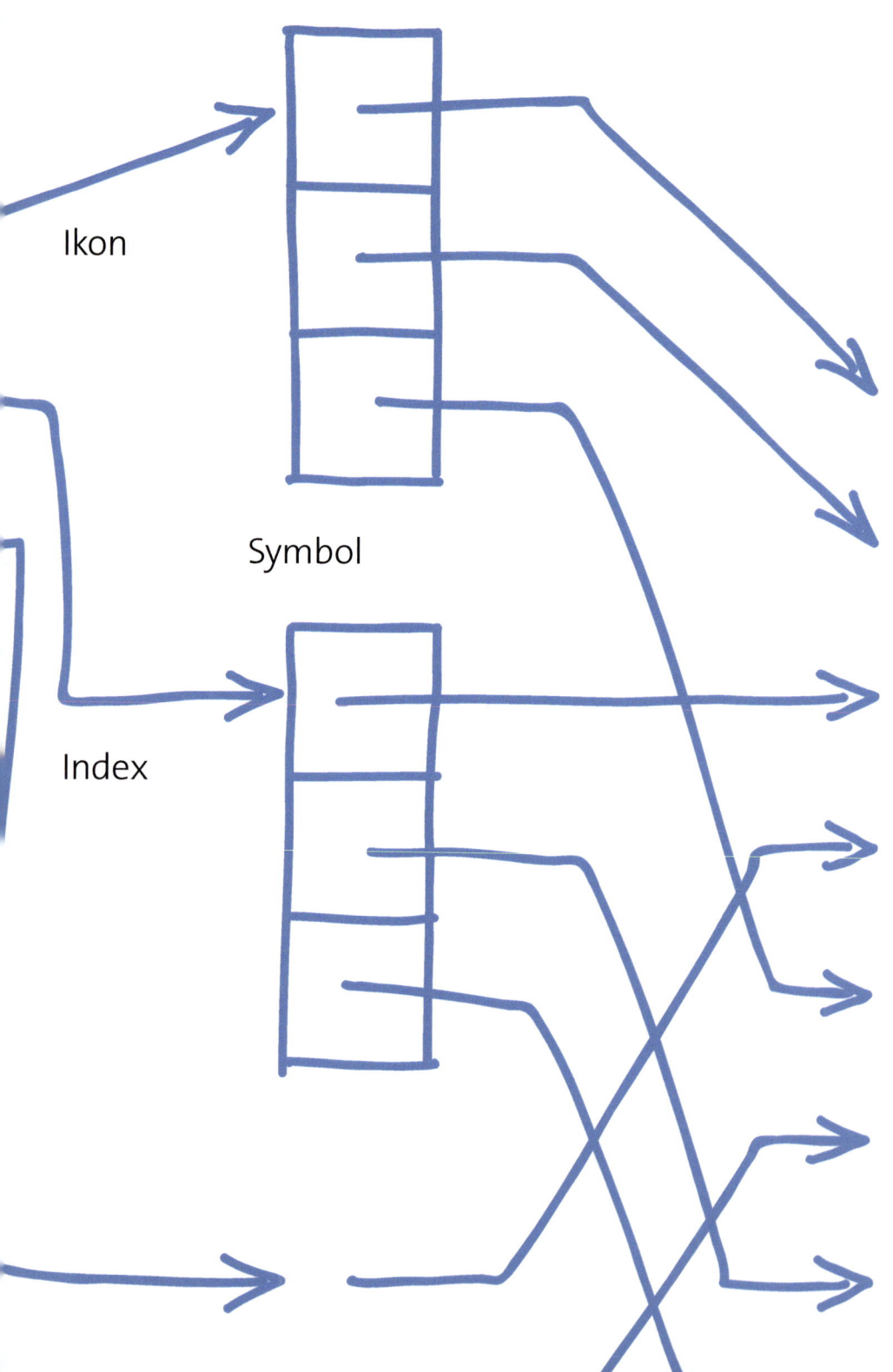

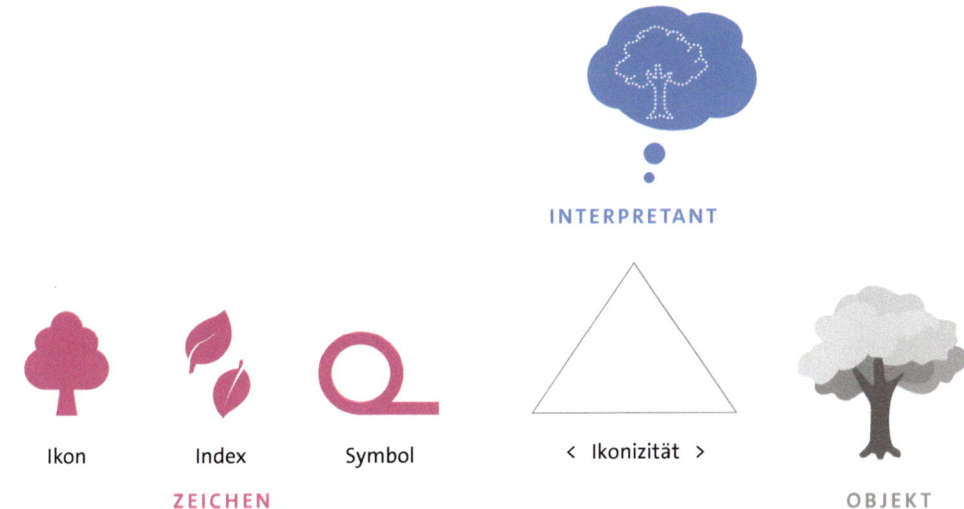

1.09 Ikon, Index, Symbol

Für die Designpraxis relevant sind Peirces drei Kategorien des Zeichens bzw. des Zeichenträgers: Ikon – Index – Symbol. Schauen wir uns das am Objekt „Baum" an.

Die ikonische Zeichenentsprechung wäre jede Abbildung, die Ähnlichkeit mit dem Objekt Baum hat: eine detailgetreue Illustration oder auch eine piktogrammhafte Abbildung des Baums.

Auch das indexikalische Zeichen verweist auf ein tatsächlich vorhandenes Objekt. Es hat jedoch eine Folgebeziehung, aber keine Ähnlichkeit zum Objekt. Auf dem Boden liegende Blätter verweisen auf Bäume und den Herbst, aber sie sehen nicht aus wie ein Baum. Ein Index ist ein Zeichen, das einen zeitlichen und räumlichen Bezug zu seinem Objekt oder Referenten hat. Ein klassisches Beispiel ist Rauch, der für Feuer steht, oder der Fingerabdruck, der auf eine ganz bestimmte Person hinweist. Indizes können auch Symptome sein, wie Fieber für Krankheit.

Das Symbol verweist infolge einer Gesetzmäßigkeit oder Konvention auf das Objekt. Die meisten Symbole beruhen auf einer „still schweigenden" und kulturell bedingten Übereinkunft. Die Beziehung ist konventionell und arbiträr, also beliebig. Das Zeichen für einen Baum in der Legende von topografischen Karten ist ein Symbol, das erst erlernt werden muss. Weitere Symbole sind Verkehrszeichen, religiöse Zeichen, Logos, naturwissenschaftliche Symbole oder Schriftzeichen.

Beim Ikon gibt es noch eine Untergliederung, die sog. Ikonizität, die die Ähnlichkeit zum Objekt bezeichnet. Der Ikonizitätsgrad nimmt in dem Maße ab, wie der Abstraktionsgrad der Abbildung zunimmt. Je abstrakter die Darstellung des Baums ist, desto geringer ist die Ikonizität. Im Design spielt der Abstraktionsprozess eine große Rolle, da in einer medial komplexen Welt die Vereinfachung von Prozessen, die effiziente Orientierung in der realen und digitalen Welt, essenziell ist.

Abstraktionsprozess

Das Beispiel des Londoner U-Bahn Plans besitzt Kultstatus unter den Kartografien, da der technische Zeichner Harry Beck zugunsten einer schematischen die topografisch getreue Darstellung des Liniennetzes über Bord warf. Er fokussierte auf das Wesentliche wie Stationen und Umsteigemöglichkeiten und vereinheitlichte die Linien auf Horizontale, Vertikale und Diagonale im 45°-Grad-Winkel. Dieser bahnbrechende Liniennetzplan wurde ab 1933 eingeführt und prägte nachhaltig alle folgenden Pläne.

Auch in der modernen Kunst bevorzugte man ab Anfang des 20. Jh. minimalistische Darstellungen der Natur und beschritt ausgehend vom Impressionismus über den Expressionismus bis zum Konstruktivismus den Weg von der Figuration bis hin zur Abstraktion. Piet Mondrian gehört mit Wassily Kandinsky zu den Begründern der abstrakten Malerei, wobei Mondrian den geometrischen Abstraktionsweg ging und sich schrittweise vom Gegenständlichen ablöste. Kandinsky wollte stattdessen individuelles und seelisches Erleben ausdrücken, entwickelte später allerdings als Bauhauslehrer ein Regelwerk seiner Formensprache, die universell war.

Im Grunde gibt es keine angewandte Gestaltung ohne Abstraktion, da eine Botschaft klar und eindeutig sein muss, um möglichst störungsfrei vom Empfangenden dekodiert werden zu können; wir erinnern uns an das Sender-Empfänger-Modell. Aber anders als in der Kunst zielen Designprodukte stets auf einen Nutzen oder eine Handlung ab.

↗ Fokussierung auf das Wesentliche
↗ Reduktion der Anzahl der Elemente

1.10 Logoentwicklung Pelikan   1938   2003

1.11 London U-Bahn Pläne
in schematisierter Darstellung,
vor 1933 und nach 1933
von Harry Beck

1.12 Piet Mondrian,
Blühender Apfelbaum, 1912 /
Komposition, 1913 /
Komposition, 1920

1.13 Semantik

Rot: Bedeutung international einheitlich

Rot-Gelb: nur in wenigen Ländern eingesetzt wie Deutschland, Großbritannien, Norwegen, Österreich, Russland, Schweden und der Schweiz

Gelb und Grün: Bedeutung international einheitlich

Syntax – Semantik – Pragmatik

Ein Zeitgenosse von Peirce, der amerikanische Philosph Charles William Morris, verfolgte noch stärker einen auf Anwendung orientierten Ansatz der Zeichenlehre.[8] Morris unterschied folgende drei Dimensionen des Zeichens:

↗ Syntax (formales Regelwerk eines Zeichensystems)
↗ Semantik (Bedeutung der Zeichen)
↗ Pragmatik (Verwendung der Zeichen)

Diese Einordnung hat sich in allen Designdisziplinen etabliert, da sie Argumentationshilfen für das praktische Gestalten bietet.

Stellen wir uns vor, wir befinden uns auf einer Straße und stehen vor einer Ampel. Was sehen wir? In den meisten Ländern zuerst einmal drei Kreisflächen in Rot, Gelb und Grün auf einem schwarzen Hintergrund. Wenn die Ampel in Betrieb ist, werden diese nacheinander in unterschiedlicher Helligkeit angezeigt. Kreise sind Formen, die in diesem Fall gleich groß und untereinander angeordnet sind. Sie unterscheiden sich lediglich in der Farbe und haben eine hohe syntaktische Kohärenz, also einen hohen formalen Zusammenhang. Unter Syntax verstehen wir Formen, Farben, Helligkeitsstufen und vor allem die Bezüge der Zeichen untereinander.

Die Semantik beschreibt die Bedeutung, den Inhalt der Zeichen. Die drei Signalfarben Rot, Gelb und Grün bedeuten: Stopp, Achtung und freie Fahrt. Zusätzlich gibt es Farbkombinationen, die gleichzeitig angezeigt werden wie Rot-Gelb, was bedeutet: Achtung, gleich ist freie Fahrt.

In den USA ist ein rotes Blinklicht üblich, das zwar ein Stopp signalisiert, aber es erlaubt weiterzufahren, wenn die Kreuzung frei ist. Weltweit gibt es viele Unterschiede und auch verschiedene Farbkombinationen, aber die Farbe Rot steht immer für Stopp und ist zumindest bei vertikalen Ampeln ganz oben angeordnet.

Die Pragmatik beleuchtet das Ziel und die Funktion des Zeichens. Welche Handlung soll es auslösen? In unserem Beispiel sollen Autofahrende bei Rot stehen bleiben, sich bei Gelb bereithalten und bei Grün losfahren. Die detaillierten Handlungsanweisungen finden sich in den Verkehrsregeln, die weltweit unterschiedlich sind, wieder.

Wir können uns im Straßenverkehr nur dann angemessen verhalten, wenn wir alle drei Zeichendimensionen, ob bewusst oder unbewusst, verarbeiten können und kennen. Bei einer Farbblindheit werden wir unter Umständen mit der Syntax Probleme haben, wobei die Helligkeitsunterschiede und die Anordnung der drei Kreise die Wahrnehmung unterstützen. Barrierefreie Zeichen sind die taktilen Signalgeber der Ampeln. Sie helfen sehbehinderten und blinden Verkehrsteilnehmenden mit Orientierungstönen und unterschiedlichen Vibrationszuständen.

1.14 Fußgängerampel, Deutschland Ost

1.15 Fußgängerampeln, v.l.n.r.: Guadeloupe, Deutschland, Dänemark, Deutschland

1.16 Fußgängerampeln, v.l.n.r.: Griechenland, Belgien, Niederlande, Österreich

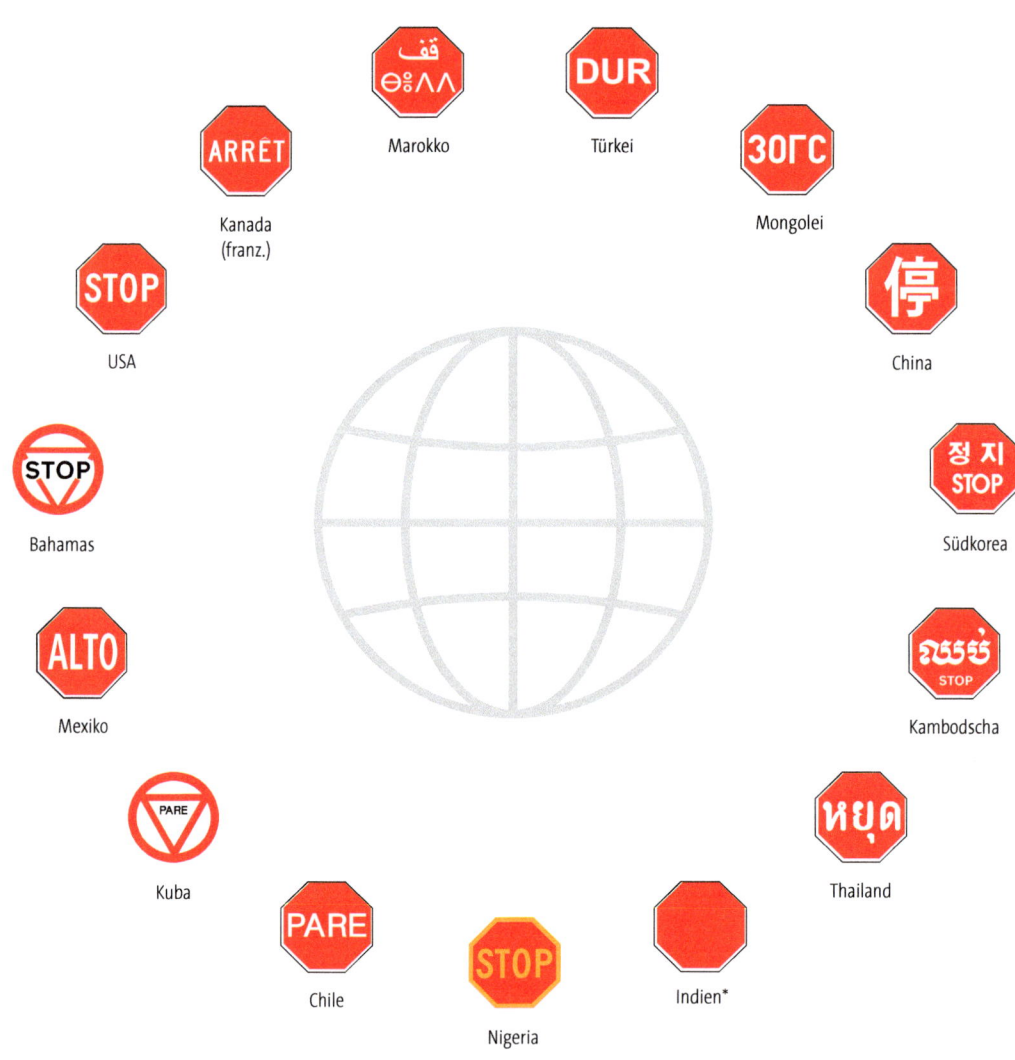

* In Indien gibt es 23 offizielle Amtssprachen und über 100 weitere Sprachen. Devanagari, Dravidian and Grantha sind die Hauptschriften. Das Stoppschild wird also je nach Region mit einer andern Schrift dargestellt, zudem gibt es die gebräuchliche Variante mit „STOP".

London 1868	Italien 1896	USA 1924	USA 1954	Deutsche Demokratische Republik 1956	Bundesrepublik Deutschland 1971

Japan — Papua-Neuguinea

Simbabwe — Israel

Internationale Verkehrszeichen

Was Verkehrszeichen genau bedeuten, ist international unterschiedlich. Wenn die Codierung des fremden Verkehrszeichens unbekannt ist, erschließt sich seine semantische Dimension nicht auf den ersten Blick.

Es ist hilfreich, wenn wichtige internationale Verkehrszeichen von allen Verkehrsteilnehmenden verstanden werden. Schrift und Text sollten nur eine untergeordnete Rolle spielen. Die Syntax des internationalen Stoppschilds zeigt, wie wichtig Form und Farbe für die Wiedererkennung sind.

Weltweit hat sich das rote Oktagon, das erstmals 1955 in den USA eingeführt wurde, durchgesetzt. Die internationale Vereinheitlichung durch das Wiener Übereinkommen über Straßenverkehrszeichen von 1968 erlaubt sowohl den Kreis als auch das Oktagon.

1.17 Internationale Stoppschilder

RAUTE

DREIECK

1.18 - 1.21 Internationale Straßenschilder

KREIS

Australien

Indonesien

Italien

England

USA

Indonesien

Malaysia

Neuseeland

Malaysia

China

SONDERFORMEN

Polen

Deutschland

Japan

Philippinen

Australien

Kolumbien

Costa Rica

Syrien

Italien

Kolumbien

Tradition ↔ Popkultur

Tradition vs. Popkultur

Das Sender-Empfänger-Modell hat in der Postmoderne an Bedeutung verloren, was im vielzitierten Satz *The medium is the message* von Marshall McLuhan thematisiert wird. Ein handgeschriebener Brief transportiert einen anderen Inhalt als eine SMS. Das Medium SMS bestimmt den Inhalt, die Form, die Übermittlungszeit und ist nicht an den Raum gebunden. McLuhan, ein kanadischer Philosoph, hat bereits in den 1960er Jahren den identitäts- und gesellschaftsverändernden Einfluss von Kommunikationsmedien, damals vor allem Radio und TV, vorausgesagt. Seine Zukunftsvision des „Global Village" ist heute eine Metapher für das Internet. Sein optimistisches Bild einer medialen Gesellschaft machte ihn zur Ikone der Popkultur.

Popkultur ist nicht gleich Populärkultur, Popmusik ist auch nicht Volksmusik und die Kunstgattung Pop-Art hat nichts mit der historisch und handwerklich verankerten Volkskunst zu tun. Popkultur ist allgegenwärtig: in Comics, Computerspielen, bildender Kunst, Filmen, Werbung, Merchandising-Produkten und Popmusik. Ihre Ikonen sind real wie die Rolling Stones und Spice Girls, aber auch hyperreal wie Superman oder Hello Kitty. Allen gemeinsam ist, dass sie Produkte der Massenmedien und einer globalisierten Vermarktungsstrategie sind. Seit der Postmoderne, also der Zeit nach der Moderne, wird in den Medien kein Unterschied mehr zwischen der Fiktion und der Realität gemacht. Zeichen sind nicht mehr die Widerspiegelung der Wirklichkeit, sie sind „hyperreal", d. h. sie verdrängen und ersetzen die Wirklichkeit.

Das lässt sich am Beispiel von „Hello Kitty", der bekanntesten japanischen Mangafigur und Kassenmagnet nachvollziehen. Die Kawaii Kultfigur (*kawaii* = niedlich) sieht aus wie eine Katze, obwohl sie laut Sanrio, dem Vertreiber, ein Londoner Mädchen sein soll. Das Referenzobjekt ist also ein Mädchen, das Bildzeichen eine Katze und der Inhalt wird an folgende Botschaft geknüpft: „Hello Kitty repräsentiert den tiefen Wunsch aller Menschen, unabhängig von Nation und Ethnie, Freude und Glück zu erleben, ohne dies unter einem tiefgründigen intellektuellen Aspekt zu bewerten." Hello Kitty ist ein massenmediales Marketing- und Kulturprodukt wie Superwoman, Batman und Darth Vader, deren Bedeutungen als Zeichen global verständlich sind. Historisch verankerte Symbole wie das Zeichen für Yin und Yang, das Lebensrad und die Sphinx sind erklärungsbedürftig, es sei denn, sie werden zukünftig medial in einem Blockbuster oder einer Serie recycelt.

Hello Kitty
Sie repräsentiert japanische Popkultur und ist als Lifestylemarke überall präsent: Mode, Kosmetik, Spielzeug, Gastronomie, Social Media etc.

Yin und Yang
In der chinesischen Philosophie werden Polaritäten wie kalt und warm nicht als Gegensatz gesehen, sondern als eine sich wechselseitig bedingende Einheit.

Superman/Superwoman
Logo der westlichen Comic Superhelden und Begründer des Genres – ihre Beliebtheit und Wiedererkennungswert sind ebenso groß wie die von Batman.

Lebensrad
Sowohl im Hinduismus als auch im Buddhismus steht das Lebensrad für den Kreislauf des Lebens von der Geburt über den Tod zur Wiedergeburt.

Batman
Der Fledermausmann ist ohne übernatürliche Kräfte, aber mit Ecken und Kanten, dennoch ein Superheld dank seines Reichtums und seiner Intelligenz.

Sphinx
Sie ist ein Wesen zwischen Mensch und Tier, das im Altertum im vorderasiatischen Raum verbreitet war und bis heute fasziniert und uns Rätsel aufgibt.

Darth Vader
Krieger und Antagonist im Science Fiction Kultfilm Star Wars, der zu den Filmen mit den höchsten Einspielergebnissen weltweit zählt.

1.22 Poster „Stay home", 2020
1.23 Poster „Superhero doctors", 2020

Bitte beschreiben Sie Ihren Bildungshintergrund, einschließlich Ihres Studiums, Ihrer Arbeit/Studien und Ihrer Reisen.

Ich wurde in Israel geboren und wuchs dort in einer krisengeschüttelten Region auf und erlebte in meiner Jugend mehrere Kriege, wie zum Beispiel den Sechstagekrieg, als ich zehn Jahre alt war. Andererseits bin ich in einem Haushalt aufgewachsen, in dem es ganz normal war, Dinge zu reparieren, da mein Vater auf dem Bau arbeitete. Meine Eltern lehrten mich, die Welt zu einem besseren Ort zu machen. Nachdem ich vier Jahre lang beim Militär war, reiste ich für ein Jahr in die Vereinigten Staaten. Dort entdeckte ich die Fotografie und ihre Bedeutung für mich. Ich begann in meinen Zwanzigern mit dem Studium der Visuellen Kommunikation und schloss es mit 26 Jahren mit einem BFA ab. Ich arbeitete in verschiedenen Agenturen, bevor ich 2001 meine eigene Agentur gründete. Parallel dazu entwickelte sich meine politische Plakatkunst und meine umfassende weltweite Lehre.

Yossi Lemel

Studium an der Bezalel Academy
of Arts and Design, Jerusalem, Israel
Derzeit Dozent am Holon Institute
of Technology, Israel
2001 Gründung der Lemel Cohen
Creative Factory, Tel Aviv Yafo, Israel

Mit welchen Ländern oder Kulturen haben Sie eng zusammengearbeitet und/oder in welchen Ländern oder Kulturen haben Sie gelebt? Haben Sie prägende Erfahrungen in anderen Kulturen gemacht?

Kommunikation – und insbesondere Sprache – ist ein sehr wichtiger Faktor in meinen weltweiten Workshops. Ich kommuniziere viel mit meinen Studierenden. Ich spreche Englisch, Deutsch, Französisch und Hebräisch und brauche in den meisten Ländern, in denen ich unterrichte, keinen Übersetzer. Aber in einigen Ländern, wie Mexiko, der Türkei, Korea und anderen, sprechen die Studierenden nicht wirklich fließend Englisch und ich muss Übersetzer einsetzen. Das ist praktisch, macht aber die Kommunikation weniger direkt und authentisch und es wird nur ein Teil der Botschaft vermittelt. Meine prägendsten Erfahrungen habe ich in Polen gemacht, da sich deren visuelle Kultur – hauptsächlich im Plakatdesign – meiner eigenen Kunst sehr nahe anfühlt. Es ist fast so, als ob das Design dort meine eigene DNA teilt.

Was wussten Sie über diese Länder/Kulturen, bevor Sie die Zusammenarbeit begannen?
Schon während meiner Schulzeit wurde ich mit der Plakatkunst der späten siebziger Jahre aus Polen konfrontiert und beeinflusst – der Polnischen Schule der Plakatkunst. Später in meinem Designstudium wurde ich auch von dem Illustrator Seymour Chwast und seiner starken ikonischen Bildsprache beeinflusst. Als Designer muss man neugierig sein und seinen Horizont erweitern. Bevor ich in einem anderen Land mit einer Kultur, über die ich nicht viel weiß, lehre, lese ich so viel wie möglich.

Welche spezifischen Unterschiede sind Ihnen bei der Art und Weise, wie Studierende in anderen Ländern/Kulturen lernen, aufgefallen?
Meine Herangehensweise an Unterricht und Gestaltung ist hauptsächlich konzeptionell und basiert auf dem Gebrauch von Sprache. Daher ist für mich die Bildungs- und Kommunikationsebene das, was den Unterschied ausmacht und nicht so sehr die Kultur. Deutsche und schwedische Studierende verfügen bereits über Designkenntnisse und ihr Englisch ist meist perfekt, so dass ich leicht in die inhaltliche Tiefe vordringen kann. Nicht so in Entwicklungsländern, wo ich mich mit der Sprachbarriere auseinandersetzen und oft auf einem anderen Designniveau beginnen muss.

Mussten Sie Ihre Arbeits- oder Lehrmethoden anpassen, während Sie sie in einer fremden Kultur praktiziert haben, d. h. sie an verschiedene soziale und moralische Normen anpassen, einschließlich Klassen- oder Geschlechterfragen? Wenn ja, wie?
Ich bin mit der kulturellen Anpassung sehr vertraut, da meine Eltern als Mitglieder einer jüdischen Gemeinde in Będzin von Polen nach Israel ausgewandert sind. Sie hatten den Holocaust überlebt. Auch meine Kindheit in Israel war von interkulturellen und interreligiösen Themen geprägt.

Es ist mir wichtig, meine Studierende als Individuen zu sehen – nicht als Ausländer – und sie persönlich kennen zu lernen. Ich gebe ihnen Zeit und Raum, um über ihr Leben und ihre Einstellungen zu sprechen. Ich will ihnen meine Ideen nicht aufzwingen und versuche einfach, mich an die gegebene Situation anzupassen. Ich teile meine umfassenden Designs und Kunstwerke mit ihnen und schaffe Raum für die Fragen der Studierenden. Ich erkläre ihnen, wie ich Probleme definiere und wie ich Ideen, Konzepte und Worte kombiniere.

Der Unterricht in Ländern, die politisch instabil sind oder die sich irgendwo zwischen Demokratie und Diktatur befinden, kann eine Herausforderung sein. In diesem Fall kann ich nicht alles, was ich will, mit den Studierenden besprechen. In solchen Fällen hat die Sicherheit der Studierenden für mich Priorität.

Was war der Vorteil, in einem anderen Kulturkreis als Ihrem eigenen zu arbeiten bzw. zu lehren?

Das Unterrichten in anderen Ländern bereichert Ihr Wissen und erweitert Ihren Horizont. Sie lernen die Menschen, die menschlichen Bedingungen, die Kulturen kennen. Und auch die Unterschiede in der visuellen Sprache, d. h. Farbe, Typografie, Ikonografie und visuelle Konzepte. Je mehr Sie sozusagen über „das Andere" wissen, desto mehr verstehen Sie es. Ich schaffe Brücken und für mich fühlt sich der Unterricht wie eine Mission an. Lehrer zu sein bedeutet, sich zu exponieren und oft werde ich von den Studierenden als Vorbild wahrgenommen. Das ist eine ziemliche Verantwortung. Humor ist jedoch ein wesentlicher Bestandteil meines Unterrichts und ich liebe Wortspiele in jeder Sprache.

1.24 Poster „Fake news", 2019

1.25 Poster „The Choice", 2020

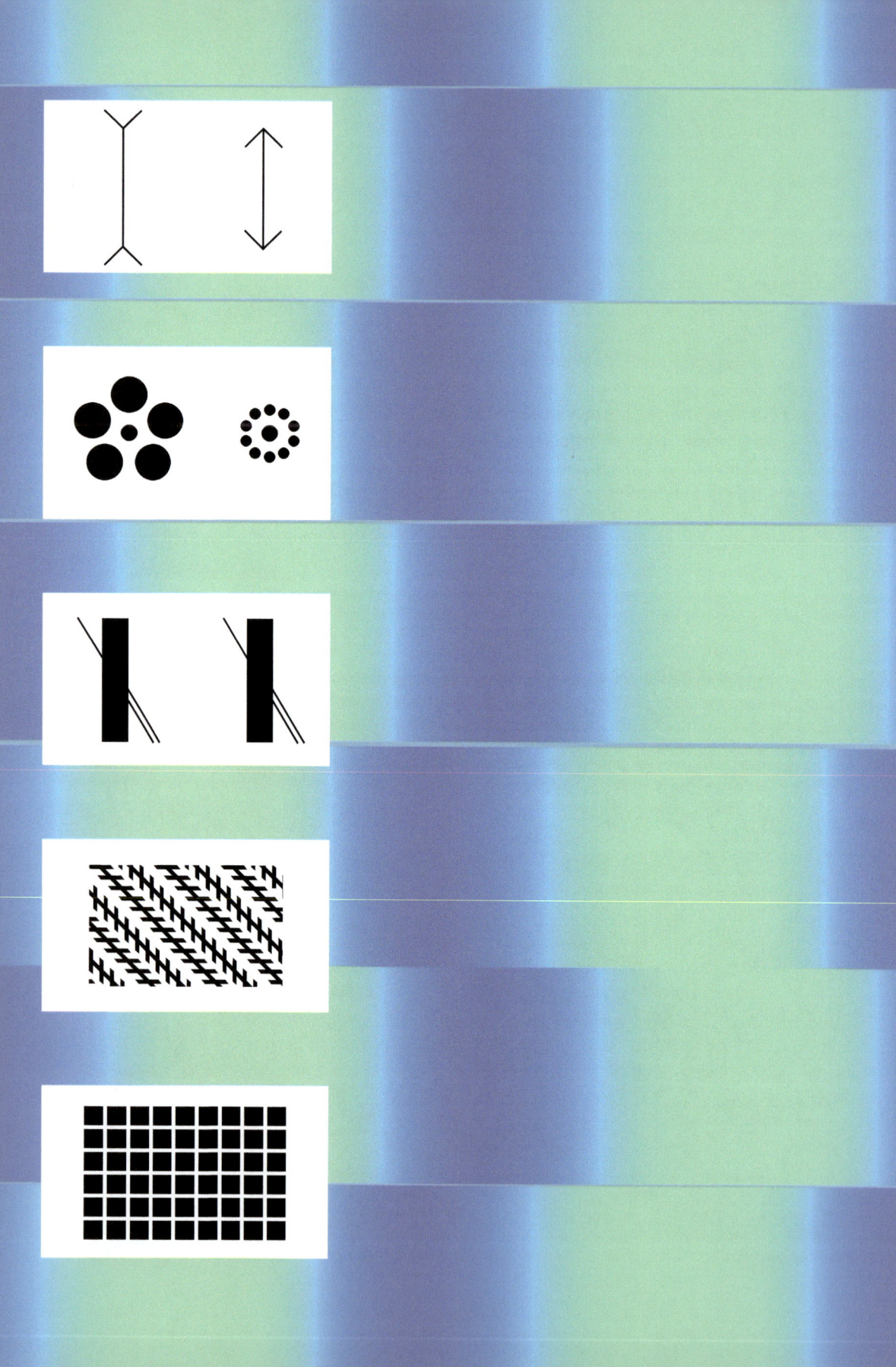

GRUNDELEMENTE UND GRUNDFORMEN

Wir stellen unsere Wahrnehmungseindrücke und die damit verbundenen Schlüsse und Emotionen gewöhnlich nicht in Frage. Wie und was wir wahrnehmen, ist trotzdem subjektiv und letztendlich können wir lediglich mitteilen, wie uns ein wahrgenommener Sachverhalt erscheint.

2.02 Bevorzugte Blickrichtung bei Schreib- und Leserichtung von links nach rechts

Ein Tourist nimmt die fremde Umgebung anders wahr als der Einheimische das vertraute Umfeld. Rollstuhlfahrende nehmen hohe Bordsteinkanten als Hindernis wahr, was nicht behinderte Fußgänger nicht tun. Wir alle schätzen ähnliche Wahrnehmungsinhalte an guten und schlechten Tagen unterschiedlich ein, wie es in der Metapher des halb vollen bzw. halb leeren Glases eingängig veranschaulicht ist.

Zudem beeinflusst die Schreib- und Leserichtung unsere bevorzugte Wahrnehmung. Wenn wir primär von links nach rechts lesen, bevorzugen wir Objekte, die nach rechts schauen; darin sind sich Neuropsychologinnen und Neuropsychologen einig. Bei der Schreib- und Leserichtung von rechts nach links, wie z. B. bei der arabischen Schrift, werden je nach Studie Objekte, die nach links zeigen, bevorzugt[1] oder beide Richtungen gleich bewertet.[2]

Das sind nur einige Beispiele dafür, wie unterschiedlich unsere Gehirne optische Informationen verarbeiten. Wie wenig wir uns auf unsere Sinne verlassen können, zeigen auch die optischen Täuschungen. Hier sind Größe, Helligkeit, Kontraste und Farben keine feststehenden Konstanten.

Wenn wir aber eine professionelle Wahrnehmungskompetenz anstreben, um als Designerinnen und Designer oder Medienschaffende tätig zu werden, ist eine Wahrnehmungsschulung notwendig. Das Wissen um visuelle Phänomene ist nur eine Seite der Medaille, die andere betrifft das Kennenlernen und Bewusstmachen unserer individuellen Vorlieben und Wahrnehmungsgewohnheiten. Nur so haben wir einen gemeinsamen Ausgangspunkt für eine vertiefende Gestaltungspraxis.

2.01 Auswahl an optischen Täuschungen: 1. Müller-Lyer Illusion, 2. Ebbinghaus, 3. Poggendorff, 4. Zöllner, 5. Hermann-Gitter

Die eigene Wahrnehmung schult man am besten mit Hilfe eines Settings, das einem Experiment im Labor ähnelt: Reduzierung auf das Notwendigste und die Ausschaltung aller möglichen Störquellen mit dem Ziel, messbares und konsistentes Verhalten zu erzeugen. Zuallererst benötigen wir eine Grundannahme. Diese ist hier, dass grundlegende emotionale Zustände wie Harmonie und Disharmonie von den meisten Menschen – kulturell übergreifend – mit ähnlichen visuellen Anordnungen verbunden werden.

Um auf einer Fläche aber auch im Raum eine sog. Figur beurteilen zu können, benötigen wir ein weiteres Element: einen Rahmen bzw. einen Grund. Wenn wir unsere Wohnung einrichten, spielt die Größe und die Proportion des Zimmers eine große Rolle. Das ist der sog. Grund. Ein Möbelstück wäre dann die Figur. Reduzieren wir es auf das Allernotwendigste, reicht erst einmal ein Hocker.

Ein Hocker war übrigens auch das erste Gebrauchsobjekt, das ehemalige Studierende an der Hochschule für Gestaltung Ulm, eine der Nachfolgeschulen des Bauhauses, in Eigenarbeit in der Holzwerkstatt anfertigen mussten; nämlich den Ulmer Hocker. Dieser war multifunktional und konnte zum einen Sitzgelegenheit sein und zum anderen übereinandergestapelt als Stehpult oder Bücherregal dienen. In diesem kargen Möbelstück spiegeln sich ökonomische Einschränkungen der Nachkriegszeit, aber auch der Wille zum Neubeginn wider. Wie wichtig es für die Gestaltenden ist, sich auf das Einfache und möglichst Eindeutige zu beziehen, wird in diesem Buch noch an vielen anderen Stellen deutlich. Stellen wir uns vor, dass wir eine quadratische Fläche haben, die wir Grund nennen, und als Figur eine kleine schwarze Kreisfläche. Wo würden wir sie positionieren, wenn wir einen harmonischen Eindruck bei den Betrachtenden hinterlassen wollten? Dieses Experiment führe ich seit mehr als 30 Jahren mit Studierenden durch und es ist immer wieder erstaunlich, wie hoch die Übereinstimmung der Resultate ist. Versuchen Sie es selbst! Nehmen Sie eine Münze und positionieren Sie diese innerhalb des nebenstehenden Quadrats. Das sog. Figur-Grund-Verhältnis soll möglichst harmonisch sein.

Die Beziehung zwischen dem Grund und der Figur ist selten ausgeglichen. Es wirkt fast wie ein Kräfteringen, um die richtige Balance zu finden. Viele haben das Bedürfnis nach Stabilität. Denken wir nur daran, wie es sich anfühlt, wenn wir ein Bild aufhängen und es zuerst noch schief hängt. Gestalten hat viel mit dem Ausloten und Austarieren von visuellen Kräfteverhältnissen zu tun. Die Schwerkraft, die uns aus der Physik bekannt ist, und die Leserichtung unserer Schrift z. B. Lateinisch (v. l. n. r.) oder Hebräisch (v. r. n. l.), haben einen wesentlichen Einfluss auf unsere Sehgewohnheiten.

2.03 Positionieren Sie eine
Münze innerhalb des Quadrats,
so dass Ruhe und Harmonie
visuell ausgedrückt werden.

Überblick

↗ Der **Punkt** ist das kleinste Element innerhalb der Gestaltung. Er hat geometrisch gesehen keine Ausdehnung und beschreibt lediglich die Position auf der Fläche und im Raum. In der Mathematik hat der Punkt die Dimension 0.

↗ Die **Linie** setzt sich aus vielen Punkten zusammen und kann auch als Pfad eines sich bewegenden Punktes definiert werden. Die Linie hat stets eine Richtung, basierend auf der Leserichtung, und dadurch eine dynamische Qualität. Sie hat nur eine Länge, aber keine Breite. Zieht man eine Linie, so schafft man eine Grenze zwischen zwei Bereichen. Die Linie grenzt ab, teilt auf und ordnet. Sie kann gerade, gebogen oder geknickt sein.

↗ Die **Fläche** entsteht aus aneinandergereihten Punkten. Sie hat eine Größe und einen Flächeninhalt, der über die Breite und die Höhe bestimmt wird. Nur mit Flächen können wir ein Figur-Grund-Verhältnis sowie eine positiv-negativ Wirkung schaffen und Proportionen kreieren. Die drei Basisformen Quadrat, Kreis und Dreieck sind die Grundlagen jeder anderen geometrischen Form.

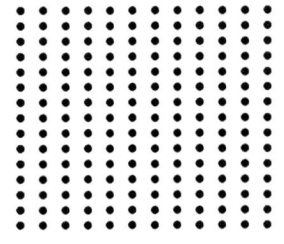

2.04 Gestaltung mit den Basiselementen

I BASISELEMENTE	II ZUSTÄNDE			
DER PUNKT Ohne Ausdehnung: Dimension 0	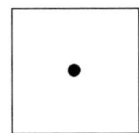	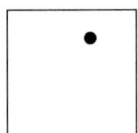	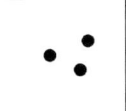	Symmetrie, Asymmetrie, Spannung
	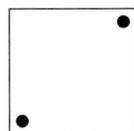			Kontrast, Anziehung/Gleichgewicht, Ungleichgewicht
DIE LINIE Richtung: Dimension 1	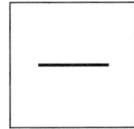	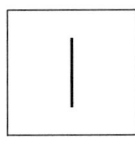	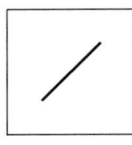	Stabilität, Instabilität, Richtung
	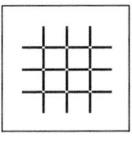	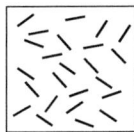	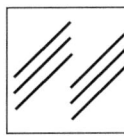	Ordnung, Chaos, Rhythmus
DIE FLÄCHE Proportion: Dimension 2			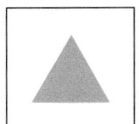	Quadrat, Kreis, Dreieck
				Figur-Grund Verhältnis, Proportion, positiv-negativ Wirkung

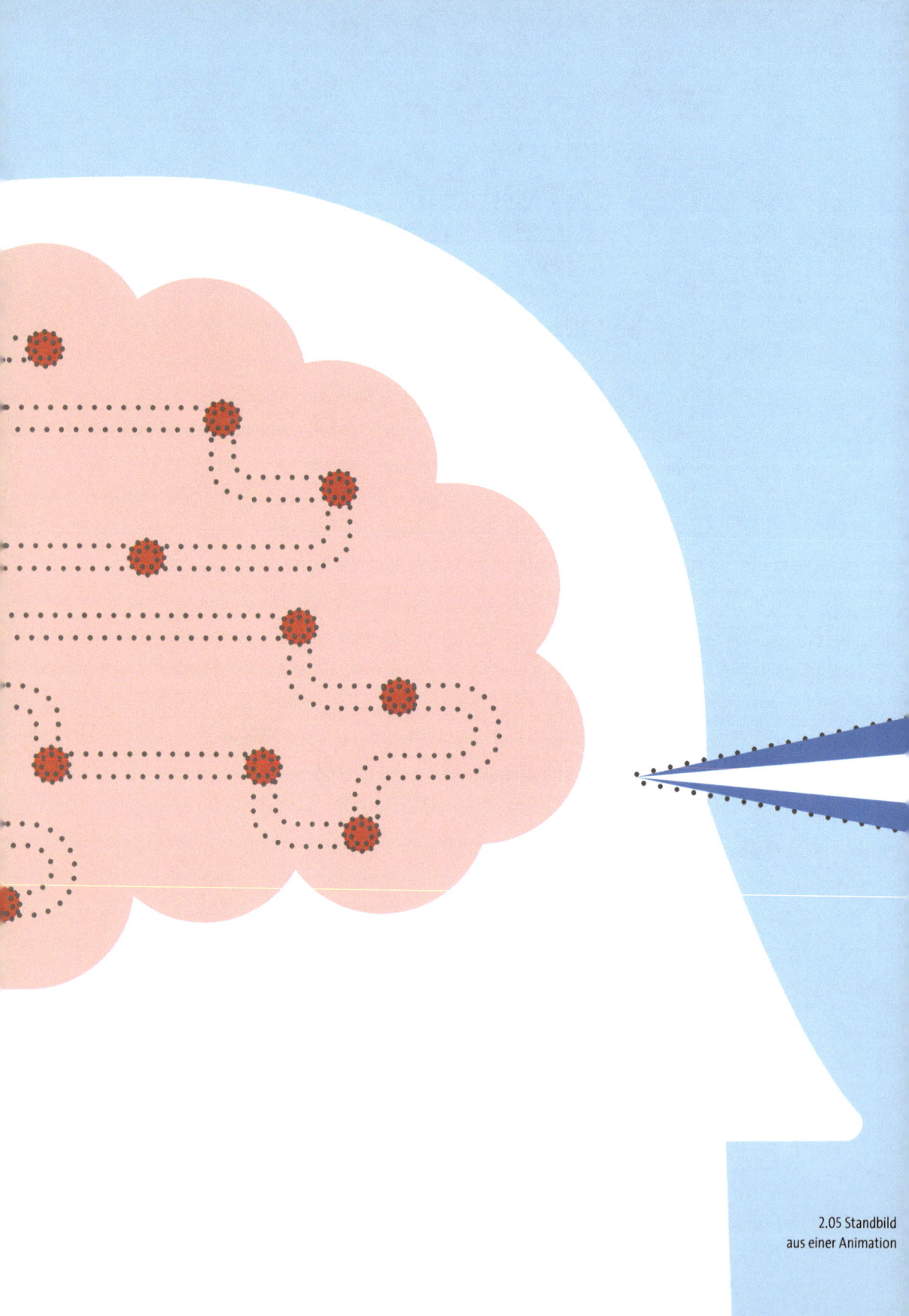

2.05 Standbild aus einer Animation

Die Grundlagen der Gestaltung sind geprägt von
↗ der Wahrnehmungs- bzw. Gestaltpsychologie (Gestaltgesetze) und
↗ den Neurowissenschaften.

Die Gestaltgesetze wurden im 19. Jh. von deutschen Gestaltpsychologen auf der Grundlage von empirischen Studien formuliert.[3] Die neuronalen Abläufe bei der Wahrnehmung wurden erst im 20. Jh., vor allem über bildgebende Verfahren, hinzugezogen. Bis heute werden Gestaltgesetze in der Gestaltungspraxis angewandt, aber auch bei der automatisierten Objektwahrnehmung unter Einsatz von künstlicher Intelligenz.

Die menschliche Wahrnehmung bezieht sich auf unsere fünf Sinne: Sehen, Hören, Riechen, Tasten und Schmecken. Mehr als 50 % des menschlichen Gehirns sind an der Analyse und Interpretation von visuellen Reizen beteiligt. Optische Reize treffen auf die Netzhaut des Auges, werden in Nervenimpulse übersetzt und vom Gehirn verarbeitet. Das klingt simpel, aber wie optische Informationen vom Gehirn verarbeitet werden, ist bis heute noch nicht zur Gänze erforscht. Nicht nur der biologische Wahrnehmungsapparat ist daran beteiligt, sondern auch unsere Vorerfahrungen bzw. unsere psychologische Vorprägung. Im Konstruktivismus, einer philosophischen Richtung innerhalb der Erkenntnistheorie, wurde postuliert, dass sich jeder/jede von uns die Welt im Kopf „konstruiert" und zwar in Abhängigkeit davon, was er/sie kennt und gewohnt ist.

Bei einem Experiment (1970) wurden Kätzchen monatelang einer Umgebung ausgesetzt, die nur aus horizontalen Streifen bestand. Vertikale Raumelemente wie Stuhlbeine konnten sie danach nicht wahrnehmen und liefen dagegen. Es wurden folglich keine richtungsempfindlichen Neuronen im Gehirn entwickelt, die auf vertikale Streifen reagierten.[4] Wie wir etwas wahrnehmen, hat also nicht nur mit den äußeren Reizen zu tun, sondern maßgeblich mit unserem durch Vorerfahrungen geprägten Wahrnehmungsapparat.

Auch wenn eindeutig ist, dass unser Gehirn auf Wahrnehmungsreize reagiert und sich seine Struktur über repetitive Eindrücke verändert, ist es weniger bekannt, dass wir auch Einfluss auf die neuronale Plastizität des Gehirns, z. B. über Meditieren, nehmen können, wodurch die Dichte der Neuronen im Hippocampus zunimmt. Wir können also alleine über unsere Vorstellungskraft die Arbeitsweise unseres Gehirns verändern. Wenn wir uns auf eine angeleitete Sehschule unserer Wahrnehmung einlassen, werden wir unsere Umgebung mit „neuen" Augen sehen und um Wassily Kandinsky zu zitieren: „Wenn der Ausgangspunkt stimmt und die eingeschlagene Richtung gut gewählt ist, kann das Ziel nicht verfehlt werden."[5]

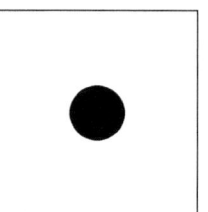

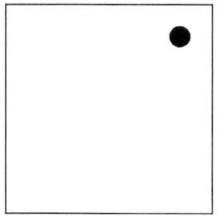

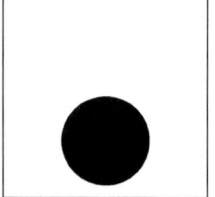

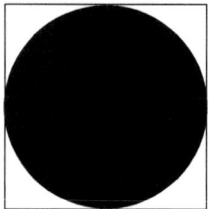

Punkt
Auch wenn der Punkt streng genommen nicht sichtbar und formlos ist, wird seine grafische Qualität als Kreis genutzt, um bestimmte Aussagen darüber treffen zu können, ob der Punkt innerhalb eines Quadrats schwer oder leicht wirkt. Nimmt man die Größe und Anzahl als weitere Eigenschaften von Punkten hinzu, lässt sich die visuelle Wirkung noch steigern.

Der Grund bildet einen Begrenzungsrahmen und die Bühne für die Figur. Das bereits erwähnte Figur-Grund-Verhältnis ist eines der wichtigsten Prinzipien der Wahrnehmung und liefert den Rahmen für weitere Gestaltgesetze wie das Gesetz der Nähe, der Geschlossenheit und der Kontinuität.

Bereits mit einer Anzahl von unterschiedlich großen Punkten lassen sich Aussagen, wie Konkurrenz und Freude treffen, vor allem, wenn diese animiert werden.

2.06 Grafische Wirkung
1. harmonisch
2. aktiv / leicht
3. passiv / schwer
4. erzwungene Ruhe

 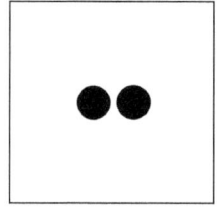 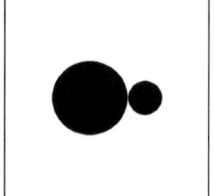 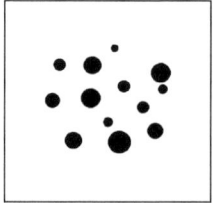

2.07 Konkurrenz / Freude

Die Fähigkeit, Formen zu abstrahieren, ist für Gestaltende grundlegend. Wir können sie bereits mit Hilfe der Grundelemente am menschlichen Körper üben. Gelenke und Achsen wie das Rückgrat, der Schultergürtel und die Position der Hüften, sind für die Darstellung eines menschlichen Körpers besonders hilfreich. Hier geht es darum, Wesentliches von Unwesentlichem zu unterscheiden und nur mit ein paar Punkten Bedeutung zu schaffen.

Bisher wurde die „Figur", also hier der Punkt, ohne weitere syntaktische Einschränkungen auf den „Grund" gesetzt. Ist ein 6er Raster vorgegeben, kann das die Positionierung der Punkte erleichtern oder auch erschweren. Es gelingt nicht, mit nur einem Punkt einen harmonischen Zustand zu erreichen. Bedingt durch das 6er Raster ist es nicht möglich, den Punkt in der symmetrischen Mitte zu positionieren.

 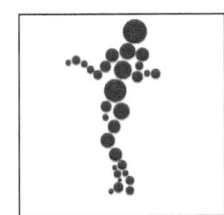 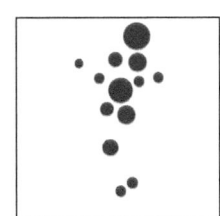
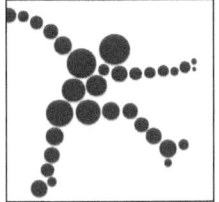  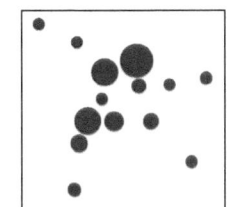

2.08 Abstraktionsprozess

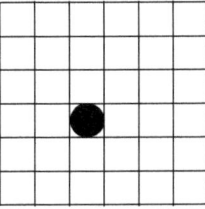 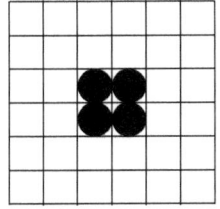 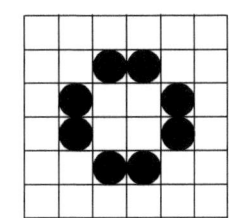

2.09 Symmetrie: ungleichmäßig–gleichmäßig

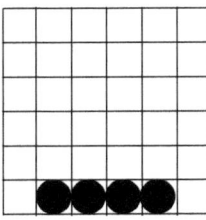 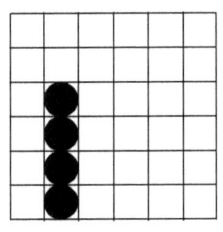 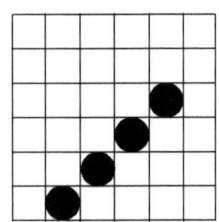

2.10 Balance: stabil / instablil / dynamisch

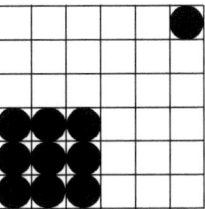 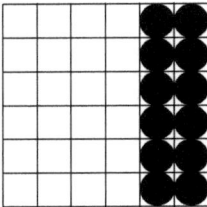 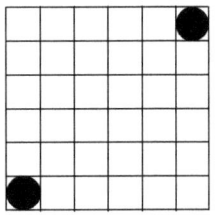

2.11 Kontrast: viel–wenig / hell–dunkel / unten–oben

Analogien – Vier Jahreszeiten

Folgende Übung führt mit Hilfe von Analogien in die Gestaltung ein. Analogien bewegen sich stets in einem bestimmten inhaltlichen Bezugsrahmen, der auf Ähnlichkeiten und Gemeinsamkeiten basiert.

Aufgabe ist es hier, die vier Jahreszeiten mit Hilfe von unterschiedlich großen Punkten umzusetzen. Woran denken wir normalerweise, wenn wir uns den Herbst oder den Winter vorstellen? An fallende Blätter und kahle Bäume? Das würde eine Analogie zur Natur beschreiben. Aber bei dieser Übung geht es nicht darum, fallende Blätter oder einen kahlen Baum mit Punkten abzubilden, sondern darum, ein System zu finden, das sich komplett frei macht von der ikonografischen Darstellung und stattdessen grafische Analogien nutzt.

Weltweit gibt es verschiedene Definitionen von Jahreszeiten, die sich nur bedingt auf Temperaturunterschiede beziehen. So kennt das indigene Volk der Yolngu, Aborigines im Norden Australiens, sechs Jahreszeiten oder in tropischen Ländern bestehen die Jahreszeiten aus der Regen- und der Trockenzeit.

Für die jeweiligen Definitionen von Jahreszeiten können unterschiedliche grafische Analogien gefunden werden.

Wichtig ist, dass die jeweiligen Jahreszeiten sich auch gut über unsere körperlichen, sozialen und emotionalen Reaktionen definieren. Beispielsweise freuen wir uns in dem vier Jahreszeiten Modell nach einem kalten Winter im Frühling über die ersten Sonnenstrahlen, werden vielleicht aktiver und spüren die neue aufsteigende Energie in uns. Im Sommer bremst uns nichts mehr und viele genießen es, draußen zu sein. Mit schwächer werdenden Sonnenstrahlen stellen wir uns in der trüben Herbstzeit schon wieder auf den Winter ein und nicht selten schwindet auch die Energie.

 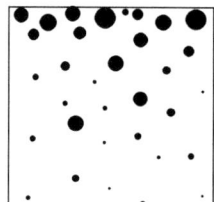 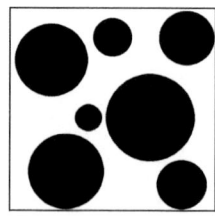 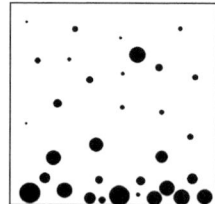

2.12 Analogie zwischen Temperaturunterschieden und menschlichen Reaktionen: Winter / Frühling / Sommer / Herbst

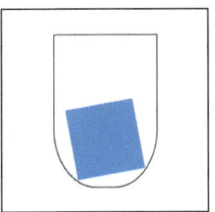 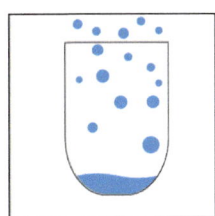

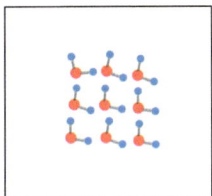 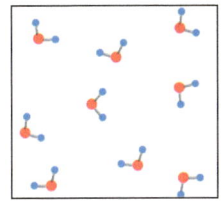

2.13 Aggregatzustände des Wassers: fest / gasförmig

Als interkulturell neutrale Analogie und Erklärungsmodell zur Visualisierung können auch unsere Vorstellungen zur Physik dienen. Für unser Beispiel eignet sich das Wasser (H₂O), da es das wichtigste Molekül allen Lebens ist und sich Temperaturunterschiede gut anhand seiner verschiedenen Aggregatzustände darstellen lassen.

Bei tiefen Temperaturen, weniger als 0 °C, bilden die Wassermoleküle einen Festkörper (Eis). Sie sitzen dann auf ihren Gitterplätzen und vibrieren um ihre Ruhelage. Wird dem Festkörper Wärme zugeführt, erhöht sich die Vibrationsgeschwindigkeit und das passiert bei jeder weiteren Temperaturerhöhung. Bis zur Erreichung der Schmelztemperatur von 0 °C sind die Moleküle in den flüssigen Zustand übergegangen. Wird das Wasser weiter erwärmt bis zum Siedepunkt bei 100 °C, gehen immer mehr Moleküle in den Gaszustand über.

Bei Wärmezufuhr steigen die Moleküle nach oben und bei Abkühlung sinken sie nach unten.

Übertragung auf die Punktgröße:
↗ kleine Punkte: kalt, wenig Bewegung
↗ große Punkte: heiß, viel Bewegung

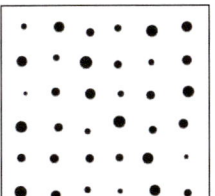 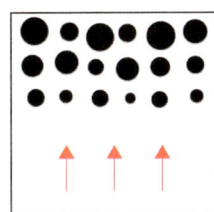 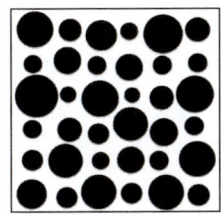 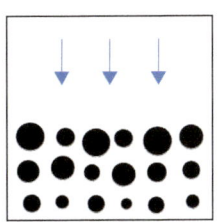

2.14 Analogie zur Physik
Winter: Festköper Eis
Frühling: Wärmezufuhr
Sommer: Gaszustand
Herbst: Abkühlung

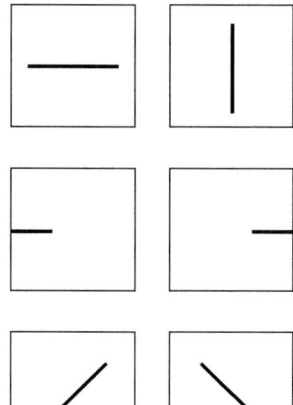

2.15 Wirkung der Linie
stabil / instabil
hereinkommen / hinausgehen
aufsteigen / fallen

Linie

Die Linie ist von messbarer Länge, hat aber mathematisch gesehen keine Breite. Sie entsteht aus der Bewegung des Punkts und ist niemals statisch. Punkte fokussieren den Blick, während Linien diesen lenken. Die einfachste Linie ist eine Gerade und zwar die Horizontale. Sie ist stabil und spannungsfrei im Gegensatz zur Vertikalen, die instabil wirkt, was sich gut anhand von Architektur nachvollziehen lässt: ein Flachbau wirkt stabiler als ein Wolkenkratzer.

Nach dem rechten Winkel beansprucht die Diagonale den 45 Grad Winkel und ist damit die dritte einfache Gerade. Interessanterweise werden diesen drei Richtungen bestimmte Neuronen in der primären Sehrinde zugeordnet, d. h. einige Menschen reagieren bevorzugt auf horizontale, andere auf vertikale und wieder andere auf diagonale Linien.[6]

Die Linie hat als syntaktisches Mittel einen viel größeren Variantenreichtum als der Punkt. Wir können mit ihr fast alles darstellen: z. B. Schriftzeichen, Grundrisse und Landschaften.

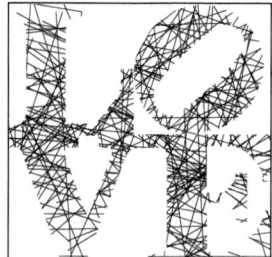 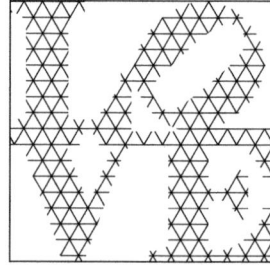  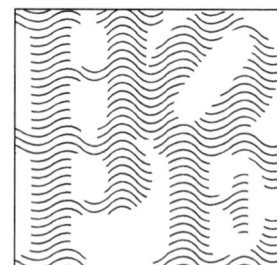

2.16 Interpretation des Kunstwerks „LOVE" vom amerikanischen Pop-Art Künstler Robert Indiana, 1966

Die große Ausdruckskraft der Linie ist auch interkulturell wirksam, was ein Experiment mit den zwei konträren Fantasieworten „Takete" und „Maluma" zeigt. Diese sollten einer spitzen bzw. weichen Form zugeordnet werden.⁷

Es geht um den Klang der Worte und darum, dass es eine Verbindung zwischen ihrem Klang und ihrer Bedeutung gibt. Man nennt das auch Klangsymbolismus. Dazu analog wird bei der Entwicklung von Logos, die aus Buchstaben bestehen, darauf geachtet, dass sie angemessen klingen. Zudem soll die Schrift passen wie beim Coca-Cola Logo, das 1886 entwickelt wurde und sich seither kaum änderte.

Der renommierte Bauhauslehrer und Maler Kandinsky hat die Köperdynamik im Ausdruckstanz der 1920er Jahre genutzt, um z. B. „die energetische Entwicklung der Diagonale[n]" darzustellen.⁸

 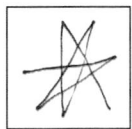
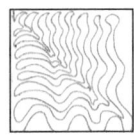 

2.17 Beispiele aus meinem Unterricht mit dem Takete-Maluma-Duo

Oben: 1. Semester mit deutschen Studierenden

Unten: Designstudierende aus verschiedenen Studiengängen in Solo, Indonesien

2.18 Wassily Kandinsky, „Tanzkurven: Zu den Tänzen der Palucca", 1926

Linie in Bewegung
Asiatische und arabische Kalligrafie strebt eine Formschönheit an, die über die reine Lesbarkeit weit hinausgeht. Die Übermittlung einer Information ist zweitrangig. Es geht vielmehr um den gesamten Schaffensprozess, angefangen beim Anmischen der Tusche als meditative Einstimmung über die ruhige, fließende Hand- und Armbewegung, die erst eine perfekte Linienführung ermöglicht. Der Pinsel stellt die Erweiterung der Hand dar, so dass die körperliche Bewegung und der visuelle Ausdruck korrespondieren, ganz ähnlich wie beim Tanz.

Bei dieser Animationsübung wird zuallererst die Linienform (line style) bestimmt. Anschließend legt man, damit man eine Auswahl hat, einen Zeichenvorrat über eine geometrisch konstruierte Matrix an. Im Verlauf dieser Übung wird man sich bewusst, wie entscheidend die Auswahl für die visuelle Qualität der Animation ist. Komplexe, verwinkelte oder schwerfällige Linien harmonisch zu animieren und in prägnante Formen zu bringen, ist kaum möglich. Die halbkreisförmige Linie (2.21) aber, bietet ein variantenreiches Spektrum an Einzelformen.

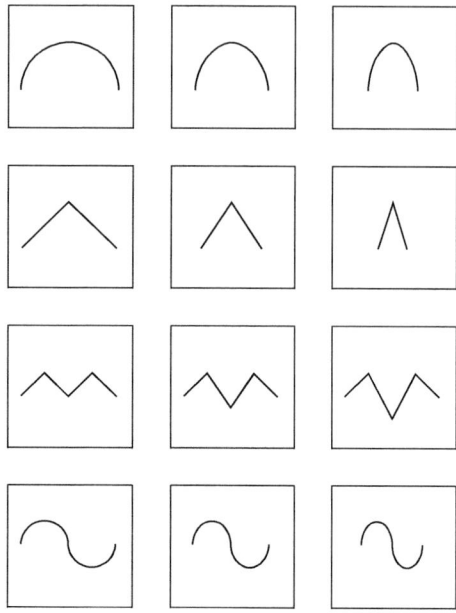

2.19 Matrix zur Erstellung eines Zeichenvorrats

 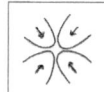 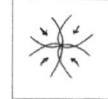    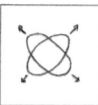 

2.20 Storyboard unter Einsatz der Linienform: Halbellipse

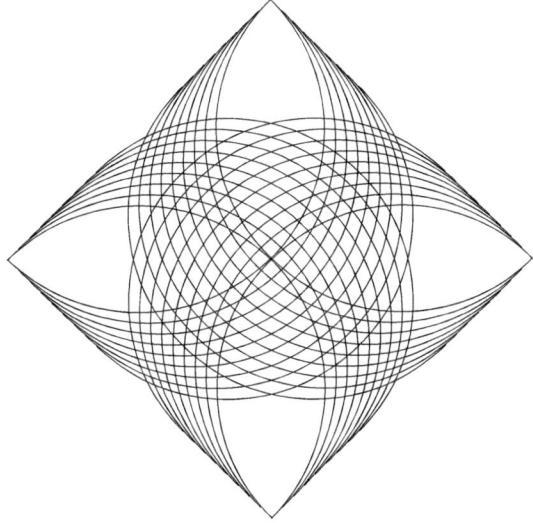

2.21 Einzelbilder der Animation in übereinanderliegenden Ebenen

Wesentliche Faktoren für die Animation:

↗ Der Einfluss der Form und Größe der Linie auf die Gesamtwirkung

↗ Die fließende Bewegung aller Formen, ohne Stillstand einer Linie – auch wenn die Geschwindigkeit unterschiedlich sein kann

↗ Das Auflösen von prägnanten Formen soll physikalischen Bezugssystemen entsprechen wie der Zentrifugalkraft, die bei Drehbewegung rotierende Formen auflösen kann

↗ Die Beschleunigung und das Abbremsen zur Verstärkung der Wirkung

Die Fläche ist das erste Grundelement, das sich für einen gestalterischen Praxistest eignet.
Sie verfügt als geschlossene Form über einen Flächeninhalt, der Träger von Information ist.

Fläche

Eine Reihe von Linien, die übereinander gestapelt werden, ergeben eine Fläche, aber dennoch wird bei den drei Grundformen stets der Kreis zuerst genannt. Er steht entwicklungsgeschichtlich an erster Stelle. Kleinkinder fangen mit ca. zwei Jahren damit an, kreis- und spiralförmige Gebilde zu kritzeln. Erst später werden runde, geschlossene Konturen und rechteckige Formen ins Repertoire aufgenommen.[9]

In der Menschheitsgeschichte gehört der Kreis zu den ältesten Symbolen. Er hat weder Anfang noch Ende, weder Richtung noch Orientierung und ist häufig ein Sinnbild der Ewigkeit, des Unendlichen. Das Quadrat ist eine statische, rationale, rechtwinklig konstruierte Form und steht für ein von Menschen geschaffenes Ordnungsprinzip. Die letzte Grundform, das Dreieck, steht für hierarchische Systeme und religiöse Prinzipien wie die Dreieinigkeit: Gottvater, Sohn, Heiliger Geist oder auch Shiva, Brahma und Vishnu und hat einen starken Symbolcharakter in der dreidimensionalen Pyramide. Es ist die spannungsreichste und dynamischste Grundform.[10]

Nur die Fläche als zweidimensionale, geschlossene Form hat die Eigenschaft unterschiedliche Helligkeiten und Farbe anzuzeigen, so dass sie sich vom Grund abhebt, bei einem klaren Kontrastverhältnis gut erkennbar ist und als Zeichen wirken kann.

Logos sind besonders geeignet, um auf ihre visuelle Prägnanz geprüft zu werden. Sie sind das wichtigste Identifikationsmerkmal eines Unternehmens und sollen natürlich auch aus der Ferne sowie in klein und groß gut erkennbar sein. Wenn sie z. B. auf einer Glasscheibe appliziert sind, muss ihre kompakte Form dem Hintergrund standhalten.

III BASISFORMEN   IV DESIGNQUALITÄTEN

KREIS
unendlich, dynamisch,
in Bewegung

RECHTECK
stabil, abgrenzend,
im Quadrat neutral und ruhig

DREIECK
aktiv, richtungsbestimmend,
hierarchisch

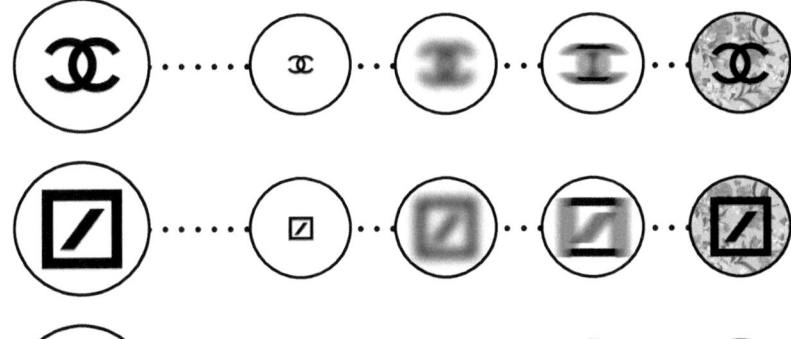

Logos im Qualitätstest
Syntaktische Kriterien
für die Zeichenqualität

↗ Skalierbarkeit
↗ Fernwirkung
↗ Hintergrundresistenz

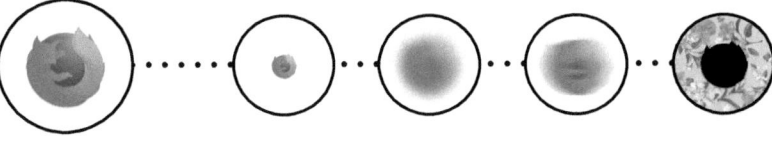
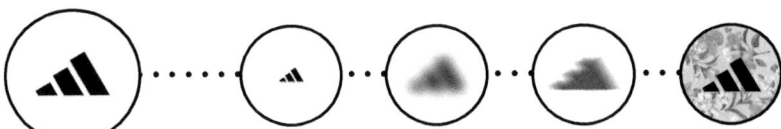
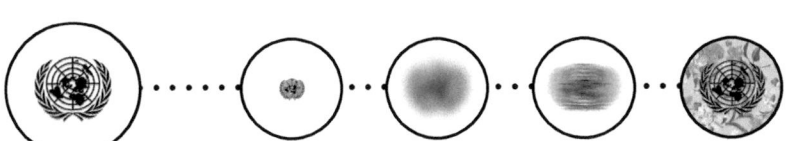

2.22 Basisformen und Qualitätskriterien

Die „gute Form"

Gibt es die „gute Form" überhaupt, was genau ist damit gemeint und ist dieser Begriff aus den 1950er Jahren nicht längst überholt? Sowohl der Schweizer Künstler, Architekt, Designer und Bauhausschüler Max Bill[11] wie der renommierte amerikanische Grafik-Designer Raul Rand[12] und andere, haben sich fast zeitgleich dem Credo von Einfachheit, Funktionalität und Zeitlosigkeit verschrieben.

Nach dieser Zeit des Funktionalismus gab es Gegenströmungen, die dem Postmodernismus zugeordnet werden können. Emotion und Fantasie wurden wieder salonfähig und ließen die Designwelt aufatmen, wie befreit aus einem allzu engen Korsett von Gestaltungsprämissen.

Logos, die ehemals wie in Stein gehauen waren, sind heute flexibel und passen sich den unterschiedlichen Einsatzgebieten und Botschaften an. Auch die Arbeitswelt der Designer ist geprägt von Flexibilität; man arbeitet in ortsungebundenen Work-Spaces und schließt sich in globalen Netzwerken zusammen.

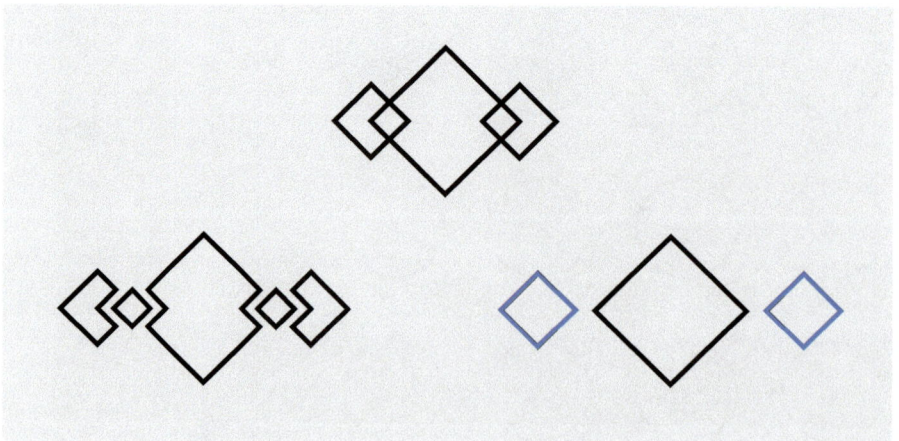

2.23 Das Gesetz der Kontinuität

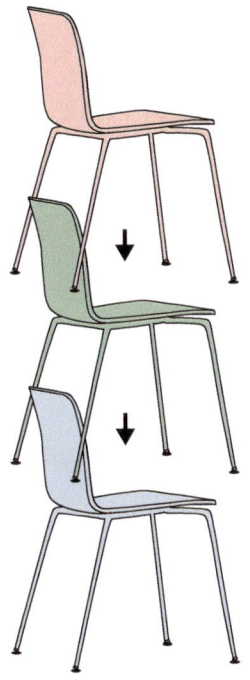

2.24 HAL Tube Stackable, Vitra, Jasper Morrison, 2010

Designlösungen sind das Resultat unterschiedlicher sozialer und ökonomischer Voraussetzungen und haben im internationalen Kontext keine Allgemeingültigkeit mehr. Wie wir wahrnehmen ist selbstverständlich einem Wechsel unterzogen, aber die Gestaltgesetze und Grundlagen der Wahrnehmung haben historischen und interkulturellen Bestand. Das verbindet uns über alle sich permanent ändernden Stilfragen hinaus.

2.25 Malaysische Fahrradrikschas, sog. „Bejaks"

2.26 Hans (Nick) Roericht, Stapelgeschirr TC 100, Entwurf 1958/59

Punkt, Linie und Fläche im Alltag

Neben den geometrischen Formen wie Pentagon, Hexagon, Oktagon u. a. gibt es natürlich auch amorphe Gebilde, die hier außer Acht gelassen werden. Für die Wahrnehmungsschulung viel wichtiger als vertiefende Theorie ist es jetzt, die neuen visuellen Erfahrungen auf den Alltag anzuwenden und sich für das, was uns umgibt, zu sensibilisieren. Wo sehen wir runde, wo eckige Formen und was sagen diese aus? Das kann bei einem Spaziergang in der Natur oder in der Stadt sein.
In der Stadt spielen z. B. die Architektur und auch Werbung eine Rolle, in der Natur die Formen von Tieren, Pflanzen, Wolken usw.[13]

2.27 Apple Logo, 1977, von Rob Janoff

Das Apple Logo steht bisher im Ranking von Interbrand weit oben. Es ist immer noch stylisch, obwohl es schon in den 1970er Jahren entwickelt wurde und sich in der Grundform nicht geändert hat. Wie wirkt es auf uns? Vielleicht etwas frech? Als Steve Jobs es zum ersten Mal sah, soll er gelächelt und es abgenickt haben.[14] Es stellt einen angebissenen Apfel dar, aber das ist nicht alles. Es wirkt insgesamt sehr geometrisch, rund und harmonisch und das macht es zeitlos.

2.28 Logo der Deutschen Bank, 1974, von Anton Stankowski

Wenn wir uns z. B. das Logo der Deutschen Bank ansehen, dürfte es uns ebenfalls nicht schwerfallen, seine visuelle Wirkung zu beschreiben. Wie wirken das Quadrat und die Diagonale? Es geht nicht darum, dass wir wissen, was die Bank mit dem Logo ausdrücken wollte oder seine Wirkung genau zu definieren. Es ist hier nur wichtig, dass wir einen Zugang zu den Grundelementen und Grundformen in Logos entwickeln. Wir wissen jetzt, dass das Quadrat für Stabilität steht und die Diagonale für Dynamik.

2.29 Punkt, Linie und Fläche

Daniela Kirchlechner, Berlin
Studium Visuelle Kommunikation an der
Hochschule der Künste Berlin und der Hochschule
für angewandte Kunst in Wien
Gründung zweier Designstudios:
„mitte" und „up-designers berlin-wien"
Seit 2008 Lehrtätigkeit an der Hochschule Anhalt, Campus
Bauhaus Dessau. Seit 2020 Professorin
an der FH Münster

Alternative Lehrmethode
Holistisches Denken, forschendes,
analytisches Arbeiten und Dokumentieren im
„Basic Gestaltungs-Labor".

Lernziele
↗ Gestalterisches Vokabular in der Praxis erarbeiten
↗ Theoretische Basis erarbeiten. Sensibilisierung
für Wahrnehmungsphänome

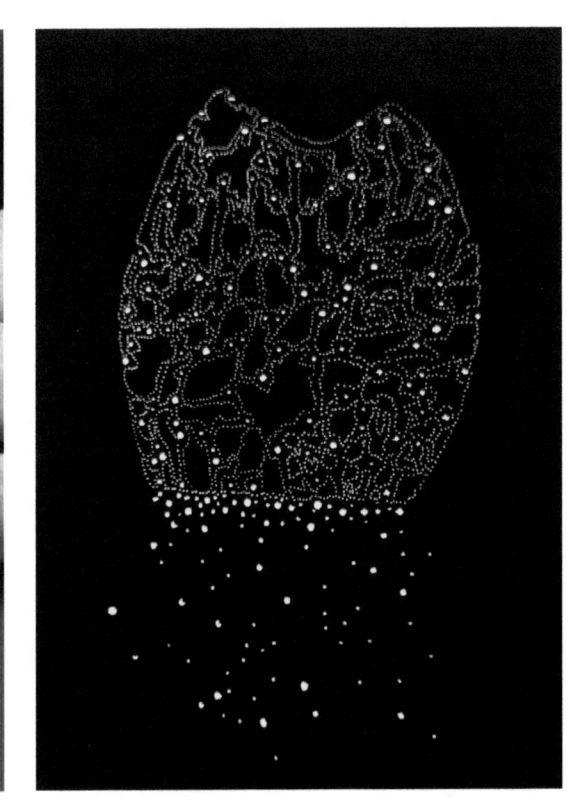 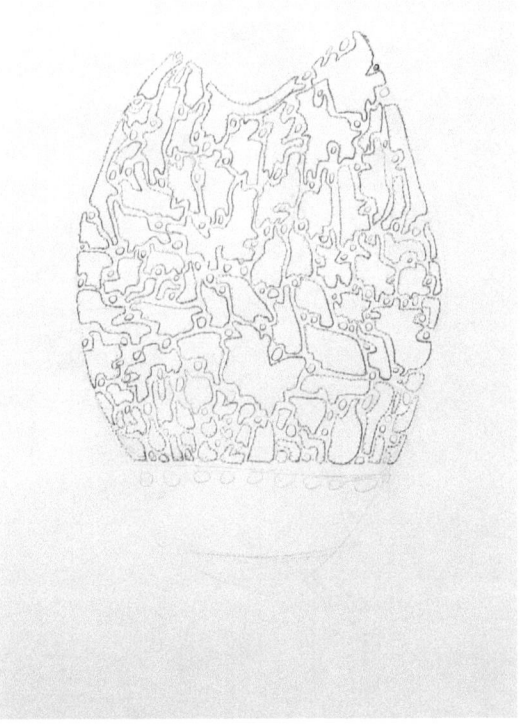

2.30 Punkte in einem seriellen Layout | Streuung, Verdichtung, Akzentuierung

Daniela Kirchlechner, Berlin

Vom Zweidimensionalen ins Dreidimensionale

Aufgabenstellung
Gestalte aus Draht ein dreidimensionales Objekt und setze es mit Hilfe von Licht und Schatten in Szene!

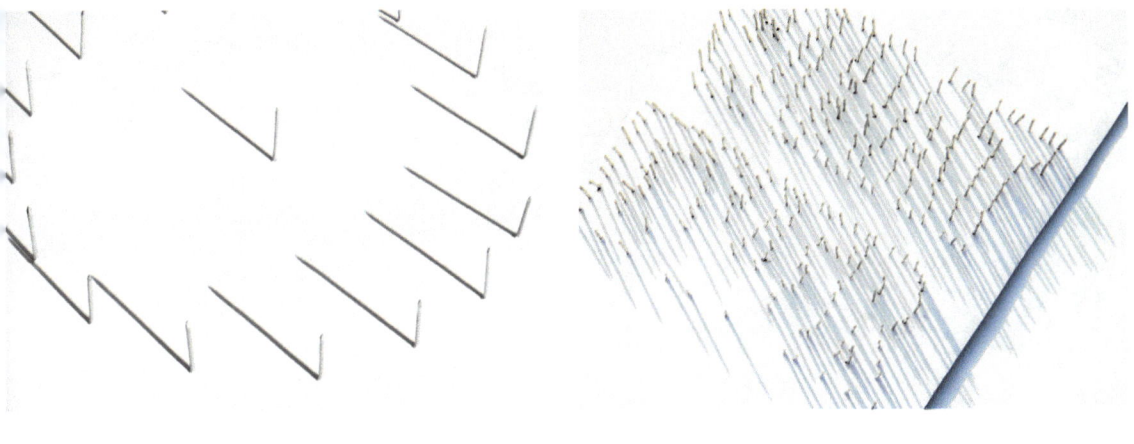

2.31 Die Linie im Raum – Licht und Schatten | Formgebung, Licht + Schatten + fotografische Komposition

միջազգային
Armenisch

دولي
Ara

בינלאומי
Hebräisch (Israel)

インターナショナル
Katakana (J

ዓለም አቀፍ
Amharisch (Äthiopien, Eritrea)

international
Late

საერთაშორისო
Georgisch

国际
Hanzi (C

международный
Kyrillisch (Russland, Osteuropa)

διεθνές
Griec

국제
Hangul (Korea)

अंतरराष्ट्रीय
Devanagari (Indischer Schriften

TYPO UND FORM

Schrift – das ist die Gesamtheit aller grafischen Zeichen, die in einem speziellen System zusammengefasst sind. Mithilfe dieser Zeichen werden Informationen aufgezeichnet. Die Informationen selbst sind über das Zeichensystem kodiert und die Lesenden müssen über den Code verfügen, um die Information verstehen zu können. Wer erfand aber die ersten grafischen Informationsgeber und wann war das?

Erste Informationsgeber, oder besser zwei- und dreidimensionale Zeichen, sind eine der ältesten Kulturtechniken der Menschheit. Ihre Entstehungsgeschichte ist ebenso lang und umstritten wie die des Stammbaums des Menschen. Die ältesten bisher entdeckten Bildzeichen, einfache Einritzungen in Muscheln, sind eine halbe Million Jahre alt.[1] Felsmalereien mit Handabdrücken und naturgetreue Jagdszenen, die Tiere, Menschen und sogar Mischwesen darstellen, sind nachgewiesen über 40.000 Jahre alt. Was sie bedeuten, ist unklar. Eine Hypothese ist, dass sie eine rituelle Bedeutung hatten und Geschichten erzählten.[2]

Schriftsysteme wurden notwendig, weil die gesellschaftlichen Strukturen der Menschen immer komplexer wurden. In der sog. neolithischen Revolution entwickelten sich nomadische Jäger- und Sammler-Gemeinschaften in einem langen Prozess (ca. 10.000 bis 5.000 v. u. Z.) zu Acker und Viehzucht treibenden Bauern weiter.

Deren Sesshaftigkeit, Tierhaltung, technische Erfindungen wie der Pflug und die Nahrungsbeschaffung in Vorratshaltung, schafften ihnen Freiräume. Es konnte mehr Nahrung produziert werden als verbraucht wurde, die Bevölkerung nahm zu und es entwickelten sich neue Berufe wie Töpfer und Schmiede.[3] Ab ca. 5.000 v. u. Z. entstanden aus kleinen Dörfern erste straff organisierte Stadtstaaten. Der Tauschhandel florierte und Schriftsysteme wurden erfunden, um das Wirtschaften zu vereinfachen und um administrative Vorgänge zu optimieren. Die Vorläufer der heute verwendeten Schriftsysteme entstanden an verschiedenen Orten der Welt unabhängig voneinander. Die großen Kulturen des Altertums in Mesopotamien, in Ägypten und China sowie die Maya und die Kulturen im Tal des Indus gehen alle mit einem vorhandenen und ausgeklügelten Schriftsystem einher.

Das erste Schriftsystem, eine Keilschrift, erfanden wahrscheinlich die Sumerer in Mesopotamien, dem heutigen Irak, vor über 5.000 Jahren. Dieses System war sehr populär und ab dem 2. Jh. v. u. Z. im gesamten Nahen Osten in Gebrauch und bestand anfänglich aus Piktogrammen. Reine Piktogramme, also stilisierte Bildzeichen für Objekte und Lebewesen, darzustellen, ist umständlich und reicht für eine komplexe Kommunikation nicht aus. Daher begann man mit der Zeit, die Piktogramme so zu kombinieren, dass sie auch Gefühle,

alphabetisch

syllabisch

morphosyllabisch

3.01 Das Wort „international" in geläufigen internationalen Schriften.

Ideen und Tätigkeiten visualisierten und dadurch zu Ideogrammen wurden. Die Kombination der Bildzeichen Kopf und Wasser bedeutete trinken und die Bedeutung des Zeichens für Fuß wurde in Abhängigkeit vom Kontext zu gehen und stehen erweitert.[4]

3.02 Entwicklung der Keilschrift am Bsp. des Zeichens „Fuß"

Später kam das Rebus-Prinzip hinzu, d. h. dasselbe Zeichen konnte für Wörter ähnlichen Klangs und auch für Silben und Vokale eingesetzt werden. Allmählich wurde die einstige Bilderschrift zu einer teilweise phonetischen Schrift und man kam mit rund 600 der ehemals 1.000 Schriftzeichen aus.[5] Aber nicht nur die Anzahl der Zeichen wurde verringert, sondern auch ihre Form vereinfacht. Aus runden Linien für ikonografische Zeichen wie z. B. dem Fuß entstanden mit der Zeit gerade Linien und Keile. Diese wurden mit einem keilförmigen Stift in weiche Tontafeln eingeritzt und der Keil wurde eingedrückt. Nicht nur bei der Keilschrift hatten das Schreibwerkzeug und der Schriftträger einen entscheidenden Einfluss auf die Form der Schrift. Das ist ein Phänomen, das alle Schriften betrifft, wie man bei den römischen, mit dem Meißel eingehauen Steininschriften oder arabischen, mit der Feder geschrieben Kalligrafien, sehen kann.

Im Laufe der Zeit wurde durch den zunehmenden Handel in der Mittelmeerregion eine noch einfacher zu handhabende Form der Schrift benötigt. Diese Notwendigkeit war der Grundstein für die Erfindung einer Lautschrift durch die Phönizier. Die Zeichen dieser reinen Konsonantenschrift bekamen eine Reihenfolge: An erster Stelle stand aleph, das Rind, an zweiter beth, das Haus, und an dritter gimel, der Kamelrücken (oder die Wurfwaffe). Insgesamt waren es 22 Buchstaben, die von links nach rechts geschrieben wurden. Das phönizische als Vorläufer des lateinischen Alphabets war geboren.

Dadurch, dass die Phönizier Händler und Seefahrer waren, verbreitete sich ihre Neuerung rasch in ihren Handelsgebieten und gab den Anstoß für die Entwicklung weiterer Alphabetschriften. Aus dem phönizischen Schriftsystem leitete sich das aramäische, hebräische, arabische und auch das griechische Schriftsystem ab. Die Griechen erweiterten das phönizische Alphabet um Vokale auf insg. 24 Buchstaben und legten so den Grundstein für das lateinische und kyrillische Alphabet wie auch für die Runen.

Die Brahmi-Schrift, der Vorläufer des indischen Schriftsystems, entwickelte sich vor rund 2.500 Jahren wahrscheinlich aus dem aramäischen, das wiederum seinen Ursprung in der Alphabetschrift der Phönizier hatte. Brahmi war eine Kombination aus Buchstaben- und Silbenschrift.

Die ersten in China verwendeten Zeichen waren Piktogramme. Im Gegensatz zu anderen Schriftsystemen hat bei der sog. Hanzi, ebenso wie bei den japanischen Schriftzeichen, keine vollständige Abstraktion zu Lautzeichen (Buchstaben) stattgefunden. Beide Schriften sind nach wie vor komplexe Zeichensysteme, die über Piktogramme, Ideogramme und Phonogramme verfügen.[6]

Heute ist das lateinische Schriftsystem das am weitesten verbreitete. Die lateinische Schrift wird als Hauptschrift von 2,5 bis 3,5 Milliarden Menschen genutzt, gefolgt von chinesischen Schriftzeichen und Zeichen aus dem indischen Schrift-

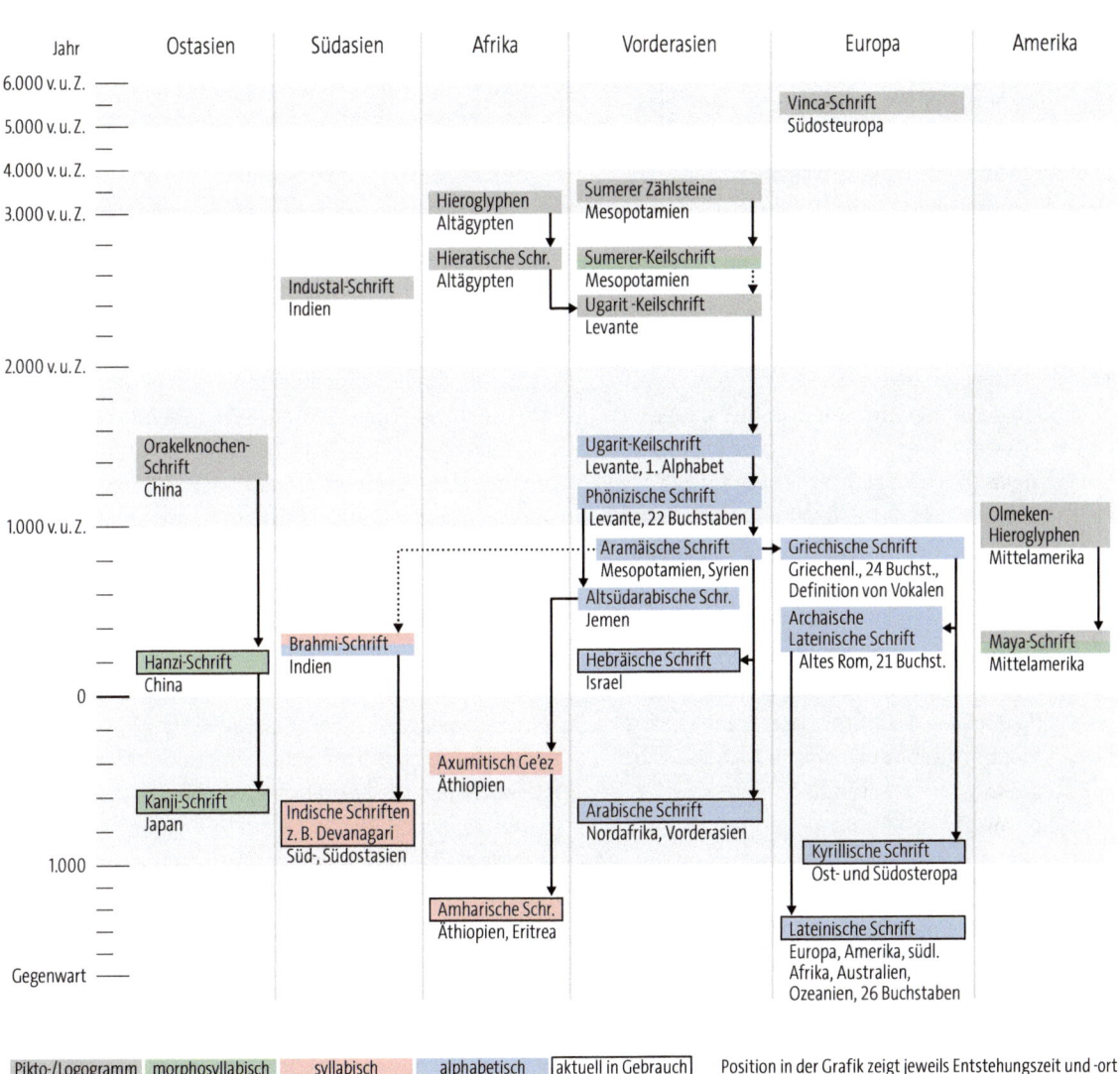

3.03 Geschichte der Schriftentwicklung

kreis mit je 1,5 Milliarden Menschen. Arabische und kyrillische Zeichen sind die Hauptschrift für je eine halbe Milliarde Menschen. Auch gibt es nach wie vor Sprachen, die überhaupt nicht verschriftlicht sind. Von rund 7.000 Sprachen, verfügen nur knapp 4.000 über Schriften.[7] Die schriftlosen Sprachen werden meist nur von wenigen hundert bzw. tausend Menschen gesprochen und sind, genauso wie viele der kaum verbreiteten Schriftsprachen, vom Aussterben bedroht.[8]

Leseprozess und Anatomie der Schrift

Nur in Verbindung mit dem griechischen und lateinischen Alphabet entstand die westliche Kultur, wie wir sie heute kennen. Wissen wurde über Jahrhunderte hinweg, bis zum Anfang des 20. Jh., hauptsächlich über Geschriebenes ausgetauscht. Das hat sich im Laufe der letzten Jahrzehnte geändert, weil Medien und Videos eine immer größere Rolle spielen. Der Medientheoretiker Marshall McLuhan sprach bereits in den 1960er Jahren von einem elektronischen Zeitalter oder auch Bilderzeitalter und sah mit seiner Vision des „global village" – einer technologiebasierten Gemeinschaft – das Internet voraus.[9] Dieses, so McLuhan, würde das Zeitalter des Drucks und damit auch die Vorherrschaft der Schrift ablösen. Dass im Internet und gerade auf Social Media mehr Text als jemals zuvor geschrieben und gelesen wird, hatte er nicht vorausgesehen. Der Stil und Umfang der Texte hat sich natürlich in Abhängigkeit vom Medium wie z. B. im Chat vs. E-Mail drastisch geändert, was in McLuhans bekannten Zitat „The medium is the message" anschaulich ausgedrückt wird.

Wie eine Information wahrgenommen und verarbeitet wird, ist je nach Medium unterschiedlich. Auch, wie exakt die Information verstanden wird, differiert. Schriften werden im Gegensatz zu Bildern linear erschlossen – bei Leseanfängerinnen und -anfängern von Zeichen zu Zeichen, bei geübten Lesenden in sog. Sakkaden, also Sprüngen, die Worte und sogar Wortgruppen beinhalten. Des Weiteren werden Textbereiche beim Lesen fixiert und falls der Text nicht gleich verstanden wurde, erfolgen Rückwärtssprünge.

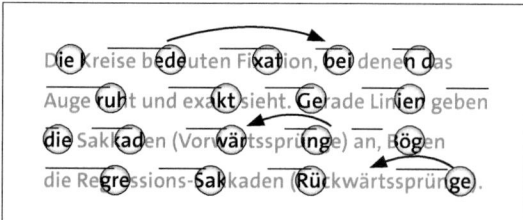

3.04 Leseprozess

Bilder werden stattdessen wesentlich schneller und nachhaltiger, aber auch individuell sehr unterschiedlich wahrgenommen.[10] Erst die exakte Darstellung von Schriftzeichen und das unmissverständliche Interpretieren der Zeichen machten jedoch Gesetzestexte, Geschichtsschreibung und Dichtung möglich.

Um typografisch zu gestalten, bedarf es allerdings einiger Vorkenntnisse zu Anatomie, Schriftklassifizierung, Satzarten und der Hierarchisierung von Textelementen wie Fließtext sowie Haupt- und Zwischenüberschriften. Für die lateinische Schrift ist der wichtigste Ausgangspunkt die Erfindung des beweglichen Bleisatzes durch Johannes Gutenberg (Mitte des 15. Jh.), wobei in Korea dieser bereits im 13 Jh. bekannt war.[11]

Viele Fachbegriffe der Typografie basieren auf der Bleiletter und dem Buchdruck. Allerdings gab es kein einheitliches Maßsystem für die Schriften. Erst drei Jahrhunderte später wurde in Frankreich ein einheitliches typografisches System etabliert, der typografische Punkt. Gemessen wird dabei die Kegelhöhe der Bleiletter, was bis heute der Fall ist, auch wenn es den analogen Buchdruck nur noch für ganz besondere grafische und künstlerische Zwecke gibt. Bedingt durch das Desktop Publishing und die entsprechende Software hat sich das amerikanische System mit dem sog. Pica-Punkt (1 Pica-Point = 0,351 mm) durchgesetzt.

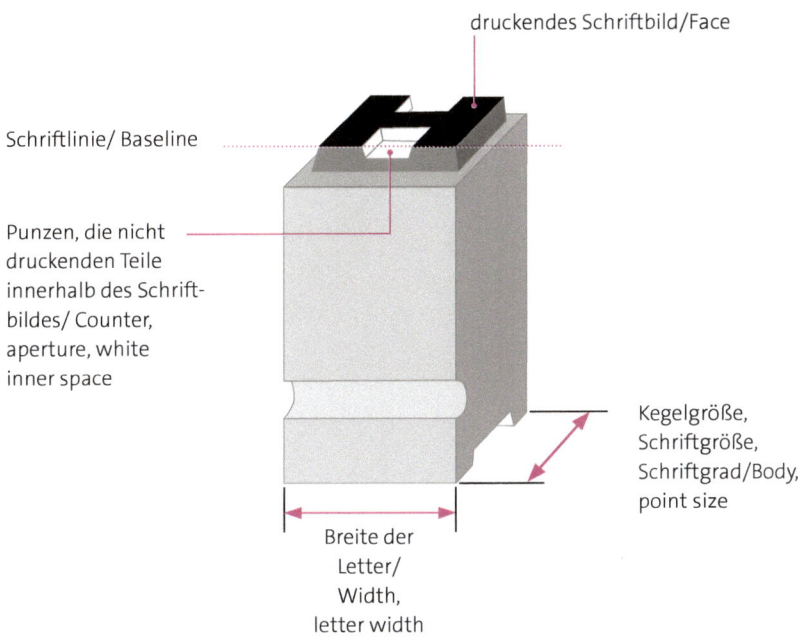

3.05 Wichtige Bestandteile der Bleiletter

1 Serife/Serif
2 Haarstrich/Hairline
3 Grundstrich/Stem, Main stroke
4 Punze/Counter, Aperture
5 Achse/Axis
6 Kehlung/Bracketing

7 Versalhöhe/Cap height
8 Oberlänge/Ascender
9 Mittellänge/x-height
10 Unterlänge/Descender
11 Schriftgrad/Body, point size
12 Schriftlinie/Baseline

3.06 Typografische Fachbegriffe

Klassifizierung der Schrift

Es gibt Tausende von lateinischen Schriften[12] und es ist nicht einfach, sich zurechtzufinden und eine Auswahl zu treffen. Grob kann man die Schriften in Serif und Sans Serif Fonts einteilen, also mit und ohne Serifen. Darüber hinaus gibt es unterschiedliche Klassifikationen der Schriftgruppen wie angelsächsische, französische oder deutsche. Hier werden fünf Hauptgruppen vorgestellt.[13]

Die Klassifizierung der lateinischen Schrift beginnt mit der Renaissance im 15. Jh. in Europa. Die Buchdrucker und Stempelschneider waren hoch angesehen und die Schrift erhielt oft den Namen ihres Gestalters wie die Garamond, von Claude Garamond entworfen, welche heute immer noch mit zahlreichen Neuauflagen aktuell ist. Es ist eine Renaissance-Antiqua mit runden Serifenübergängen, die sich dank ihrer guten Lesbarkeit schnell in ganz Europa verbreitete.

Im 18. Jh. etablierte sich nach der französischen Revolution die klassizistische Antiqua. Sie besitzt starke Kontraste in der Linienstärke und wirkt durch die rechteckig angesetzten Serifen kühl. Die ersten gedruckten Schreibschriften, die auf dem Duktus des Pinsel- oder Federstrichs basieren, entstanden etwa zeitgleich.

Die Sans Serif, Linear-Antiqua oder auch Groteske genannt, ist eine relativ neue Schrift, die erstmals zu Beginn des 19. Jh. aufkam. Etwa zeitgleich kam die serifenbetonte Linear-Antiqua/Egyptienne vor dem Hintergrund der industriellen Revolution auf den Markt. Neue Produkte wurden in den Zeitungen und Magazinen mit der schwerfälligen und auffälligen Serifenschrift beworben.[14] Mit diesen beiden Schriftgruppen war die Hauptentwicklung der Schrift abgeschlossen. Weitere Entwicklungen sind eher technischer Natur wie die Verbreitung des OpenType Formats und der sog. variablen Fonts.

3.07 Schriftbeispiele

Serifenlose Linear- Antiqua / Groteske (Sans Serif)
1 Helvetica Regular
2 Frutiger Bold
3 The SansCd Bold

Renaissance-Antiqua (Humanistic)
1 Garamond Italic
2 Bembo Regular
3 Centaur Swash

Klassizistische Antiqua (Modern)
1 Bodoni Bold
2 Walbaum Bold Italic
3 Didot Bold

Serifenbetonte Linear-Antiqua / Egyptienne (Slab Serif)
1 Rockwell Regular
2 Clarendon Light
3 American Typewriter Regular

Schreibschrift (Script)
1 Edwardian Script
2 Monoline Script
3 Kuenstler Script

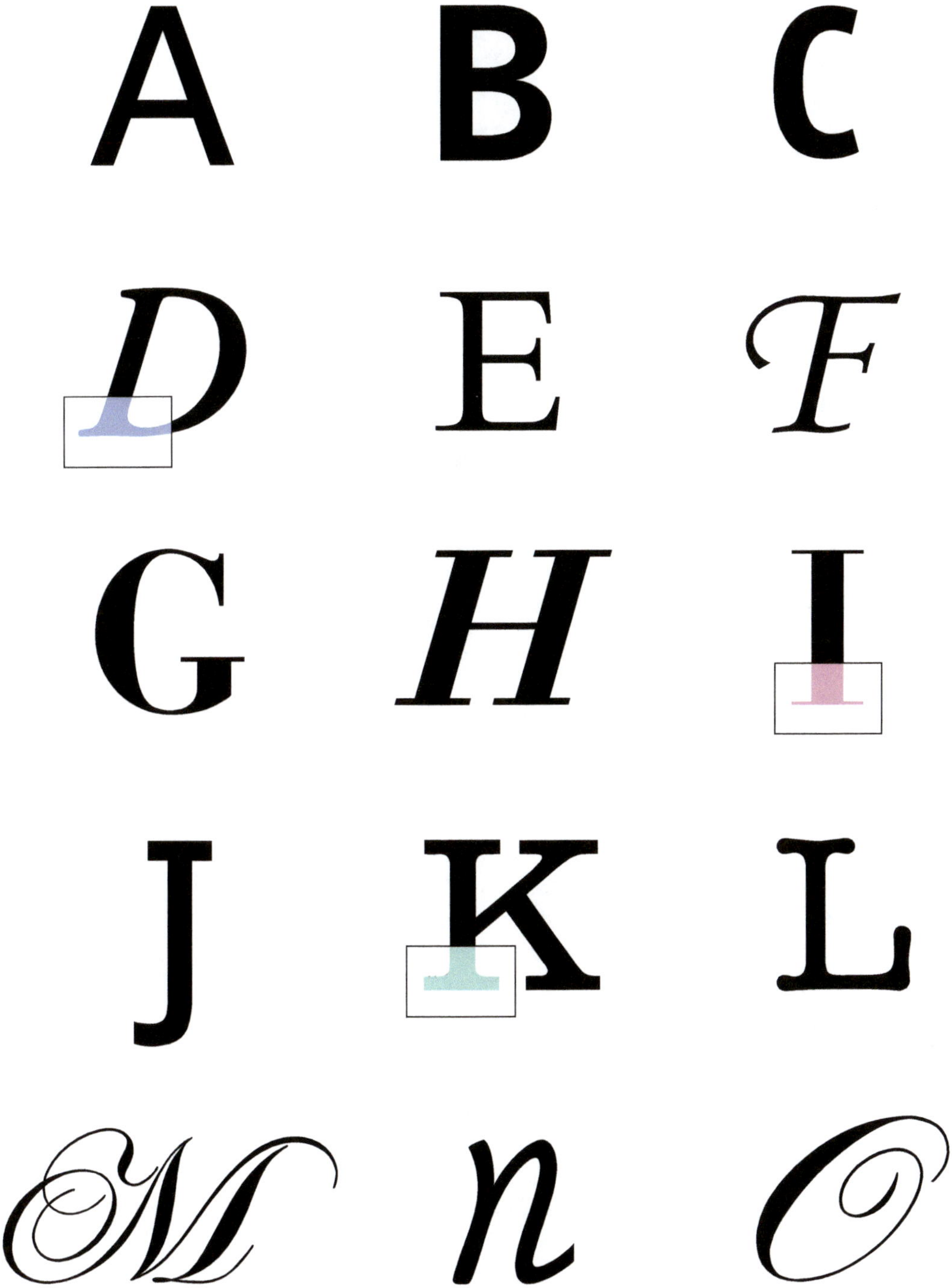

A B C

D E *F*

G *H* I

J K L

ℳ 𝓃 𝒪

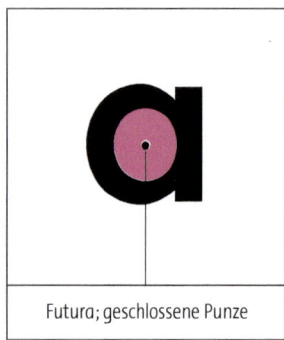
Futura; geschlossene Punze

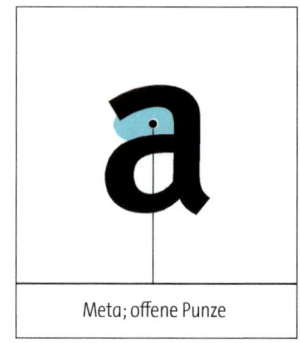
Meta; offene Punze

Futura; einstöckig

Meta; zweistöckig

3.08 Schriftvergleich der Punzen und Schlingen

Lesbarkeit
Die Lesbarkeit der lateinischen Schrift hängt, genauso wie bei allen anderen Schriften, von Größenverhältnissen und Abständen ab. Zu kleine Punzen (Innenräume der Zeichen) und zu kleine Mittel- oder x-Höhen im Verhältnis zur Versalhöhe der Schrift erschweren die Lesbarkeit vor allem bei kleiner Schrift, wie sie für Formulare benötigt wird. Aber auch zu ähnliche Zeichen gefährden die Unterscheidbarkeit der einzelnen Lettern, wie man gut bei der einstöckigen Schlinge der Minuskel (Kleinbuchstaben) der Schrift Futura sehen kann.

Im Grunde beruhen viele Regeln innerhalb der Gestaltung auf die Einhaltung der adäquaten Abstände. Nicht umsonst ist der manuelle Ausgleich von Buchstabenabständen für Titelschriften empfehlenswert und bei Logos eine Pflicht. Ein Beispiel ist das Wortbild der Marke NIVEA. Es soll sich gut einprägen und prägnant sein. Optisch gleichgroß wirkende Abstände verbessern die Lesbarkeit und schaffen ein ebenmäßiges Gesamtbild.

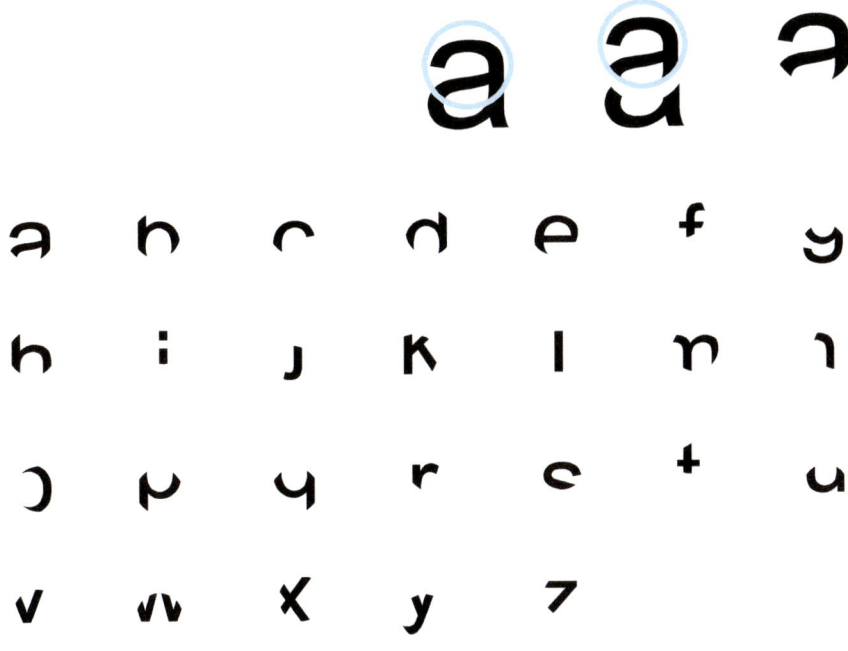

3.09 Übung: Grenzen der Lesbarkeit

Buchstabenformen sind denselben Wahrnehmungsgesetzen wie andere Formen unterworfen. Man sollte mit Schriften sorgsam umgehen, sie genauso wenig verzerren wie urheberrechtlich geschütze Fotos. Jede Schrift hat ihren eigenen Charakter, aber in erster Linie soll sie dem Kommunikationsziel gerecht werden. In seinen zehn Geboten zur Schrift erklärt einer der wichtigsten deutschen Gestalter des 20. Jh., Kurt Weidemann: „Schlechter (Text-)Satz ist unsozial."[15] Deutliche Worte, die ganz im Gegensatz zu Paula Schers Herangehensweise stehen: „It's through mistakes that you can actually grow. You have to get bad in order to get good." Sie war der erste weibliche Pentagram[16] Partner in New York. In keinem anderen gestalterischen Bereich spielen Regeln und sehr divergierende ästhetische Beurteilungskriterien eine so große Rolle wie innerhalb der Typografie.

Es ist sinnvoll, sich mit der Schrift erst einmal rein formal auseinanderzusetzen und zu untersuchen, welche Bestandteile für die Lesbarkeit notwendig sind. Sorgfältiges Abwägen und die Sensibilisierung für Details sind eine Schlüsselkompetenz in der Typografie.

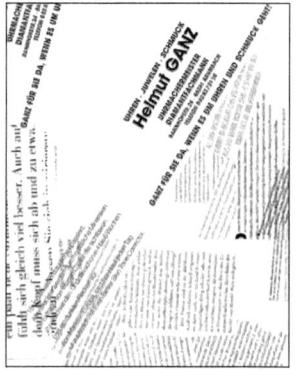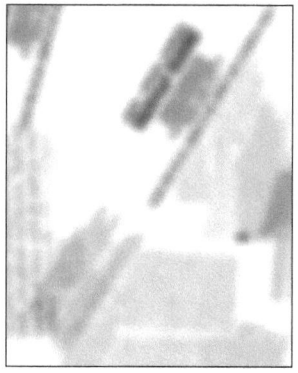
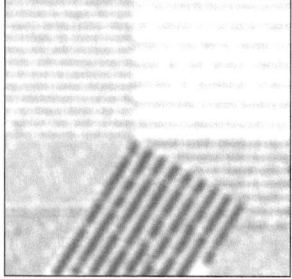

3.10 Unterschiedliche Grauwerte

Grauwert, Weißraum und hierarchische Systeme

Jeder Text hat einen bestimmten Grauwert, den man gut erkennt, wenn man entweder die Augen zusammenkneift, bis man unscharf sieht, oder über ein Bildbearbeitungsprogramm wie Photoshop unscharf stellt. Diese Beobachtung ist wesentlich, da wir über die Helligkeit des Textes erkennen können, was wesentlich und was weniger wichtig ist. Ein wichtiger Text wird fett gesetzt und eine Headline ist oft größer als der Fließtext. Für umfangreiche Gestaltungen wie Magazine und Websites ist ein hierarchische System, das alle Textfunktionen festlegt, sinnvoll. Will man einen Text gliedern, so helfen Abstände wie Absätze, Einzüge, Listen etc. und wenn man die ganze Seite im Blick hat, braucht man Weißraum zwischen den Textblöcken und Bildern.

Wenn allerdings etwas sanft hervorgehoben werden soll, wie ein Fachbegriff oder ein Autorenname wie Johannes Gutenberg, dann sind z. B. Kapitälchen oder auch Kursive wie *Johannes Gutenberg* mit einem ähnlichen Grauwert wie der Fließtext nützlich.

Look and Feel

Schriften sind ein mächtiges Werkzeug, da sie immer zwei Botschaften transportieren: eine informative und eine emotionale Botschaft. Eine dekorative Schreibschrift ist nicht für einen Sachbericht gedacht und die neutrale Arial nicht für eine Hochzeitskarte. Schriften sprechen eine visuelle Sprache und verfügen über einen Charakter und eine sog. Anmutung. Diese sollten wir uns zunutze machen, wenn wir unterschiedliche Zielgruppen ansprechen wollen.

Seit den 1970er Jahren haben viele Konzerne eine Corporate Type (Hausschrift) bei Fontdesignern in Auftrag gegeben wie Audi, BBC, Coca-Cola und YouTube.[17] Die emotionale Bedeutung der Schrift wird häufig unterschätzt. Sie ist wahrscheinlich der am meisten eingesetzte und am häufigsten – wenn auch unbewusst – wahrgenommene Markenbestandteil. Jede Textinformation in der prägnanten Hausschrift des Unternehmens ist eine emotionale Kontaktaufnahme (Brand Touchpoint) von Marke zu Zielgruppe. Ein Schriftdesign ist eine Investition, die sich wahrscheinlich beim Corporate Design am besten amortisiert, da diese nur einmalig getätigt wird.

3.11 Welche Schrift passt zu ihr?

keep cool

Lucemita von Fernando Haro

keep cool

Keep on Truckin' von Brad O. Nelson

Monitorica von Sergiy Tkachenko

Mit der Wahl der Schrift wird ein bestimmter Aspekt hervorgehoben:
• romantisch im Retrolook der Hippie-Bewegung (Keep on Truckin')
• geradlinig und minimalistisch (Monitorica)
Die Handschrift Lucemita wirkt verspielt, kindlich und fast unbeholfen. Passt sie wirklich zur Illustration einer jungen, selbstbewussten Frau?

3.12 Dos und Don'ts bei Designs mit größeren Abmessungen

Schrift im Raum

Räumliche Gestaltung von Bild und Text begegnet uns im Packaging Design und in größeren Dimensionen beim Messe- und Ausstellungsdesign. Hier ist vor allem darauf zu achten, dass die tatsächliche Größe der Informationsträger wie der Ausstellungstafeln berücksichtigt wird. So sollten Texte probehalber in ihrer realen Größe ausgedruckt werden. Ansonsten läuft man Gefahr, dass Informationen schlecht lesbar bzw. nicht optimal erkennbar sind.

Wichtige Dos and Don'ts:
↗ Maßstabsgerechte Dimensionen und Größenverhältnisse
↗ Licht/Lichtstimmung (im Raum)
↗ Material und Materialkombinationen
↗ Vorgegebener, räumlicher Hintergrund (evtl. konkurriert er mit der Gestaltung, beeinflusst sie positiv oder negativ)
↗ Fokus auf grafische Elemente & Farben im Kontext zu Raum und Licht
↗ Lesehöhe
↗ Gestaltung - je plakativer desto besser!

↗ Kürzere Inhalte/Informationen sind besser als lange: verwende kompakte Texte
↗ Blickführung durch typografische Hierarchien, Bilder und grafische Elemente (Linien etc.)
↗ Grundraster: eine einheitliche Gestaltungslinie sollte sich durch alle Elemente ziehen

DON'TS!

↗ Schrift ist zu klein!

↗ Schrift und Bild sind für den Erwachsenen viel zu weit unten und für das Kind teilweise zu weit oben platziert. Die Präsentation wird keiner von beiden Zielgruppen gerecht!

↗ Schrift und Bild sind viel zu weit oben platziert!

DIMENSION

RÄUMLICHE

GESTALTUNG

SCHRIFT I

3.13 Architekturmodell der Deutschen Botschaft in Tiflis, Wulf Architekten, Stuttgart, Deutschland
Bildmontage zur Darstellung von Schrift im Raum

Saki Mafundikwa, Simbabwe

Saki Mafundikwa ist ein Visionär, der eine erfolgreiche Designkarriere in New York aufgab, um in seine Heimat Simbabwe zurückzukehren und dort die erste Schule für Grafikdesign und Neue Medien zu eröffnen. Seine internationale Bekanntheit basiert auf der Publikation „Afrikan Alphabets", einer umfassenden Übersicht über afrikanische Schriftsysteme. Er hat an Ausstellungen und Workshops auf der ganzen Welt teilgenommen, zu einer Vielzahl von Publikationen beigetragen und Vorträge über die Globalisierung des Designs und die afrikanische Ästhetik gehalten.

Das Logo des Black Documentary Collective ist angelehnt an die Wandmalereien der Ndebele Frauen in Simbabwe. Schwarze, fette Linien umrahmen Kreise und Halbkreise.

Als seinen Beitrag zur „Tolerance Traveling Poster Show" gestaltete Mafundikwa mit brennenden Kerzen das Wort „KUNZWISISANA" was in Shona, der simbabwischen Bantusprache, „verstehen" bedeutet.

Die Bantu Piktogrammschrift wird nur von Heilern, Ältesten und Frauen benutzt. Jedes Zeichen drückt ein Wort oder eine Idee aus. Diese Schrift ist eine von über 20, die Mafundikwa in seinem Standardwerk für die Nachwelt festhielt.

3.15 Tolerance Traveling Poster Show, 2017

3.14 Logo für ein New Yorker Dokumentarfilmkollektiv, 2017

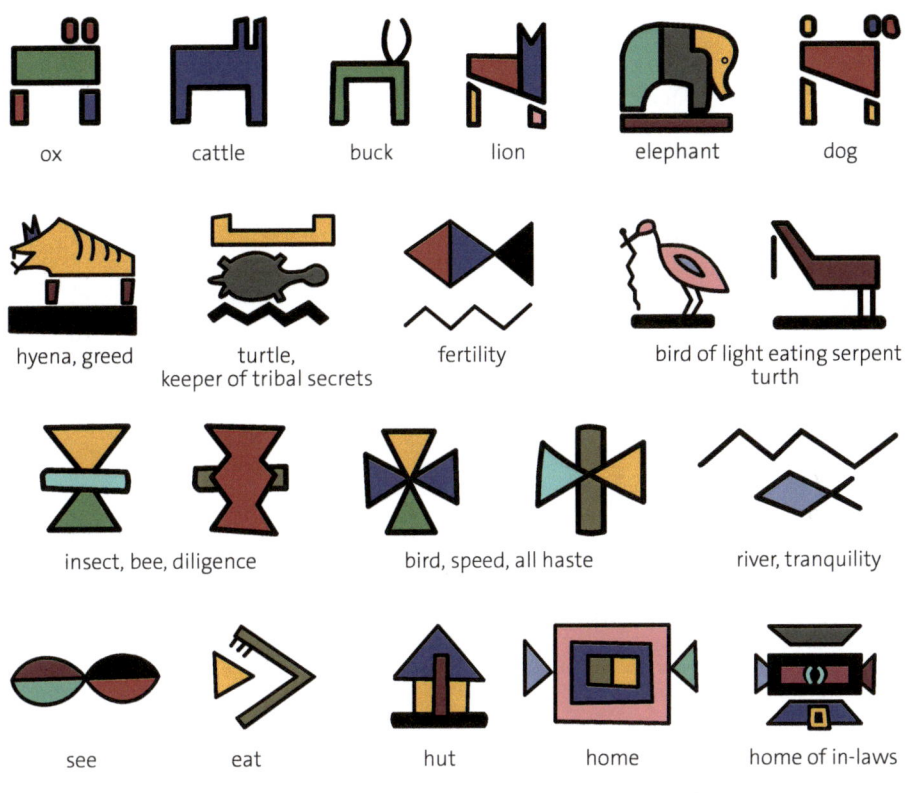

3.16 oben: Bantu Symbolschrift; unten: African Alphabet Script, 2006

Anushka Sani, Indien

Anushka Sani gründete 2014 das Studio „Thought Over Design" in Mumbai. Sie ist in Visuellem Kommunikationsdesign und Massenmedien an der Srishti, School of Art, Design & Technology in Bengaluru, Indien, ausgebildet und war anschließend Creative Director von Skarma. Sie hat Designworkshops bei der INK-Konferenz, Goa & ISDI, Mumbai geleitet und ist Gastjurorin an der Ecole School of Design, Mumbai. Ihre Vision ist es, globale Standards in den Designprozess einzubringen und die Qualität und den Wert von Design in Indien zu verbessern.

Ein Schwerpunkt der Agentur liegt auf der Entwicklung von Brandings und Verpackungsdesign. Die Herangehensweise an Designs ist stark konzeptionell geprägt, was vor allem bei Logoentwicklungen deutlich wird. Der Gestaltungsstil orientiert sich an der Zielgruppe und auch handgezeichnete Formen und Schriften werden wie bei „samaaru" integriert.

3.17 Branding und Logodesign, 2019

 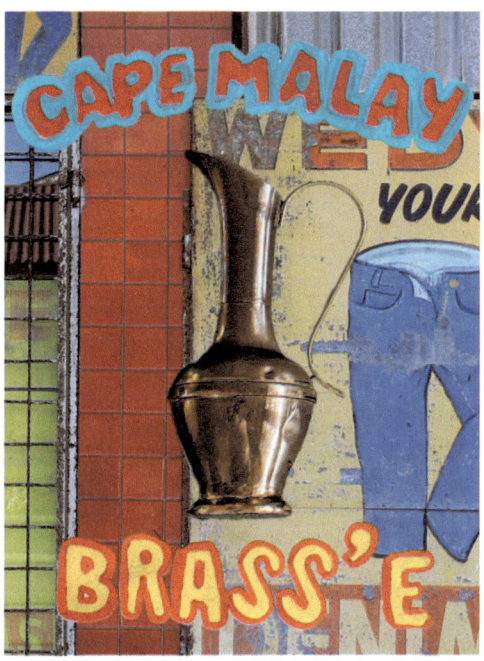

3.18 Experimentelles Design, 2020

Thaakierah Abdul, Südafrika

Thaakierah Abdul gehört zu den Kapmalaien in Südafrika, Nachkommen von Sklaven aus Südostasien. Als Schwarze Frau und Muslima drückt sie ihre Identität und ihren Protest über die Gestaltung von Collagen und Postern aus. Dabei setzt sie sich mit Themen wie ethnische Zugehörigkeit, Klassenzugehörigkeit und Ausgrenzung auseinander und bringt das mit lauten, kontrastreichen Farben und handgemachter Typografie auf Papier. Dadurch erreicht sie Aufmerksamkeit für die Ausgrenzung und Gentrifizierung von einheimischen Bevölkerungsgruppen in und um Kapstadt.

Der südafrikanische Brauch, recycelte Materialien kunstfertig und farbenfroh einzusetzen, wie mit Zeitungen Wände zu tapezieren und Ladenschilder von Hand zu malen, ist in beiden Postern spürbar. Die Outline-Schriften, in gesättigten Primär- und Sekundärfarben, integrieren sich organisch in die Gesamtkompositionen.

3.19 Seduction, Zusammenarbeit mit Michael Bierut, 2006

Marian Bantjes, Kanada

Marian Bantjes ist Designerin, Typografin, Autorin und Illustratorin. Sie lebt in Kanada. Sie arbeitete als Buchsetzerin und war Mitbegründerin des Studio Digitopolis. Seit 2003 arbeitet sie selbständig als Künstlerin und Typografin. Ihre Arbeiten wurden weltweit in über 100 Büchern und Magazinen veröffentlicht. Sie war in vielen Award-Jurys Mitglied, u. a. D&AD (UK) und ADC (NY). 2008 wurde sie als Mitglied in die Alliance Graphique Internationale (AGI) aufgenommen. 2010 erschien ihr Buch „I Wonder". eine umfangreiche Monografie ihres Werks, „Pretty Pictures", wurde 2013 veröffentlicht.

Bantjes Arbeiten zeigen kunstvolle Verzierungen, Arabesken, ineinander verschlungene Muster und Ornamente. Alle sind manuell gestaltet und manchmal integriert sie auch Naturmaterialien. Sie hat eine Vorliebe für barocke Formen und geschwungene, runde Linien, die sie in zahllosen Varianten immer wieder anders und neu arrangiert.

Sie schreibt: „Ich glaube nicht, dass weniger mehr ist"[18] und widerspricht damit den geflügelten Worten des Jahrhundertarchitekten Mies van der Rohe. Dieser postulierte, dass weniger mehr sei und prägte mit den anderen Bauhäuslern einen Minimalismus, der bis heute Bestand hat. Bantjes hat in Worten (Blog Speak Up) und Taten ihren einzigartigen Stil geschaffen, der dem Mainstream mutig standhält.

3.20 The Girl Show, 2005

3.21 Saks Heart, 2008

Elizabeth Resnick, USA
Elizabeth Resnick ist emeritierte Professorin und leitete den Studiengang Grafikdesign am Massachusetts College of Art and Design in Boston, USA. Sie erwarb ihren BFA. und MFA. in Grafikdesign an der Rhode Island School of Design, USA. Von 1989-2005 war sie Mitglied des Vorstands des American Institute of Graphic Arts (AIGA), Boston und erhielt 2007 den AIGA Boston Fellow Award. Sie ist leidenschaftliche Designkuratorin und hat umfassende Designausstellungen organisiert. Zu ihren Publikationen gehören Ausstellungskataloge, Fachbücher zu Grafikdesign sowie Beiträge in renommierten Grafikmagazinen. Ganz besonders setzt sie sich für Social Design und Menschenrechte ein.

Die vier Elemente: schwarzer Hintergrund, weißer Kreis, rotes gekipptes Quadrat und eine Schriftzeile ringen um ein harmonisches Gleichgewicht. Das rote Quadrat ist so im weißen Kreis positioniert, dass es sich jeder Zeit drehen könnte. Es ist nicht horizontal und wirkt unausgeglichen.

Die Textzeile ist horizontal und damit normal gesetzt, aber auch sie scheint in Bewegung zu sein. Die Farben Rot, Weiß und Schwarz sind die am häufigsten verwendeten Farben in den meisten Sprachen der Welt und haben eine hohe Prägnanz.

Die Gesamtkompostion verfügt über eine große gestalterische Spannung. Das Thema Immigration ist als ein Balanceakt mit Hilfe minimaler gestalterischer Mittel umgesetzt.

3.22 Immigration Poster, 2014

Gustavo Greco, Brasilien

Gustavo Greco, geboren 1974, ist Gründer und Creative Director von „Greco Design" in Belo Horizonte. Er studierte an der Pontifícia Universidade Católica de Minas Gerais, Brasilien und unterrichtet jetzt im Post-Baccalaureate-Programm Brand Management am IEC - Instituto de Educação Continuada. Er nimmt häufig als Juror an großen internationalen Designfestivals teil und vertritt Brasilien in den Jurys. Greco wurde seit 2000 bei jeder Ausgabe für die Bienal Nacional de Design Gráfico (ADG Brasil) ausgewählt und u. a. beim Grand Prix des Red Dot Design Award und den London International Awards ausgezeichnet.

Die Typo auf dem linken Poster ist eine Schreibschrift. Sie hat einen handschriftlichen Duktus und dadurch etwas Persönliches. Durch die Farbe Rot hat die Gestaltung einen hohen Aufforderungscharakter. Die Schrift im zweiten Bild ist eine fette, konstruierte Sans Serif. Hohe Aufmerksamkeit wird durch die durchgestrichenen Lettern erreicht. Die Bedeutung der Aussage ändert sich von „Wer liebt, tötet nicht" zu „Wer liebt, liebt."

3.24 Poster „Quem Ama não Mata?", 2019

3.23 Poster „Design Meets Fa.vela", 2019

Susana Machicao, Bolivien

Susana Machicao ist 1968 in Bolivien geboren. Sie studierte an der Universidad Católica Boliviana „San Pablo" und gründete 1999 „Machicao design". Sie ist Gründerin und Direktorin der Bolivianischen Grafikdesigner, des Lateinamerikanischen Designprojekts und des Projekts „Women Designers". Auf der Biennale des Plakats Bolivien BICeBé, der Biennale der lateinamerikanischen Typografie: Tipos Latinos, sie hatte eine leitende Mitwirkung im Rat der Botschafter des lateinamerikanischen Designs der Universität von Palermo in Argentinien u. a.

Das Lama ist ein typisches Nutztier in Bolivien und bildet hier auf der Posterserie ein facettenreiches Bildmotiv. Einmal besteht es aus Blättern, dann aus Rautenmustern, einem Scherenschnitt und geklöppelten Blumenmotiven. Die Typografie begleitet den Variantenreichtum mit einer Renaissane-Antiqua, zwei unterschiedlichen Schreibschriften und einer konstruierten Groteske bzw. Sans Serif.

3.25 Posterserie für Kongresse, 2016: La Collanga en Santa Cruz / La Boliviana en Cali / La Boliviana en San Luis Potosi / La Boliviana en Asuncion

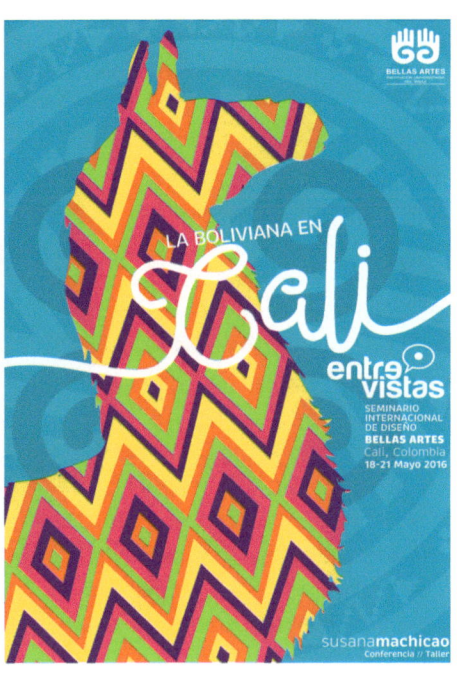

Georgios D. Matthiopoulos
Grafikdesign-Studium an der C.S.U. Los Angeles und
Drucktechnik am London College of Printing
Gründungsmitglied der Greek Font Society
Seit 1990 Dozent an der University of West Attica
Übersetzungen: Robert Bringhurst,
Elemente des typografischen Stils (2001)
Author: Anthologie der griechischen Typografie (2009)

Griechische Schrift

Die Phönizier erfanden das erste alphabetische Schriftsystem mit nur einer Handvoll Konsonanten. Dieses wurde von den Griechen übernommen, die Symbole für Vokale hinzufügten und so ein beeindruckendes Schreibwerkzeug entwickelten, das ihnen zu bis dato unerreichten Leistungen verhalf. In der Antike verwendeten die Griechen Majuskelbuchstaben. Die Schreibrichtung wurde erst im 5. Jh. v. u. Z. von links nach rechts festgelegt.

Die griechische Kolonisierung Süditaliens im 7. Jh. v. u. Z. führte das griechische Alphabet dort ein und bewirkte damit die Entwicklung der lateinischen Schrift in Westeuropa. Da es sich bei beiden Schriften um Varianten eines gemeinsamen Vorgängers handelt, ähnelt das lateinische Alphabet dem griechischen Alphabet in der Majuskel sehr stark. Sie teilen sich die Buchstaben A, B, E, H, I, K, M, N, O, P, T, Y, X, Z, obwohl einige nicht den gleichen Klangcharakter haben. Die anderen griechischen Buchstaben sind Γ, Δ, Θ, Λ, Ξ, Π, Σ, Φ, Ψ, Ω. Die Form der griechischen Buchstaben war während der gesamten Antike monolinear, wohingegen die Strichmodulation und die Serifen später, beeinflusst durch das römische Paradigma, auftauchten.

Während der byzantinischen Epoche formten die Schreibenden die Buchstaben nach und nach zu winzigen Formen mit Hunderten von Alternativen, Ligaturen und Abkürzungen um. Im frühen 9. Jh. wurde auch die kyrillische Schrift auf der Grundlage des griechischen Alphabets entwickelt und für die slawischen Sprachen angewandt. Gutenbergs Erfindung des Buchdrucks in den

3.26 Schematische Entwicklung des frühen griechischen und lateinischen Alphabets aus dem phönizischen Vorläufer

3.27 Entwicklung des griechischen Alphabets

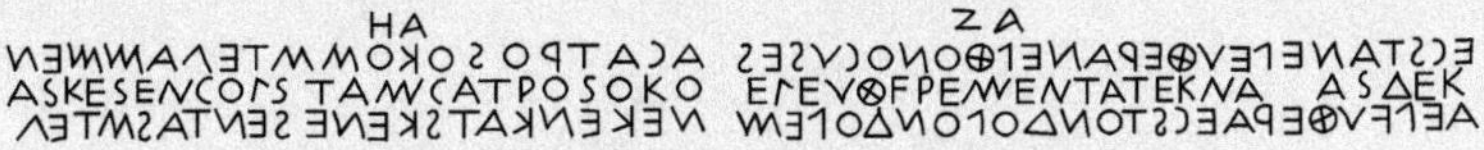

```
ΑΗ                              ΖΑ
ΝΞΜΜΑΛΞΤΜΜΟΚΟΣΟΥΤΑΔΑ   ΣΞΣΥΣΟΝΟΦΤΑΝΑΘΦΝΞΙΞΝΑΤΣΣ
ΑSΚΕSΕΝϹΟΓS ΤΑΜΣΑΤΡΟSΟΚΟ   ΕΓΕΥΦΕΡΕΜΕΝΤΑΤΕΚΝΑ  ΑSΔΕΚ
ΑΕΓΜSΑΤΝΞS ΜΕΚΕΝΚΑΤSΚΕΝΕ ΣΕΝΤΑSΜΤΕΝ
```

5. Jh. v. u. Z. Stadtrecht von Gortys, Kreta

```
ΕΝΕΣΕΣΑΘΕΝΑΙΟΙΚΡΑΤΟΣ
ΜΕΛΕΣΘΑΙΔΕΑΥΙΟΑΘΕΝΕΣ
ΤΟΣΠΡΥΤΑΝΕΣΚΑΙΤΕΜΒΟΛΕ
ΝΟΝΔΕΤΕΣΙΑLLΕΣΙΠΟLΕΣΙΝΟ
```

5. Jh. v. u. Z., griechische Stele

ΑΒΓΔΕΖΗΘΙΚΛΜΝΞΟΠΡΣΤΥΦΧΨΩ

4. Jh. v. u. Z., griechische Schrift

ΑΒΓΔΕΖΗΘΙΚΛΜΝΞΟΠΡΣΤΥΦΧΨΩ

1. Jh., griechische Schrift

αβγδεζηθικλμνξοπρςτυφχψω

2. Jh., Papyrus 46

ΑΒΓΔΕΖΗΘΙΚΛΜΝΞΟΠΡΥΤΥΦΧΨΩ

5. Jh., Codex Alexandrinus

ΑΒΓΔΕΖΗΘΙΚΛΜΝΞΟΠΡΣΤΥΦΧΨΩ

ΑΒΓΔΕΖΗΘΙΚΛΜΝΞΟΠΡϹΤΥΦΧΨΩ

6-8. Jh., griechische Schrift

9. Jh., Griechisch Kleinbuchstaben

14. Jh., Griechisch Kleinbuchstaben

1494, Griechisch – Aldus Manutius / Francesco Griffo (Venedig)

1499, Griechisch – Nicolaos Vlastos / Zacharias Kalliergis (Venedig)

1544, Grecs du roi – Angelos Vergikios / Claude Garamond (Paris)

1450er Jahren erfolgte, als das geschwächte Byzantinische Reich an die vorrückenden osmanischen Türken fiel. Es war derselbe Zeitraum, in dem sich in Italien die Renaissance abzeichnete. Viele griechische Gelehrte gingen nach Italien, um dort zu lehren und zur Entwicklung des Humanismus beizutragen, der auf einer Wiederentdeckung der antiken griechisch-lateinischen Errungenschaften in Wissenschaft und Kunst beruhte. Die Druckrevolution wurde für die Gelehrten zu einer unschlagbaren Waffe. Sie führte zur Freiheit des Intellekts, befreite ihn von der Reglementierung religiöser Dogmen und prägte die moderne europäische Zivilisation.

Die griechische Typografie wurde im Westen schnell ausgebaut, so dass Wissenschaftler antike Texte im Original lesen konnten. Dies bedeutete, dass die ersten Bücher, die vollständig auf Griechisch gedruckt wurden, griechische Grammatiken waren. Diesen folgten jedoch bald die Texte von Homer, Platon, Aristoteles, Euklid, Pindar, Euripides u. a.

Gegen Ende des 15. Jh. wurde Aldus Manutius zum einflussreichsten Verleger in Venedig. Er und ein Team von engagierten griechischen Gelehrten erreichten etwas Erstaunliches – die ersten gedruckten Ausgaben aller klassischen griechischen Texte. Und seine Entscheidung, die Hunderten von Buchstabenkombinationen der byzantinischen Handschrift zu verwenden, hatte großen Einfluss auf die Entwicklung der griechischen Schriftgestaltung in den folgenden Jahrhunderten. Er führte auch die regelmäßige Verwendung von Großbuchstaben in griechischen und lateinischen gedruckten Büchern wieder ein.

Als Frankreich zu einer dominierenden Kraft im Europa des 16. Jh. wurde, wollte König François I. den intellektuellen Ruhm von Florenz und Venedig übertreffen. Er ordnete an, eine neue Schrift für sein ehrgeiziges Verlagsprogramm der griechischen Klassiker zu schaffen. Die Schrift orientierte sich an der Handschrift von Angelos Vergikios, einem berühmten kretischen Kalligrafen, und machte sich die unübertroffenen Fähigkeiten von Claude Garamond als Schriftenschneider zunutze. Daraus entstanden die renommierten Grecs du roi-Figuren, deren Schönheit und komplexe Ligaturen in den berühmten griechischen Ausgaben von Robert Estienne auch heute noch bewundert werden können. Zwei Jahrhunderte lang dominierten sie die griechische Schriftgestaltung im europäischen Verlagswesen.

Das 18. Jh. war das Zeitalter der Aufklärung, und der Buchdruck spielte eine wichtige Rolle bei ihrer Verbreitung. Diese Epoche war auch für den griechischen Schriftentwurf von Bedeutung, denn hier kam es zu einer Abkehr von den Hunderten von ligatierten Kleinbuchstaben hin zu einfacheren Formen. Zunächst blieben alternative Schriftzeichen für β, γ, θ, π, σ und τ erhalten, aber heute hat nur noch das byzantinische c in zwei Formen überlebt: die Anfangs- und Mittelform σ und die Endform ς.

Das frühe 19. Jh. brachte drei neue griechische Schriften in Frankreich, England und Deutschland hervor. Sie wurden in vielen Publikationen verwendet, was den wiedergekehrten Wunsch in Europa widerspiegelt, die Klassiker zu studieren und die Forschungsarbeiten zu den Ausgrabungen der griechischen Antike zu veröffentlichen.

Nach der erfolgreichen griechischen Revolution gegen das Osmanische Reich (1821-1827) nahm der Buchdruck im neuen unabhängigen griechischen Königreich einen raschen Aufschwung. Die Lettern wurden aus europäischen Gießereien importiert, und Didots griechisches aufrechtes Design war der unangefochtene Favorit. Die kursive griechische Schrift aus Leipzig wurde nur in klassischen Texten oder als kursiver Ersatz verwendet, bis Ende des 19. Jh. eine aufrechte Version erschien und Didots Vormachtstellung infrage stellte.

Zu Beginn des 20. Jh. nahmen die neuen Linotype- und Monotype-Satzmaschinen die alten griechischen Schriftzeichen in ihre Kataloge auf. Monotype führte einige neue Designs ein. Die erfolgreichsten waren Victor Scholderers New Hellenic von 1927 und Gill Sans Greek, die nach dem Zweiten Weltkrieg erschien.

In der Zeit zwischen den beiden Weltkriegen wuchsen die griechischen Schriftgießereien beträchtlich, und das Unternehmen von Em. Karpathakis konnte mit der Einführung seiner eigenen modernistischen serifenlosen Olympia mit deutschen und französischen Importen konkurrieren. Nach dem Zweiten Weltkrieg konkurrierten die griechischen Schriftgießereien PAP und Victoria bis zur Einführung der Fotosatztechnik mit neuen Designs. In den 1970er Jahren reagierten die meisten europäischen und amerikanischen Firmen auf die Forderungen der griechischen Verleger, indem sie viele erfolgreiche lateinische Designs in das griechische Alphabet kopierten. Der Markt wurde mit Schriften wie Helvetica Greek, Baskerville Greek, Univers Greek, Souvenir Greek usw. überschwemmt.

Die digitale Revolution hat es möglich gemacht, neue Schriften ohne große Investitionen zu schaffen. Doch während die neuen Schriftgestalter die Verwendung traditioneller und postmoderner Tendenzen neu bewertet haben, sind die älteren Entwürfe in vielen Publikationen nach wie vor präsent.[19]

ΑΒΓΔΕΖΗΘΙΚΛΜΝΞΟΠΡΣΤΥΦΧΨΩ
ἄβϐγδἐζἢϑθἲκλμνξὄπρςστῦφϕχψῷ

1756, Homer Griechisch – Robert & Andrew Foulis / Alexander Wilson

ΑΒΓΔΕΖΗΘΙΚΛΜΝΞΟΠΡΣΤΥΦΧΨΩ
ἄβϐγδἐζἢϑθἲκλμνξὄπρςστῦφχψῷ

1804, Griechisch – Firmin Didot (Paris)

ΑΒΓΔΕΖΗΘΙΚΛΜΝΞΟΠΡΣΤΥΦΧΨΩ
ἄβγδἐζἢθἲκλμνξὄπῤςστῦφχψῷ

1809, Griechisch – Richard Porson (Cambridge)

ΑΒΓΔΕΖΗΘΙΚΛΜΝΞΟΠΡΣΤΥΦΧΨΩΩ
ἀβγδἐζἢϑἰκλμνξὄπῤςστῦφχψῷ

1809, Griechisch – Karl Tauchnitz (Leipzig)

ΑΒΓΔΕΖΗΘΙΚΛΜΝΞΟΠΡΣΤΥΦΧΨΩ
ἀβγδἔζἢθἲκλμνξὀπ ῤςστῦφχψῷ

1890er, Griechisch – Schelter & Giesecke A.G. (Leipzig)

ΑΒΓΔΕΖΗΘΙΚΛΜΝΞΟΠΡΣΤΥΦΧΨΩ
ἄβγδἐζἢθἲκλμνξὄπρςστῦφχψῷ

1927, Griechisch 192 – New Hellenic – Victor Scholderer (Monotype)

ΑΒΓΔΕΖΗΘΪΚΛΜΝΞΟΠΡΣΤΥΦΧΨΩ
ἄβγδἔζἢθἰκλμνξὀπῤςστῦφχψῶ

1936, Griechisch 572 – Gill Sans (Monotype)

ΑΒΓΔΕΖΗΘΙΚΛΜΝΞΟΠΡΣΤΥΦΧΨΩ
ἄβγδἐζἢθἲκλμνξὄπῤςστῦφχψῷ

1937, Olympia Griechisch – Em. Karpathakis Gießerei (Athen)

ΑΒΓΔΕΖΗΘΙΚΛΜΝΞΟΠΡΣΤΥΦΧΨΩ
άβγδέζήθϊκλμνξόπρςστύφχψώ

1972, Helvetica Griechisch – Matthew Carter (Linotype)

Typical Organization: Joshua Olsthoorn und Kostas Vlachakis, Griechenland
Typical Organization mit Sitz in Athen, Griechenland, wurde 2013 von Kostas Vlachakis, geboren 1981 in Griechenland, und von Joshua Olsthoorn, geboren 1981 in den Niederlanden, gegründet. Ihre Berufung ist es nicht, den Mainstream zu bedienen und dem Bestehenden neue Oberflächen hinzuzufügen. Sie sehen ihre Arbeit stattdessen als ein etymologisches Verfahren zur Erforschung des Ursprungs von Form und Bedeutung und setzen ihre Erkenntnisse in eigenwilligen typografisch-visuellen Konzepten um. Sie wurden mit Preisen wie für den Greek Award for Graphic Design und für die Schriftgestaltung der griechischen Ausstellung auf der Architekurbiennale Venedig 2018 ausgezeichnet.

Die Arbeiten des interkulturellen Teams sind weder gefällig noch leicht zugänglich. Sie wollen bewusst eine Auseinandersetzung anregen und diese findet bei Typical Organization vorwiegend mit typografischen Mitteln statt. Im Sinne des Bauhauses und seiner Nachfolger ist ihre visuelle Sprache auf das für sie Wesentliche beschränkt. Es sind keine stilistischen Unterschiede zwischen der lateinischen und der griechischen Schrift auszumachen. Beide sind auf den jeweiligen Medien perfekt aufeinander abgestimmt.

3.28 Veranstaltungsposter, 2018

3.29 Poster für eine Mixed-Media-Installation, 2015

3.30 Magazincover, 2015

The Work on — off Mechanics in the Age on — off Art repro‑ duction.

de απο in
du βιο
μη stria
χανο liza
ποιη ti
on ση

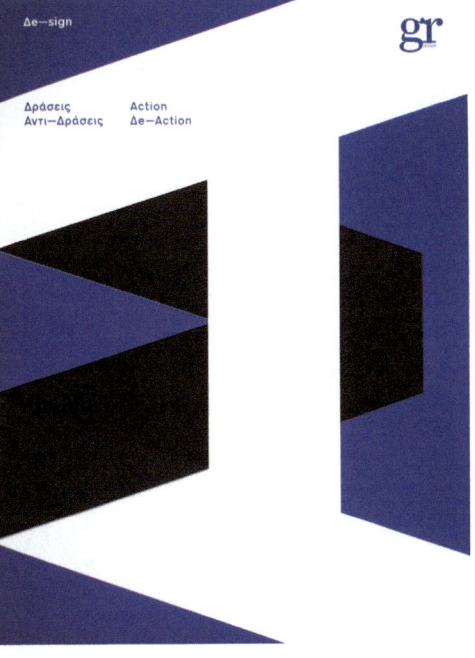

3.31 Magazincover für ein Wein- und Gourmetmagazin, 2016–2020

k2design, Griechenland

Yannis Kouroudis gründete 1998 „Kouroudis Design" in Athen, Griechenland. Nachdem neue Mitglieder hinzukamen, änderte die Firma ihren Namen 2002 in „k2design". Heute besteht k2design aus seinem Sohn, Menelaos Kouroudis, einem Team von Spezialisten und externen Mitarbeitenden. Sie bieten komplette Dienstleistungen für Branding, Corporate Identity, Produktkommunikation und Packaging an. k2design ist eine der meist ausgezeichneten griechischen Grafikdesign-Agenturen. Sie hat zahlreiche Auszeichnungen, Preise, Belobigungen und Veröffentlichungen sowohl in Griechenland als auch im Ausland erhalten.

k2design hat einen Schwerpunkt im Bereich Verpackungsdesign und setzt dabei häufig ausdrucksstarke und farbenfrohe Ilustrationen ein. Die Typografie spielt eine Nebenrolle, sie schwingt mit den Formen der Illustrationen mit und ist in allen Facetten vorhanden. Handschriften mischen sich mit einer Antiqua und einer Grotesken ohne Berührungsängste zu haben.

Katerina Antonaki, Griechenland

Katerina Antonaki ist eine freischaffende Grafikdesignerin und Forscherin. Sie hat einen MA in Kritischer Theorie und Praxis des Designs von der Goldsmiths University of London. Seit 2013 ist sie Gastdozentin am Fachbereich Grafikdesign des Technischen Bildungsinstituts in Athen. Sie hat in zahlreichen interdisziplinären Projekten in der Design- und Werbebranche gearbeitet. Ihr aktueller Schwerpunkt liegt in der Rolle der visuellen Kommunikation beim Aufbau von Markenidentitäten, der visuellen Identität des öffentlichen Raums und der Spontaneität im Designprozess. Sie ist begeistert von Codes und der Poesie der Dinge.

Das Spektrum von Antonaki reicht hier von überbordenden typografischen Experimenten für das Branding eines Museums bis hin zu verspielten, bunten Postern für Kinder. Es werden konstruierte Groteskschriften, meist in Versalien, gesetzt und die unterschiedlichsten Handschriften eingesetzt.

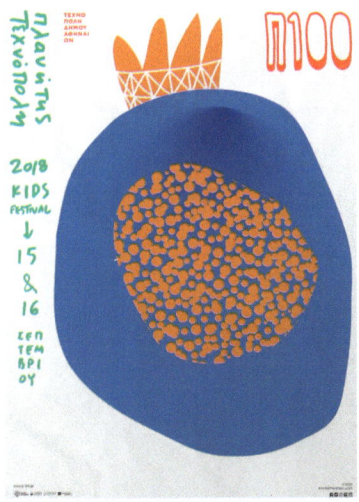

3.32 20 Jahre Museum Technopolis, 2019
3.33 Kids Festival, 2018

MNP, Griechenland
MNP ist ein Kreativstudio mit Katerina Papanagiotou als Hauptgründungsmitglied und Kreativdirektorin, das seit 2003 in Athen, Griechenland, ansässig ist. Die sechs Mitglieder sind spezialisiert auf Kommunikationsdesign, Verpackungen, Website-Design sowie auf das Verlagswesen.

Serielles gestalterisches Vorgehen bestimmt beide Posterreihen und bei beiden wird der informative Text bewusst an den Rand gerückt. In der ersten Serie überlagern sich mächtige Versallettern in Grau, Gelb und Grün und in Anlehnung an Drucktechniken wird eine Farbe nach der anderen gedruckt. Die Lesbarkeit rückt in den Hintergrund und stattdessen wird die Schrift zum Bild.

Fragen wie „Would you dare?" spingen uns bei der zweiten Serie förmlich an und die Schrift ist mal nach links und nach rechts geneigt. Typografische Tabus wie „Eine Kursive sollte sich stets nach rechts neigen!" werden bewusst gebrochen. Die fette geradestehende griechische Schrift der Headline lastet schwer und dieser Druck passt gut zum geringen Zeilenabstand.

3.34 Posterserie für eine Veranstaltungsreihe, 2016 und 2017
3.35 Posterserie für ein Filmfestival, 2018

Zhiqian Li

Industriedesign-Studium am College of Architecture and Urban Planning, Tongji University, Shanghai
Mitbegründer von 3type, Initiator und Projektleitung von Shanghai Type und Type Tour
Seit 2017 Distinguished Research Fellow von Type Lab, Shanghai Academy of Fine Arts
Seit 2017 Stipendiat des Type Lab, Shanghai Academy of Fine Arts
Autor: Geschichte der westlichen Schriften (西文字体的故事), 2013

Eine kurze Geschichte der Hanzi

Chinesische Schriftzeichen oder Hanzi haben ihren Ursprung in China. Die früheste Hanzi, die Orakelknochenschrift, stammt von 1.300 v. u. Z. und wurde auf Tierknochen und Schildkrötenpanzern gefunden. Erst mit dem Aufkommen der Li Shu, der Schrift der Kleriker, erhielten die Hanzi eine stabile Grundform, ähnlich wie wir sie heute kennen. Im Laufe der Geschichte haben sich von der chinesischen Schrift viele verschiedene Schreibstile entwickelt. Aber nicht nur die Schreibstile haben sich im Laufe der Zeit verändert, auch die verwendeten Zeichen variieren. Neue Hanzi wurden erfunden, während alte Hanzi von Zeit zu Zeit eine neue Aussprache oder andere Bedeutungen erhielten. Da es verschiedene Arten gibt, wie Hanzi geschrieben werden können, führte dies zur Entwicklung verschiedener Formen. Die neuere Bewegung des vereinfachten Chinesisch (Simplified Chinese Movement) schuf eine große Anzahl neuer Glyphen für bestehende Hanzi-Zeichen.

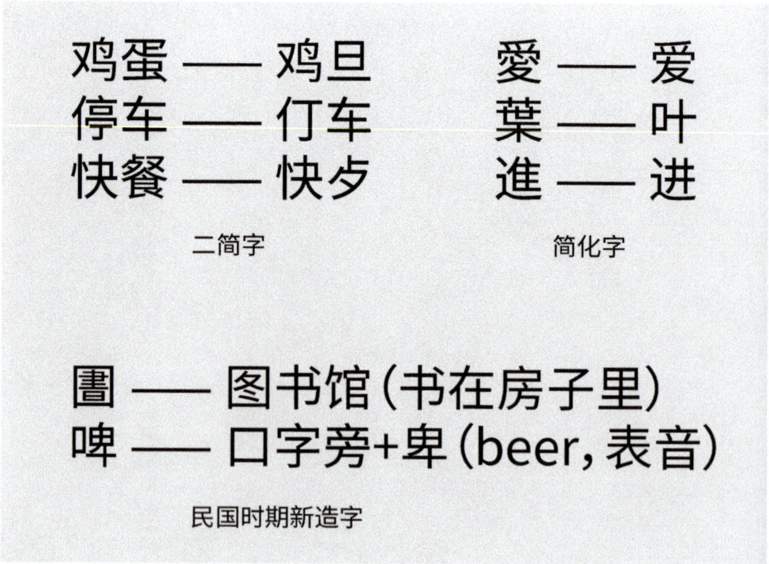

鸡蛋 —— 鸡旦　　愛 —— 爱
停车 —— 仃车　　葉 —— 叶
快餐 —— 快歺　　進 —— 进
　　二简字　　　　　简化字

圕 —— 图书馆 (书在房子里)
啤 —— 口字旁+卑 (beer, 表音)
　　　　民国时期新造字

3.36 Zweite Welle der Vereinfachung von chinesischen Zeichen

Logogramm

Hanzi ist die meistverwendete ideografische und logografische Schrift der Welt. Ein Ideogramm bzw. Logogramm kann mehrere Bedeutungen haben. Ebenso kann die Aussprache unterschiedlich sein. Die Benutzenden können neue Hanzi-Zeichen erstellen oder bestehende zusammenführen, um neue Bedeutungen auszudrücken.

米 料 粨 粁 糎

3.37 1 Meter / 10 Meter / 100 Meter / 1 Kilometer / 10 Kilometer

Benutzer von Hanzi

Von der Vergangenheit bis in die Gegenwart wurde Hanzi als Schrift nicht nur im Chinesischen, sondern in vielen Sprachen verwendet. Hanzi wird nach wie vor als Teil der Schriftsysteme in Japan, Korea, Vietnam und Singapur verwendet. Im Laufe der Geschichte übernahmen einige Nachbarstaaten die Merkmale von Hanzi und entwickelten ihre eigenen, von Hanzi abgeleiteten Schriften wie z. B. Sawndip (状字) und Tangut (西夏文). Einige Forschende versuchten sogar, Hanzi in ihr eigenes Schriftsystem zu übernehmen.

Schreibrichtung

Seit der Entstehung um 1.400 v. u. Z. wurde Hanzi vertikal geschrieben. Auch im 8. Jh. als sie in Holzblöcke geschnitten und auf Papier gedruckt wurde, war die Setzung ebenfalls senkrecht. Lange Zeit wurde Hanzi also vertikal gelesen. Erst vor etwa 100 Jahren begannen die Menschen in China, Hanzi horizontal zu schreiben, zu setzen und zu lesen.

Im späten 19. Jh. wurde dann der Gutenberg-Druck durch Missionare in China eingeführt. Aus Gründen der Praktikabilität wurden bei der Schriftherstellung und -setzung alle Hanzi-Zeichen zu ein und derselben Schriftgröße komprimiert. Dies hatte einen tiefgreifenden Einfluss sowohl auf das Design der Hanzi als auch auf die Art, wie sie gesetzt wurden. Eine Gruppe von quadratischen Hanzi konnte leicht die Anforderungen des vertikalen und horizontalen Satzes erfüllen. Diese Tradition hat bis ins heutige digitale Zeitalter überlebt.

3.38 Guangyun, südliche Song-Dynastie (1169), im Block gedruckt

Geschichte

Die Geschichte des chinesischen Schriftdesigns ist kurz. Ab 1960 rekrutierte das Shanghai Printing Institute ein Team, deren Mitglieder unterschiedliche berufliche Hintergründe hatten. Sie kamen aus der Schriftgravur, Kalligrafie oder Schriftkunst. Später wurden sie als Schriftdesigner und -designerinnen bekannt. Davor wurde Hanzi in einer Tradition geschrieben und graviert, die eindeutig auf der Kalligrafie basierte, welche ohne das ausdrückliche Bewusstsein des Designers ausgeführt wurde.

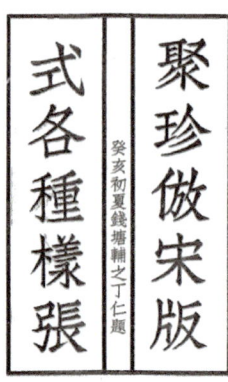

3.39 Fangsong, der Stil, der Songti imitiert

3.40 Schriftmuster in The Commercial Press, 1919

3.41 Kaiti (der Standard Schreibstil) in unterschiedlichen Größen

3.42 Schriftmuster der 1950er und 1960er aus Shanghai, Hanzi in traditionellen chinesischen Glyphen

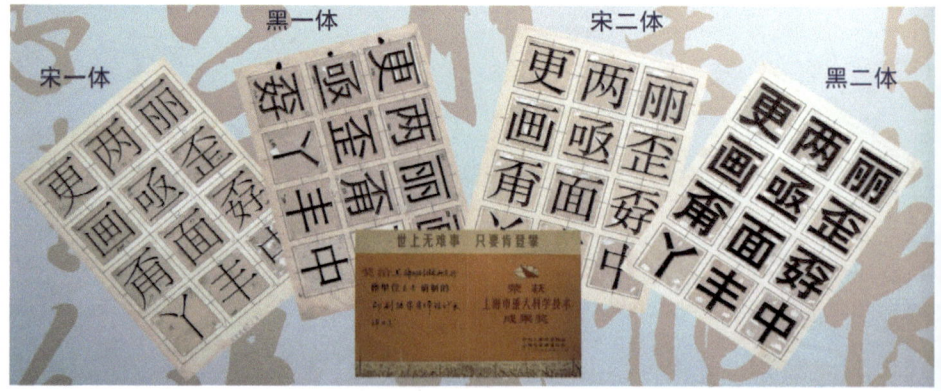

3.43 Vier wichtige Schriftarten produziert am Shanghai Printing Institute of Technology

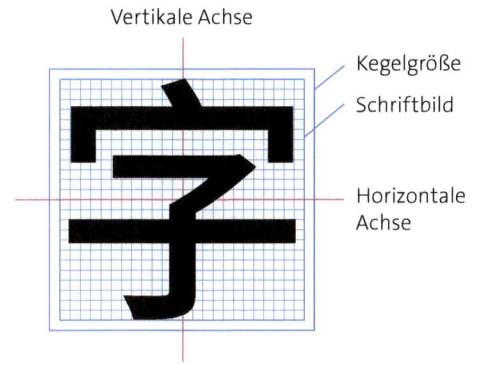

3.44 Maße und geometrische Prinzipien der Hanzi

Hanzi-Metriken

Das heutige Hanzi-Design folgt immer noch den Regeln aus der Zeit des Metallsatzes. Die Mehrheit der chinesischen Schriftdesigner und -designerinnen hält sich nicht strikt an einen festen Satz von Metriken, sondern verlässt sich stark auf ihre Erfahrung. Die vorhandenen Metriken erscheinen vage, inkonsistent und manchmal nicht messbar. Die Abbildung zeigt eine Hanzi-Metrik, die sich bewährt hat. Andere sind komplizierter und auch umstrittener.

Schriftkörper- & Schriftbildrahmen

Der Körperrahmen bezieht sich auf die gesamte Oberfläche einer Schrift. Der Schriftbildrahmen bezieht sich auf den Bereich, in dem die Striche platziert sind, d. h. wo sich das „Schriftbild" selbst befindet. Diese Rahmen sind normalerweise quadratisch, aber auch Rechtecke mit anderen Proportionen sind möglich.

Achsen

In der Zeit des Metallsatzes malten chinesische Schriftdesigner und -designerinnen ihre Entwürfe auf ein Papier mit Gitter. In der Mitte des Gitters wurde ein Kreuz positioniert. Indem sie diese beiden sich kreuzenden Linien als Leitlinien verwendeten, konnten die Schriftdesigner und -designerinnen ihre Entwürfe innerhalb des Rahmens kontrollieren. Vertikale und horizontale Achsen sehen im Rahmen gleichmäßig aus. Wenn wir uns von diesen Einschränkungen befreien, werden die Hanzi-Zeichen auch wieder beweglich.

Optische Anpassung

Wie bei anderen Schriften ist auch bei dem Design von Hanzi eine optische Anpassung unerlässlich. Die Kontur und die Schwärze von Hanzi variieren je nach Aufbau und Anzahl der Striche. Schriftdesignerinnen und -designer müssen viel an ihren Strichen arbeiten und auf die negativen Räume achten, um eine ausgewogene Optik für alle Hanzi in einer Schriftart zu erreichen.

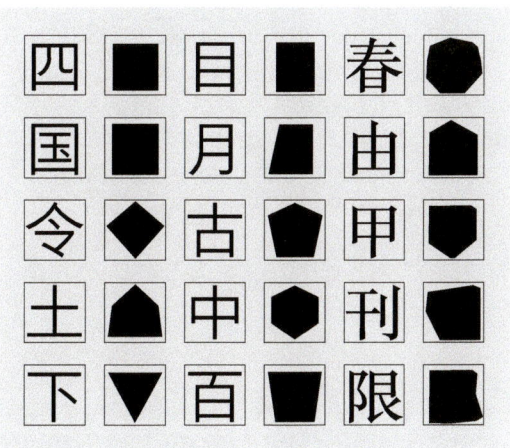

3.45 Äußere Formen von Hanzi

Anpassung des Stils

Songti (in Japan Mincho genannt) ist ein vom Holzschnitt inspirierter Stil, der aus der späten Song- bis Ming-Dynastie (12.-17. Jh.) in China stammt. Die moderne Songti Mincho-Schriftart ist auch von den lateinischen Serifen inspiriert, das heißt, die Zeichen werden in der Regel zusammengesetzt. Heiti ist ein Schrifttyp, der von Japanern erfunden (in Japan Gothic genannt) und nach China gebracht wurde. Er ist direkt von der Schrift des lateinischen Alphabets ohne Serifen inspiriert. Neben diesen beiden Hauptstilen gibt es noch zwei weitere verbreitete Stile: Kaiti und Fangsong. Kaiti ist ein Kalligrafiestil, der seit langer Zeit als Standard gilt. Fangsong bedeutet „Song imitieren" und ist ein weiterer Stil, der von der Song-Dynastie inspiriert wurde. Der Unterschied zwischen Fangsong und Songti ist die Stilepoche, die sie imitieren wollen. Bei der ersten ist dies die frühe Song-Dynastie (10.-12. Jh.), während letztere die späte Song- und Ming-Dynastie imitiert. Kaiti und Fangsong werden manchmal verwendet, um kursive Stile oder einige kalligrafische Stile nachzuahmen. Eine nicht-visuelle Zuordnungsstrategie, z. B. eine Kaiti und eine serifenlose Schrift zusammen, ist ebenfalls weit verbreitet. Unzählige Beispiele für gemischte Stile können in alten Filmen, alten Druckerzeugnissen und auf Straßenschildern in alten Städten gefunden werden.

3.46 Anpassung des Stils an das lateinische Alphabet

3.47 Anpassung der Höhe mit den Buchstaben des lateinischen Alphabets

Anpassung der Höhe

Anders als die Buchstaben des lateinischen Alphabets hat Hanzi keine Grundlinie, auf der es stehen kann. Bei der Zusammenführung mit lateinischen, kyrillischen, griechischen oder anderen Buchstaben und Ziffern wird die Position des Hanzi-Schriftkörpers zum Problem. Je nach Situation sollte eine flexible Strategie gewählt werden: Kleinbuchstaben mit Hanzi, Großbuchstaben mit Hanzi, Klein- und Großbuchstaben mit Hanzi, Kleinbuchstaben mit wenigen Unterlängen mit Hanzi, Kapitälchen mit Hanzi, usw.

Anpassung der Größe

Wenn Hanzi und lateinische Buchstaben zusammengesetzt werden, sind ihre jeweiligen Größen in verschiedenen Situationen unterschiedlich. In einigen Schriftfamilien mit mehreren Schriftarten kann es vorkommen, dass das lateinische Gegenstück vergrößert werden muss, um dem Hanzi zu entsprechen.

3.49 Die chinesisch-englische Übersetzung „Goldene Nadel", 1919

3.48 Wörterbuch der Chinesischen Sprache, Teil I, Robert Morrison, 1823

Zukünftige Entwicklung des Hanzi-Designs

In den letzten Jahren haben sich immer mehr junge Menschen mit Hanzi-Design beschäftigt. In der Zwischenzeit hat der Markt für Schriftarten in China einen historischen Höchststand erreicht. Neue Schriftdesign-Tools wie Glyphs ermöglichen es nun auch Amateuren, selbst eine Hanzi-Schrift zu entwerfen. Auch die Zahl der Schriftdesignkurse, die in den Ländern Ostasiens angeboten werden, nimmt zu. Somit entwickelt sich das Design von Hanzi weiter.

Viele europäische und amerikanische Schriftdesigner und -designerinnen haben es geschafft, in Griechisch, Kyrillisch, Arabisch, Armenisch und sogar Devanagari und Hangul zu entwerfen. Deshalb glaube ich, dass sie sehr bald auch Hanzi entwerfen werden.[20]

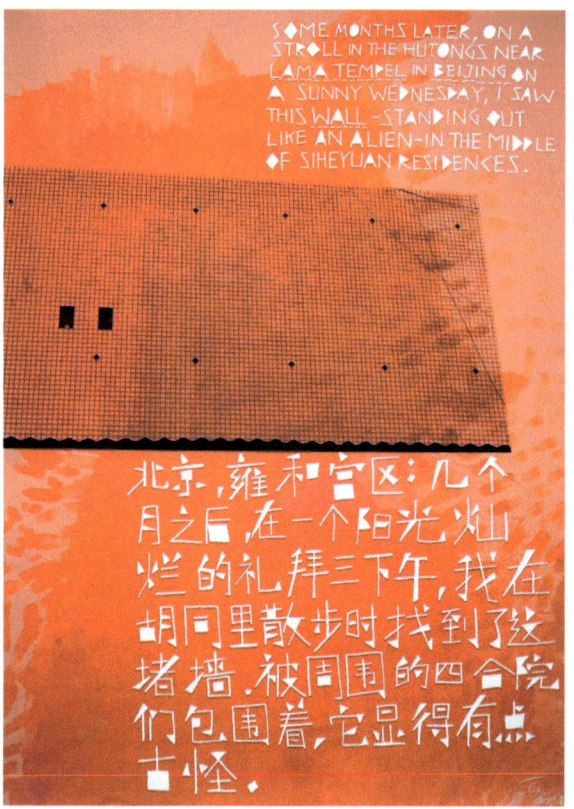

3.50 Poster mit dem Font Bojing, „When a stairway meets a wall", 2013

Yi Meng Wu, China

Yi Meng Wu, geboren 1983 in Shanghai, ist Designerin und Kulturvermittlerin. Sie ist in China und Deutschland aufgewachsen und studierte Visuelle Kommunikation in Essen, Berlin und Paris. Neben der gestalterischen Arbeit in ihrem Berliner Atelier „Studio Wu 無" hält sie Vorträge und lehrt an Universitäten Interkulturelles Design. Ihre Arbeiten wurden vielfach ausgezeichnet, u. a. mit den „schönsten Büchern Chinas" und dem German Design Award.

Die Designerin ließ sich bei ihrem Poster von der geometrischen Herangehensweise des Bauhauses inspirieren, deshalb weist die lateinische und chinesische Schrift eine stilistische Verwandtschaft auf. Das Plakat wurde für eine Posterbiennale 2013 in Shanghai zum Thema „Discover" entworfen. Später kam der Auftrag der Schriftentwicklung von einem Schriftenlabel hinzu.

Hong Jie Guan, China

Hong Jie Guan, geboren 1992, ist Art Director. Er ist ehemaliges Mitglied der China Designers Association und war Finalist im „The 6th Founder Award Chinese Font Design Competition".

Illustrierte Bildmotive interagieren hier mit den chinesischen Schriftzeichen, die elegant geschwungen sind und einen hohen Strichstärkenkontrast aufweisen. Die Schrift ist eine Songti-Schrift, die angelehnt ist an die Holzdruck-Schriften aus der Song-Dynastie (ca. 9.-13 Jh.). Die lateinische Schrift, eine Sans Serif, ist hingegen in fetten, konstruierten Versalien gesetzt.

3.51 „All embracing" Tier - Alphabet, 2020

Yan Song Li, China
Yan Song Li hat 2019 sein 10^5 LIGHT-YEARS Designstudio gegründet. Er ist Absolvent der Inner Mongolia Normal University und beschäftigt sich seit 2001 mit visuellem Design. Neben dem kommerziellen Designgeschäft forscht er auch an der grafischen Rekonstruktion chinesischer Schriftzeichen und der traditionellen chinesischen Kultur.

Die Negativschrift scheint sich im Nichts aufzulösen und ist schwer lesbar. Die Zeichen sind teilweise symmetrisch, verfügen aber über starke Größenkontraste und wurden verzerrt, um räumlich zu wirken. Die Schreibweise ist senkrecht von oben nach unten und geht dann weiter in den Kolumnen von rechts nach links.

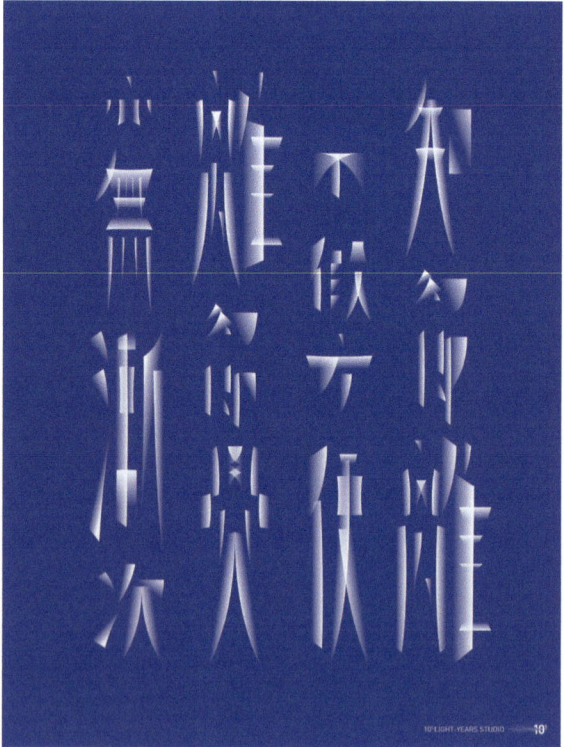

3.52 Illusion von Licht und Schatten, 2017

3.53 Font Hui Song, Poster zur Veranschaulichung, 2020

Hai Long Xiang, China
Hai Long Xiang ist ein Grafikdesigner, der sich auf Branding, Typografie und Verpackungsdesign spezialisiert hat. Er lebt in Shanghai, China. Er hat Designpreise wie den Pentaward, den IF Design Award, den Gold Pin Design Award u. a. gewonnen.

Die Schrift Hui Song ist eine Interpretation der klassischen Songti-Schrift, die mit der lateinischen Klassizistischen Antiqua vergleichbar ist. Sie verbreitete sich in der Song-Dynastie, als der Holzschnitt seine Blütezeit hatte. Die monochrome Darstellung der Landschaft und der rote Stempel am rechten Rand adressieren die geistige Elite eines traditionsbewussten Chinas.

Haytham Nawar

Arabische Schrift und Typografie
Arabisch ist eine semitische Sprache, die zwischen dem 1. und 4. Jh. n. u. Z. entstand. Arabisch hat 28 Grundbuchstaben, von denen acht ausschließlich durch diakritische Zeichen unterschieden werden können. In den älteren Schreibweisen wurden die Diakritika weniger verwendet. Ursprünglich wurden sie hinzugefügt, um das Rezitieren des Korans zu erleichtern. Die Schreibrichtung im Arabischen ist von rechts nach links. Die Buchstaben haben unterschiedliche Formen, die sich je nach ihrer Position in einem Wort ändern. Die vier Positionen (am Anfang, mittig, abschließend und isoliert) werden als konkrete Formen dargestellt, was dazu führt, dass jedes Wort eine Folge von meist zusammenhängenden Buchstabengruppen ist.

Character	Initial	Medium	Final	Isolated	Character	Initial	Medium	Final	Isolated
Alif	ا	ل	ل	ا	Taa'	ط	ط	ط	ط
Ba'	ب	ب	ب	ب	Za'	ظ	ظ	ظ	ظ
Ta'	ت	ت	ت	ت	'ayn	ع	ع	ع	ع
Tha'	ث	ث	ث	ث	Ghayn	غ	غ	غ	غ
Jim	ج	ج	ج	ج	Fa'	ف	ف	ف	ف
Ha'	ح	ح	ح	ح	Qaf	ق	ق	ق	ق
Kha'	خ	خ	خ	خ	Kaf	ك	ك	ك	ك
Dal	د	د	د	د	Lam	ل	ل	ل	ل
Dhal	ذ	ذ	ذ	ذ	Mim	م	م	م	م
Ra'	ر	ر	ر	ر	Nun	ن	ن	ن	ن
Zayn	ز	ز	ز	ز	Ha'	ه	ه	ه	ه
Sin	س	س	س	س	Waw	و	و	و	و
Shin	ش	ش	ش	ش	Ya	ي	ي	ي	ي
Sad	ص	ص	ص	ص	Hamza			ء	ء
Dad	ض	ض	ض	ض	Ta' marbuta			ة	ة

3.54 Arabische Buchstaben und ihre verschiedenen Formen

Die arabischen kalligrafischen Regeln beinhalten keine Möglichkeit, die Buchstaben zu tauschen, was für eine Analyse für Setzerinnen und Setzer sowie für moderne Schriften nützlich wäre. Um auf Arabisch schreiben zu können, muss man seine Struktur verstehen, da es sich nicht um eine einfache Anordnung von Buchstaben wie in der lateinischen Schrift handelt. Arabische Buchstaben sind miteinander verbunden und diese Verbindungen können nicht außerhalb ihres Kontextes verstanden werden. Da einige Buchstaben ähnliche Striche verwenden, kann eine Buchstabenfolge leicht als eine andere missverstanden werden. Einer der aufeinanderfolgenden Buchstaben kann in solchen Fällen entweder einen ungleichen Strich oder eine ungleiche horizontal gestreckte Verbindung aufweisen.

Die arabische Typografie nahm ihren Anfang zu Beginn des 16. Jh.. Sie war ein Nebenprodukt der lateinischen Schriftsetzer. Bis heute hat die Schrifttechnologie die Notwendigkeit einer breiten gestalterischen Flexibilität, was ein Merkmal der arabischen Schrift und eine der wesentlichen Lesehilfen ist, noch nicht vollständig umgesetzt. Es hat Versuche der Schriftsetzerinnen und -setzer gegeben, das Arabische zu vereinfachen. Auch wenn alle Probleme, die sich aus der Umwandlung des Arabischen in eine andere Schrift ergeben, verschwinden würden – wenn man ihr z. B. eine ähnliche Struktur wie die der lateinischen Schrift gäbe – würde dieser Ansatz das Arabische unleserlich machen und der Schriftkultur nicht gerecht werden.

3.55 Originalform und abgeleitete Formen, entstanden durch kontinuierliche kursive Bewegung

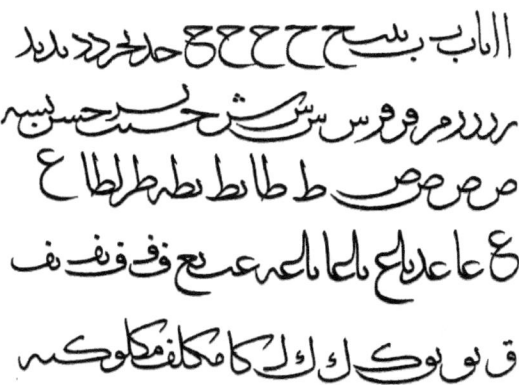

3.56 Die Formen der Buchstaben vervielfachten sich, während sie je nach Geschick und Fantasie des Kalligrafen an die jeweils neue Konfiguration angepasst wurden

3.57 Grazile osmanische Diwani-Kalligrafie, Istanbul, 19. Jh.
3.58 Persische Kalligrafie in einer Nestaliq-Schrift, 19. Jh.

Innerhalb der arabische Schriftkultur ist die traditionelle Kalligrafie auch nach heutigen Maßstäben eine ästhetisch gelungene Schriftgestaltung. Sie ist nach wie vor als islamische Schrift mit einem unverwechselbaren Stil erkennbar z. B. Kufic, Naskh, Thuluth, Diwani, Ruqaa usw..
Im Gegensatz zu den fünf vertikalen Bezugsebenen in der lateinischen Schrift (d. h. Grundlinie, x-Höhe, Oberlänge, Unterlänge und Versalhöhe) besitzt die arabische Schrift verborgene typografische Ebenen. Eine Schrift könnte bis zu zwölf imaginäre typografische Ebenen aufweisen, je nach dem arabischen Stil, auf dem die Schrift basieren soll. Daher müssen arabische Schriftgestalterinnen und -gestalter mit den arabischen kalligrafischen Stilen und Systemen vertraut sein.

Die arabische Schrift unterliegt einem Regelsystem, das als Schriftgrammatik bezeichnet wird. Einer seiner Aspekte führt zu einer Schrift, die mehr Text in einer Zeile, aber weniger Zeilen auf einer Seite unterstützt. Da die arabische Schrift einen großzügigen Zeilenabstand erfordert, ist es für Typografinnen und Typografen, die mit der lateinischen Schrift arbeiten, eine besondere Herausforderung, bi-schriftliche Entwürfe mit Paralleltexten zu erstellen.

Im 10. Jh. vereinheitlichte der Kalligraf Ibn Muqla zum ersten Mal die Prinzipien für das Zeichnen arabischer Buchstaben. Er schlug Regeln vor, die für die traditionelle Kalligrafie und die moderne Typografie weltweit relevant sind. Jeder arabische Kalligrafiestil wird von mehreren Regeln oder Systemen (d. h. Punkt, Kreis und Ähnlichkeit) beherrscht, die die Proportionen der Buchstaben diktieren. Dementsprechend liegt die Anatomie der arabischen Schriften in den Händen der Schriftgestalterinnen und -gestalter, basierend auf dem kalligrafischen Stil, den diese als Grundlage verwenden. In einem Versuch, den arabischen Schriften und ihrer Typografie typografische Begriffe zuzuordnen, erklärt Pascal El Zoghbi: „Anstatt einer einzigen gedachten Hauptlinie – bei lateinischen Schriften die x-Höhe – kann es mehrere geben: Zahn-, Schleifen- und Augenlinien. Anstelle einer einzigen Oberlänge kann es zwei geben, die ‚Sky' genannt werden. Anstelle einer einzelnen Unterlänge kann es zwei oder drei geben, die ‚Erde' genannt werden. Zwei weitere unsichtbare Linien definieren die Position und Dicke der Grundlinie."

Im Laufe der Geschichte wurden mehrere Versuche unternommen, die arabischen Buchstaben und ihren typografischen Stil zu modernisieren, aber ohne Erfolg. Darüber hinaus gab es mehrere

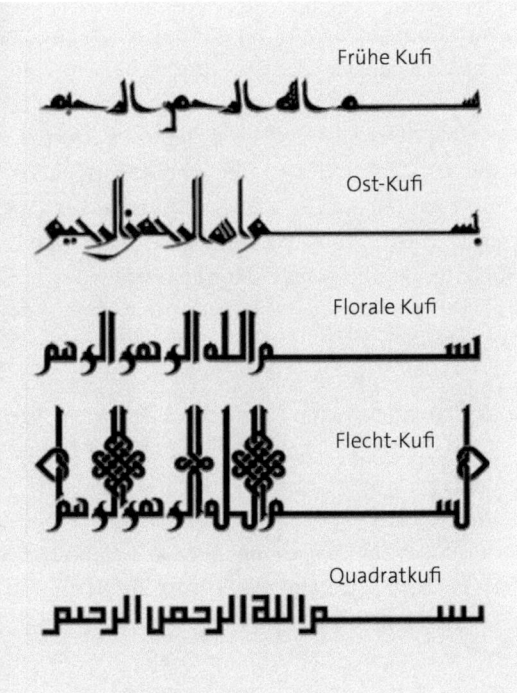

3.59 Verschiedene Kufische Stile

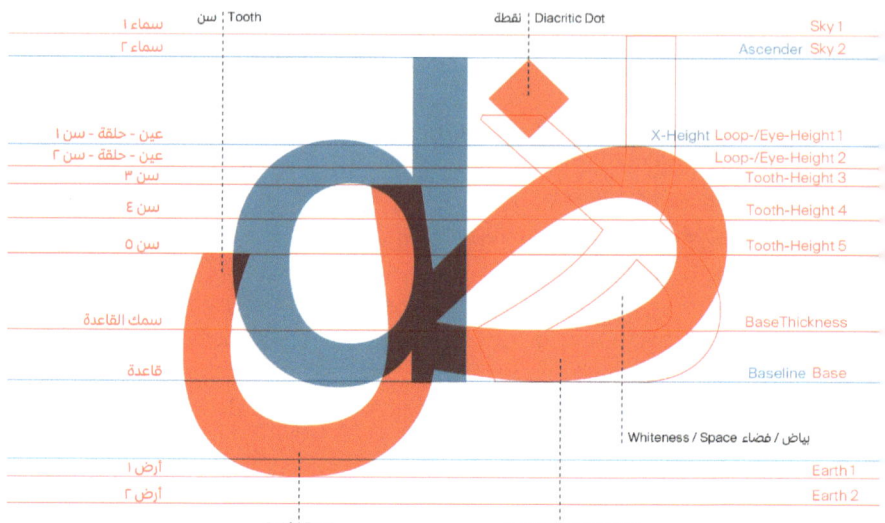

3.60 „Anatomie der arabische Schrift von der Erde zum Himmel", 2015

Vorschläge, die arabische Schrift zu vereinfachen und das Problem der Anpassung an neue Technologien zu lösen, wie z. B. Nasri Khattars Projekt „Unified Arabic". Dies wurde 1958 der Akademie für Arabische Sprache in Kairo vorgelegt und von ihr abgelehnt. Noch im selben Jahrzehnt versuchte Mahmoud Taymours Projekt „The Initial Form of the Letters", die arabischen Buchstaben zu einer einheitlichen Form zusammenzufassen. Dieses Projekt wurde zwar von der Akademie für Arabische Sprache in Kairo gebilligt, jedoch ohne, dass es weitere Verbreitung fand. Ahmed Lakhdar Ghazal unternahm weitere Anstrengungen mit seinem Projekt „ASV Codar", einer Schriftreform ähnlich der einheitlichen Form der arabischen Buchstaben von Khattar. Auch Lakhdar Ghazals Reform erhielt 1958 nicht die Zustimmung der Akademie für Arabische Sprache in Kairo. Das Unternehmen Linotype erkannte es jedoch an und verbreitete es erfolgreich. Zusätzlich zu diesen Projekten beschäftigte sich Roberto Hamm mit dem gleichen Thema, als er 1975 eine konstruierte arabische Schrift für das algerische Arabisierungsinstitut entwickelte. Auch die Methode von Sabry Hegazy basierte auf einer Vereinfachung der Schreibweise, aber sein Fokus lag auf der Verbesserung der Lesbarkeit. Er schuf einen Satz von 37 unabhängigen Buchstaben und zehn diakritischen Zeichen. Auch dieses Projekt zeigte leider keine nennenswerte Wirkung.

In der gegenwärtigen Praxis der arabischen Typografie und des arabischen Schriftdesigns gibt es anhaltende Debatten über den Erhalt der Charakteristika der Schrift und ihrer kalligrafischen Traditionen sowie über die Idee, sie zu „modernisieren" oder zu „latinisieren", um sie an die lateinischen Schriftbegriffe der Typografie und des Schriftdesigns anzupassen. Der Sprachwissenschaftler und Gelehrte Thomas Milo erklärt: „Es besteht eine Kluft zwischen der arabischen

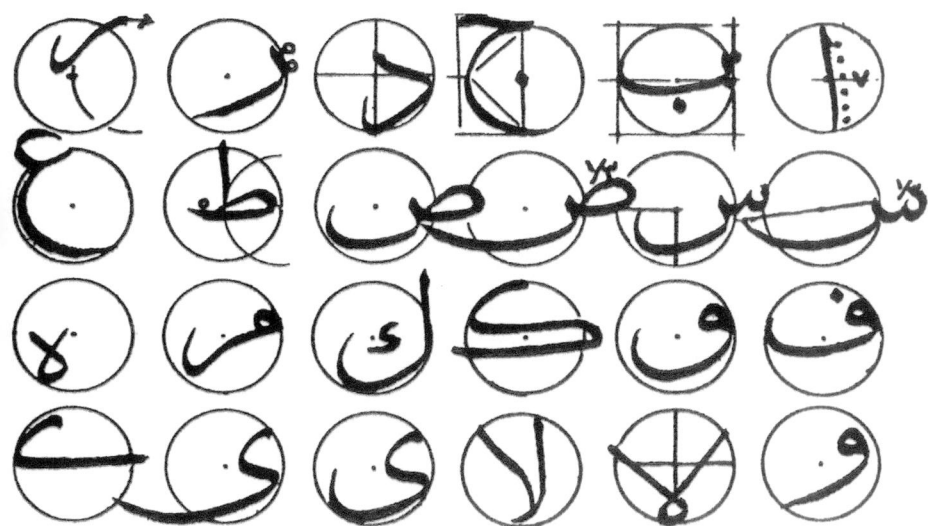

3.61 Den Prinzipien Ibn Muqlas folgend, gehen die Proportionen in der Thuluth-Schrift von einem Kreis aus, 10. Jh.

Kalligrafie und der arabischen Schrift, weil es an Verständnis für die traditionellen Regeln mangelt." Tatsächlich berühren die verfügbaren Quellen, die versuchen, dieses Problem anzugehen, nur die kalligrafische Standardisierung isolierter Buchstaben durch Ibn Muqla. Diese Standardisierung berücksichtigt jedoch nicht die Flexibilität der arabischen Schrift und ist für die damit verbundenen Buchstaben nicht relevant.

Ein ablehnende Haltung für viele der Veränderungsvorschläge hat den Fortschritt der arabischen Schrift beschränkt. Die Designerin und Wissenschaftlerin Huda Smitshuijzen AbiFarès argumentiert z. B. für eine Zusammenführung der arabischen und lateinischen Schrift, da es einfacher sei, insbesondere durch das Internet, nur eine Schrift zu produzieren und zu veröffentlichen. Es gibt eine bemerkenswerte Aktivität auf dem Gebiet des typografischen Experimentierens und Designs, hin zur Schaffung internationaler Schriftfamilien. „Der Entwurf digitaler arabischer Schriften, die in einem globalen Kontext für das Design mehrerer Schriften verwendet werden können, ist der beste Weg, die arabische Schrift am Leben zu erhalten", sagt AbiFarès. Eine Herausforderung für arabische Schriftgestalterinnen und -gestalter kann sich aus der religiösen Rolle, die die arabische Schrift in Teilen der arabisch-muslimischen Welt innehat, ergeben. Nachdem das Schreiben und Lesen im Koran ausdrücklich erwähnt wurde, wurde der Schrift als Medium zur Übermittlung der Worte Gottes eine besondere Bedeutung zuteil. Eine strenge religiöse Haltung gegenüber der arabischen Schrift kann demnach jede Abweichung von der Tradition als eine Entstellung der Schrift betrachten, muss es aber nicht. Obwohl die arabische Kalligrafie nach wie vor eine der ausdrucksstärksten und schönsten Traditionen ist, muss sich die arabische Schrift noch entwickeln, um ihr volles Potential zu entfalten.[21]

Golnar Kat Rahmani, Iran

Golnar Kat Rahmani ist eine Grafikdesignerin aus dem Iran. Sie ist Gründerin des Studios „Katrahmani" in Berlin. Das Designbüro startete 2016 und ist spezialisiert auf Kommunikationsdesign und Beratung in den Bereichen Typografie, Schriftdesign, visuelle Identität und Editorial Design. Ihr Schwerpunkt liegt auf persischer und arabischer Typografie.

Schrift wird hier vor allem als ein dekoratives Element eingesetzt, was typisch für die persische Typografie ist. Beim Magazincover verformen sich die Schriftzeichen zu neuen formalen Einheiten, werden an den Rändern unscharf, lösen sich fast auf und hinterlassen einen gespenstischen Eindruck.

Das Poster zeigt im Hintergrund eine eckige schwarze Form, die ein Teppich sein könnte, auf dem die Ankündigung des Festivals präsentiert ist. Die Schriftzeichen gehen über den Rand hinaus und nehmen so den Raum jenseits des Teppichrandes ein.

3.62 Magazincover, 2018
3.63 KT Poster, 2018

3.64 „Happiness in Words",
Typografische Gestaltung als Basis für eine Animation, 2020
3.65 Östliche & Westliche Arabische Ziffern, 2021

Nada Abdallah, Libanon
Nada Abdallah ist Künstlerin, Designerin, Pädagogin und sie ist die Gründerin des Bilarabic Design Festivals. Sie studierte Visuelle Kommunikation an der American University of Sharjah, UAE, und an der Lebanese University. Bevor sie an die Universität von Sharjah kam, lehrte sie Design an den Higher Colleges of Technology der Lebanese University und der Lebanese International University. Sie hat mehrere Preise in den Bereichen Design und Fotografie gewonnen, u. a. in den USA. Seit den frühen 1990er Jahren aktiv, konzentrieren sich ihre Arbeit und ihre Forschung auf arabische Kalligrafie und Typografie sowie auf prähistorisches Motivdesign.

Bei beiden Designs sind stark geometrisch abstrahierte Schritzeichen vorhanden. Die Schriftkomposition vor dem blauen Himmel erinnert an Wandmosaike. Hier wechseln sich feine Linien mit Dreiecken ab und auch die diakritischen Zeichen sind als kleine Dreicke dargestellt.

3.66 Poster für selbst initiiertes „Spradic Schooling Programm", 2020
3.67 „The moving poster", 2019

Engy Aly, Ägypten
Engy Aly, geboren 1982 in Kairo, studierte Grafikdesign in ihrer Geburtsstadt. Danach arbeitete sie im Kairoer Designstudio „fileclub". Seit 2009 ist sie selbständig. Ihre Auftragsarbeiten konzentrieren sich auf kulturelle Projekte. Ihre eigene persönliche Arbeit bewegt sich im Spannungsfeld zwischen Kunst und Design. 2013 absolvierte sie noch den MFA an der Hochschule für Gestaltung und Kunst in Basel (FHNW) und der University of Illinois (UIS).

Beim Poster „Sporadic Schooling" basieren die einzelnen Zeichen und Glyphen auf derselben geometrischen Konstruktion. Ihre wie zufällig wirkende Positionierung ist bewusst eingesetzt. Die Farbpalette beider Poster ist reduziert und Primär- und Sekundärfarben dominieren.

Das „Moving Poster" wurde für eine Ausstellung von mehr als 100 animierten Displays kreiert. Den Hintergrund bildet eine abstrahierte Karte, die die Straßen und Plätze des Austellungsortes zeigt.

Die Schrift, die bei „Heliopolis" eingesetzt wird, zeigt einen enormen Strichstärkenkontrast und ist inspiriert von den ägytischen Ladenschildern der 80er Jahre.

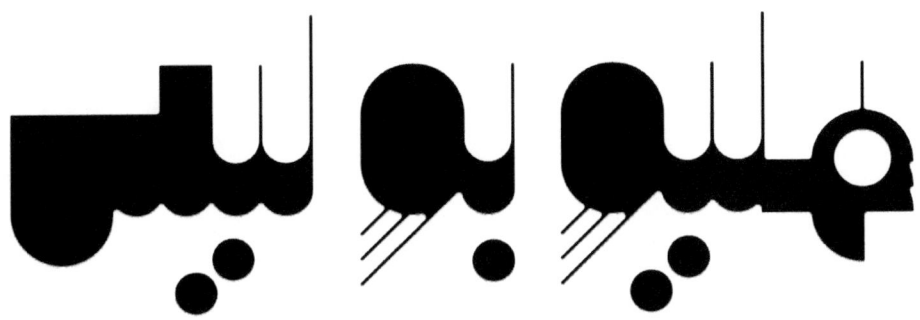

3.68 Heliopolis, typografisches Experiment, 2016

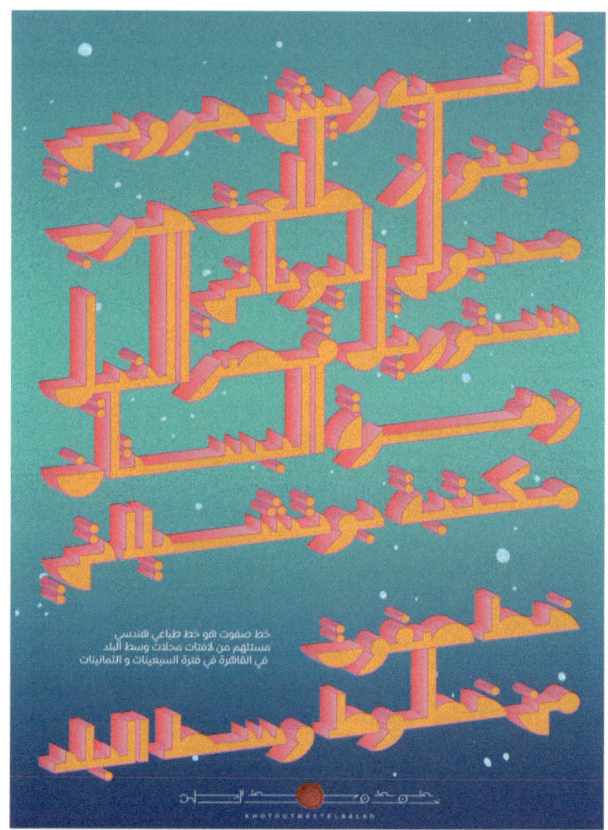

3.69 Projektbetreuung: Khotout West ElBalad, J. Walter Thompson,
Al-Ismaelia Immobilien Investition, Kairo, 2016

Bitte beschreiben Sie Ihren Bildungshintergrund, einschließlich Ihres Studiums, Ihrer Arbeit/Studien und Ihrer Reisen.

Mein Hauptfach war Druckgrafik an der Helwan University in Kairo, wo ich meinen MFA in New Media Arts machte. Meinen zweiten Master in Spatial Design absolvierte ich an der Zürcher Hochschule der Künste. Anschließend promovierte ich an der Universität Plymouth in Großbritannien.

Mit welchen Ländern oder Kulturen haben Sie eng zusammengearbeitet und/oder in welchen Ländern oder Kulturen haben Sie gelebt? Haben Sie prägende Erfahrungen in anderen Kulturen gemacht?

Als Ägypter habe ich in vielen Städten des Landes gelebt und gearbeitet, darunter das riesige Kairo und das kosmopolitische Alexandria. Ich reise viel, um zu studieren, zu lehren, Vorträge, Workshops, Veranstaltungen usw. zu halten. Ich bleibe nicht oft lange an einem Ort – es kommt auf den Grund meiner Reise an.

Zwei Fulbright-Stipendien brachten mich zum Studieren in die USA. Das erste Mal nach New York, im Zusammenhang mit der School of Visual Arts in NY, und das zweite Mal nach LA, verbunden mit der University of California UCLA. Ich sehe Ägypten als ein vielschichtiges Land: afrikanisch, arabisch sprechend, koptisch, bevor es islamisch wurde, und gleichzeitig mediterran. All das spiegelt sich in den vielen Schichten der kulturellen Vielfalt wider. In Europa lebte ich inmitten der mehrsprachigen Gemeinden der Schweiz, wo mindestens zwei der folgenden Sprachen gesprochen wurden: Deutsch, Französisch, Italienisch und Romani. Die USA sind ein kultureller Schmelztiegel mit extremer Vielfalt und sehr unterschiedlichen Kulturen. Bevor ich nach Ägypten zurückkehrte, war ich in Hongkong, einer umfänglich multikulturell geprägten Insel, die von einer britischen zu einer chinesischen Herrschaft übergegangen ist. In Griechenland zu leben und zu arbeiten, fühlte sich für mich am nächsten zu Hause an und bestätigte meinen Glauben an eine mediterrane Kultur.

In letzter Zeit habe ich mich mehr auf die Forschung auf dem afrikanischen Kontinent konzentriert und ich bin dabei, eine afrikanische Erzählung über die Designgeschichte des Kontinents schreiben.

Haytham Nawar
Studium an der Faculty of
Fine Arts, Helwan, Ägypten
University, Kairo, Ägypten, und am
Institute of Design & Technology, Zürcher
Hochschule der Künste, Schweiz
Promotion an der Faculty of Arts,
School of Art & Media, Plymouth
University, Großbritannien
Seit 2016 Professor am Department of
the Arts an der American University
in Kairo, Ägypten
Zahlreiche Auszeichnungen sowie
internationale
Ausstellungsbeteiligungen,
z. B. Biennale in Venedig, 2015
Co-Autor mit Bahia Shehab, 2020:
A History of Arab Graphic Design

Was wussten Sie über diese Länder/Kulturen, bevor Sie die Zusammenarbeit begannen?

Als Wissenschaftler ist Forschung mein Metier. Ich habe eine überwiegend eurozentrische Ausbildung genossen, deshalb erkunde ich gerne Orte mit ganz anderen Kulturen. Bevor ich reise, informiere ich mich über einen Ort und seine Kultur, nur um später festzustellen, dass man am meisten lernt, wenn man mit den Menschen vor Ort interagiert. Ich bin neugierig auf die menschliche Komponente und den sozialen Aspekt des Reisens. Was wirklich wichtig ist, kann man nicht aus der Ferne lernen, es geht immer um Interaktion und kulturellen Austausch.

Welche spezifischen Unterschiede sind Ihnen bei der Art und Weise, wie Studierende in anderen Ländern/Kulturen lernen, aufgefallen?

Studierende verhalten sich in verschiedenen Kulturen unterschiedlich, aber es zählt natürlich immer noch das Individuum. Und jeder/jede Studierende ist einzigartig. Das Bildungssystem und die Gesellschaft spielen definitiv eine wichtige Rolle im Klassenzimmer.

In manchen Kulturen sind die Studierenden schüchtern und müssen ermutigt werden, mehr Eigeninitiative zu zeigen. In anderen Kulturen leiden die Schüler unter einem Mangel an Vielfalt, also muss man ihr Bewusstsein dafür schärfen. Lehrende müssen sich anpassen und ihre eigenen Lehrmethoden und Werkzeuge erfinden, um die Unterschiede zu überbrücken.

Mussten Sie Ihre Arbeits- oder Lehrmethoden anpassen, während Sie sie in einer fremden Kultur praktiziert haben, d. h. sie an verschiedene soziale und moralische Normen anpassen, einschließlich Klassen- oder Geschlechterfragen? Wenn ja, wie?

Verschiedene Kulturen gehen unterschiedlich mit globalen Themen wie Themen wie ethnische Zugehörigkeit, Geschlecht usw. um. Man muss jede Kultur kennenlernen und sie verstehen, um besser mit den Studierenden kommunizieren zu können. Unterschiede zu respektieren, Gemeinsamkeiten zu finden und zu versuchen, eine Brücke zwischen den Kulturen zu schlagen, hilft. Eine gemeinsame Sprache macht die Dinge einfacher, und Design ist eine universelle Sprache. Nehmen Sie zum Beispiel die Körpersprache: Ich bewege meine Hände viel, wenn ich etwas erkläre. Als ich in Hongkong unterrichtete, wurde mir klar, dass dies eine mediterrane Angewohnheit ist und die dortigen Studierenden dadurch abgelenkt werden. Also musste ich mich anpassen, indem ich meine Gesten reduzierte.

Was war der Vorteil, in einem anderen Kulturkreis als Ihrem eigenen zu arbeiten bzw. zu lehren?

Das Arbeiten in verschiedenen Kulturen kann eine Herausforderung sein, aber ich glaube, dass die Vorteile überwiegen. Die Interaktion fördert das interkulturelle Verständnis, erweitert das Bewusstsein und ermöglicht ein kreativeres Umfeld. Das Mischen von Kulturen führt zu neuen Lösungen, indem die visuelle Kommunikation effizienter erprobt und universellere, anpassungsfähigere Designlösungen erfunden werden. Ich mag es, wenn meine Studierenden mehrsprachige Designs erstellen, auch mit Sprachen, die sie nicht verstehen. Es ist faszinierend zu sehen, wie Menschen mit einer Sprache aus einer rein visuellen Perspektive umgehen. Das Unterrichten im Ausland motiviert mich in meiner eigenen wissenschaftlichen Arbeit. Ich habe einmal Grafikdesigngeschichte (eurozentrisch) gelehrt, während mein Kollege asiatische Designgeschichte unterrichtete. Das Lernen über asiatische Designgeschichte weckte in mir den Wunsch, die arabische Designgeschichte zu dokumentieren. Das Ergebnis war mein erstes Lehrbuch „History of Arab Graphic Design", das ich zusammen mit Bahia Shehab geschrieben habe.

3.70 Projektbetreuung: Khotout West ElBalad, J. Walter Thompson, Al-Ismaelia Immobilien Investition, Kairo, 2016

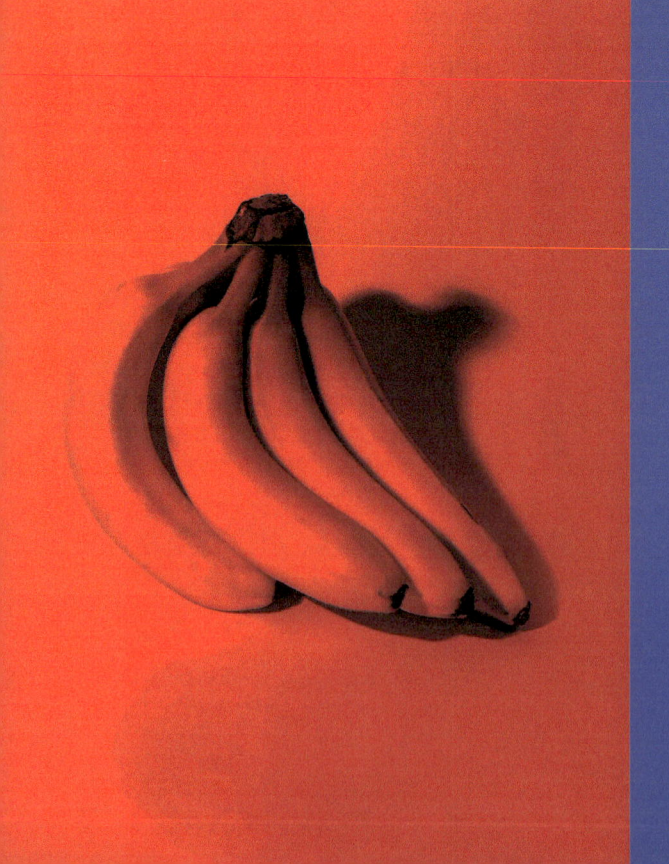

4.01 Objektfarbe in Abhängigkeit zur Lichtquelle

FARBE

Kaum ein Gestaltungsmittel ist so komplex und emotional besetzt wie die Farbe. Ähnlich wie beim Musikhören reagieren wir unbewusst und spontan mit Begeisterung, Ablehnung oder Desinteresse. Bei Interesse oder musikalischer Bildung kann dem emotionalen Ersteindruck die kognitiv gesteuerte Analyse von Harmonien und Rhythmus folgen. Genauso vielschichtig kann Farbwahrnehmung sein. Ein Ziel für Gestaltende ist es, sich bei der Farbwahl nicht nur vom Bauchgefühl leiten zu lassen, sondern sich probater Entscheidungskriterien zu bedienen. Kulturell verankerte Farbharmonien, Farbkontraste, aber auch die physikalischen und chemischen Voraussetzungen dürfen nicht außer Acht gelassen werden, wenn man gestalterisch arbeiten möchte.

Farbe wird je nach Fachgebiet unterschiedlich definiert:
1. Physik: elektromagnetisches Spektrum
2. Chemie: molekulare Struktur
3. Physiologie: Körperempfindungen
4. Symbolik: kulturelle und historische Bedeutung
5. Psychologie: Sinneswahrnehmung und -verarbeitung
6. Bildreproduktion: Wiedergabemedium
7. Kunst: sozio-individuelle Kriterien
8. Design: zielgerichtete Kommunikation

Für Gestaltende sind alle Bereiche relevant. Die Physik erklärt die Farbentstehung, die Chemie behandelt die molekulare Oberflächenbeschaffenheit und daraus resultierende Farbwirkungen wie matt oder glänzend.

Die Physiologie untersucht unsere körperlichen und emotionalen Reaktionen auf Farben, was vor allem in der farbigen Raumgestaltung im privaten und auch im öffentlichen Raum, z. B. in Krankenhäusern, eine Rolle spielt. Die Farbsymbolik/-semantik ist kulturell verankert und wird später noch ausführlicher behandelt. Die Wahrnehmungspsychologie beschreibt Phänomene wie optische Täuschungen. Bei der Bildreproduktion unterscheidet man die Farbwiedergabe vor allem von Bildern im Druck, im Web, bei Devices etc. Mithilfe der Kunst erhalten wir neue Impulse und erweitern unseren Horizont. Nur, wenn wir all diese Bereiche berücksichtigen, können wir in der Gestaltung zielgerichtet kommunizieren.

Grundsätzlich ist die Fähigkeit, Farbe wahrzunehmen, vom Licht abhängig. In der Dämmerung nehmen wir zwar noch hell und dunkel wahr, aber kaum noch Farben. Erst das Tages- oder Kunstlicht lässt uns Gegenstände in ihrer Farbwirkung erkennen. Die Lichtstrahlen fallen in unsere Augen und werden mit Hilfe der Farbrezeptoren, die auf ganz bestimmte Wellenlängen reagieren, in Nervenzellimpulse umgewandelt und an unser Gehirn weitergeleitet. Es gibt zwei unterschiedliche Sehzellentypen, die Stäbchen und die Zapfen. Die Zapfen sind für die Farbwahrnehmung zuständig und unterteilen sich in drei Typen, die jeweils auf Licht in einem bestimmten Wellenbereich ansprechen. Deshalb werden sie Rot-, Grün- und Blaurezeptoren genannt. Die Stäbchen reagieren auf Hell und Dunkel und ermöglichen das Nacht- und Dämmerungssehen.

Seit Isaac Newtons Prisma-Experiment, der Brechung des Lichtstrahls an einem Glasprisma, wissen wir, dass sich Licht aus den sog. Spektralfarben zusammensetzt. Auch beim Regenbogen wird das Sonnenlicht in den Wassertropfen gebrochen und wir sehen die Farben Violett, Blau, Grün, Gelb, Orange und Rot. Verfährt man umgekehrt und führt alle Spektralfarben, z. B. durch eine Sammellinse, zusammen, erhält man sog. weißes Licht. Das Mischen von unterschiedlichen Lichtfarben nennt man additive Farbmischung, da man dabei immer helleres Licht erhält. Aus den drei Grundfarben Rot, Grün und Blau können alle weiteren Lichtfarben gemischt werden. Mischt man die Lichtfarben Rot und Grün erhält man die Sekundärfarbe Gelb.

Fällt das sog. weiße Licht, das das gesamte Spektrum der Spektralfarben enthält, auf einen Körper, werden bestimmte Farben absorbiert und andere reflektiert. Am Beispiel einer gelben Banane kann dieses Prinzip gut veranschaulicht werden. Trifft weißes Licht auf die Banane, wird Blau absorbiert und Rot und Grün werden reflektiert. Das liegt an der molekularen Beschaffenheit der Oberfläche der Banane, die sich natürlich ändern kann, z. B., wenn die Banane überreif ist und deshalb nicht mehr strahlend gelb, sondern eher bräunlich gelb aussieht. Die gelbe Banane gibt es nur, weil unsere Sehzellen elektromagnetische Wellen auf eine bestimmte Art und Weise interpretieren.

Es gibt also die Lichtfarben und die Objekt-/Materialfarben, die auch Körperfarben genannt werden. Ein wesentlicher Unterschied zwischen beiden ist die Art, wie sie sich mischen. Bei der Lichtfarbe sprechen wir von additiver Farbmischung. Beim Mischen von Körperfarben handelt es sich um subtraktive Farbmischung, weil einzelne Wellenlängen abgezogen bzw. absorbiert werden und die Farbe dabei immer dunkler wird. Werden alle Lichtfarben absorbiert, nehmen wir Schwarz wahr. Das Mischen von Körperfarben ist uns aus dem Alltag vertraut, nicht so die additive Farbmischung. Aber nur, wenn man den Unterschied kennt, versteht man, warum Farben auf einem Bildschirm oder Handydisplay anders dargestellt werden, als es im Druck möglich ist. Monitore arbeiten mit Lichtfarben und beim Druck werden Körperfarben verwendet. Im RGB-Modus sind ca. 16 Mio. Farben darstellbar und im Offsetdruck mit den Grundfarben Cyan (C), Magenta (M), Yellow (Y) und der zusätzlichen sog. Schlüsselfarbe Schwarz (K = key) unter optimalen Voraussetzungen ca. 500.000 Farbtöne, also wesentlich weniger.[1]

Farbmodelle
In Europa gab es von der Antike über die Renaissance und Aufklärung bis hin zum Bauhaus und darüber hinaus immer wieder Ideen und Modelle zur Farbtheorie und Farblehre. Aristoteles nahm an, dass alle Farben aus der Mischung von Licht und Dunkel entstehen. Leonardo da Vinci widmete sich vor allem den Farbharmonien und Isaac Newton machte bahnbrechende naturwissenschaftliche Entdeckungen, die von Johann Wolfgang von Goethe in Frage gestellt wurden. Er und auch Philipp Otto Runge erforschten die symbolischen und geistigen Beziehungen zwischen den Farben. Im 20. Jh. lieferte zum einen eine neue Disziplin – die Psychologie und im Besonderen die Gestaltpsychologie – neue Erkenntnisse zur Erklärung der Wahrnehmung und zum anderen rationalistische, sich auf mathematische

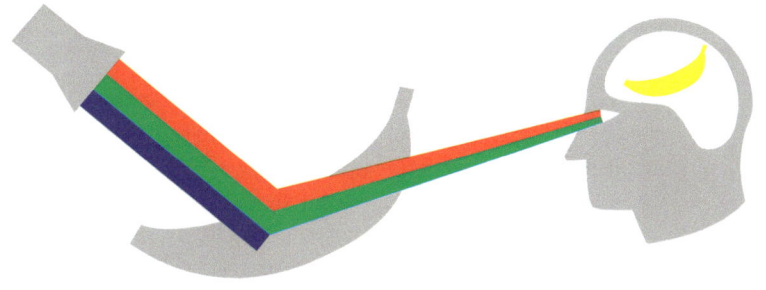

ENTSTEHUNG
DER KÖRPERFARBEN

1. Licht trifft auf das Objekt
2. Blau wird absorbiert
3. Grün+Rot=Gelb

4.02 Entstehung der Körperfarben

RGB
ADDITIVES FARBMODELL

Primärfarben: Rot / Grün / Blau
Sekundärfarben: Gelb / Magenta / Cyan

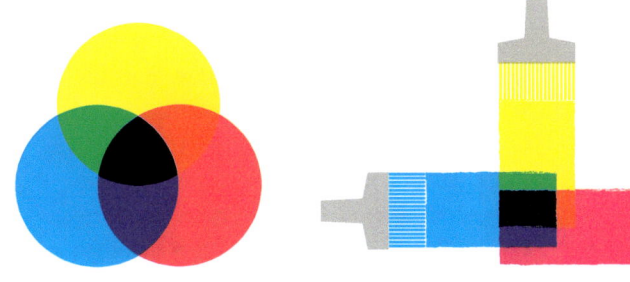

CMY(K)
SUBTRAKTIVES FARBMODELL

Primärfarben: Cyan / Magenta / Gelb
Sekundärfarben: Grün / Rot / Blau

K=key, die zusätzliche schwarze Schlüsselfarbe für Bildtiefe und satte Grau- und Schwarzdarstellung beim Druck

4.03 Additive und subtraktive Farbmischung

Gesetzmäßigkeiten reduzierende Methoden wie die des Chemikers Wilhelm Ostwald. Zu nennen ist auch der Druckingenieur Harald Küppers, der einen Farbkreis entwickelte, der auf acht Grundfarben basiert und für das Mischen von Körperfarben optimiert ist.

In China waren Farbordnungssysteme eng mit der von Schamanismus und Ahnenkult durchdrungenen Mythologie verbunden, ebenso wie die Verehrung des Himmels und die Himmelskunde eine wesentliche Rolle spielten (ca. 5.000 v. u. Z.).[2] Der Himmel wurde unterteilt in den cyanfarbenen Drachen im Osten, den weißen Tiger im Westen, den roten Vogel im Süden, die schwarze Schlangenhalsschildkröte im Norden und den gelben Drachen in der Mitte. Man nahm an, dass alle weiteren Farben aus diesen fünf Grundfarben entstehen. Später, im Taoismus (4. Jh. v. u. Z.) und der chinesischen Medizin finden sich diese fünf Farben wieder und zwar in der Theorie der fünf Elemente: Grün/Blau steht für Holz, Rot für Feuer, Gelb für die Erde, Weiß für Metall und Schwarz für Wasser.[3] Ein Jahrhundert davor entwickelte sich der Konfuzianismus, der die Philosophie sowie die Staats- und Soziallehre Chinas jahrtausendelang prägte. Er hatte eine pragmatische, weniger metaphysische Ausrichtung und nutzte Kleiderfarben, um den sozialen Rang in der Gesellschaft zu definieren.[4] Auch in der Malerei wurde durch Farbe akzentuiert. Sie wurde vor allem behutsam eingesetzt. Die Linie spielte, bedingt durch die Tuschmalerei und auch den Holzschnitt, eine wesentlich größere Rolle als die Farbe. Anders als in der westlichen Tradition sollte die Natur nicht nachgeahmt werden, sondern eher die Idee, die Stimmung und die Resonanz der Energie des Bildes (Qi Yun) wiedergegeben werden.[5] Dieser Ansatz, im 6. Jh. von Xie He formuliert, ist gar nicht so weit von den Vorstellungen der abstrakten Malerei der westlichen Kunst entfernt.

Auch arabische Wissenschaftler wie Abu Ali al-Hasan ibn al-Haitham (lat.: Alhazen) hatten bereits im 9. Jh. innovative Erkenntnisse zur Optik, die anatomische Studien des Auges mit eingeschlossen.[6] Erst drei Jahrhunderte später kamen diese Forschungsergebnisse in Europa zur Geltung, wo bis zur Renaissance eher philosophische Abhandlungen üblich waren. Eine Wende erfolgte im 17. Jh. mit Galileo Galilei, Johannes Kepler u. a. gefolgt von Newtons Erkenntnissen.

4.04 Gemälde mit Blumen und einem Vogel, Wen Shu, 1595 - 1634

4.05 Newtons Experiment der Lichtbrechung an einem Glasprisma

Heutzutage sind folgende Farbsysteme international wichtig:

A Geräteunabhängig
CIELAB-Farbraum (auch L*a*b*)
Internationaler Standard für alle wahrnehmbaren Farben,
Referenzfarbraum im Farbmanagement

B Geräteabhängig (z. B. Bildschirme, Kameras, Drucker)
↗ RGB-Modell
  Additive Mischung der drei primären Lichtfarben
  Rot, Grün und Blau
↗ HSB-Modell
  Hue = Farbton (00 - 3.600)
  Saturation = Sättigung, Intensität, Reinheit des Farbtons
  (0% ist Grau, 100% ist voll gesättigt)
  Brightness = Helligkeit oder Schwarztrübung (0% ist Schwarz, 100% Weiß)
  Es leitet sich aus dem RGB-Modell ab.
↗ CMYK-Modell
  Standardmodell im Druckbereich
↗ Sonderfarben beim Druck: HKS und Pantone

Farbkreise
Es gibt viele unterschiedliche Farbkreise und alle haben das Ziel, eine Ordnung herzustellen und Gestaltungshilfen anzubieten. Meist sind sie wie die Regenbogenfarben nach ihrem Wellenlängenbereich angeordnet, von Gelb über Orange, Rot nach Blau etc. In der Farblehre ist der Farbkreis des Bauhauslehrers Johannes Itten sehr verbreitet und bietet eine gute Voraussetzung zur Erklärung der Farbkontraste. Aber seine Grundfarben Rot, Blau und Gelb funktionieren in der Praxis nicht und ergeben in der Mischung getrübte Farben. Hier wird der Farbkreis von Harald Küppers verwendet, der auf den Druckgrundfarben basiert. Auch er hat Nachteile, z. B. dass der Abstand von Gelb zu den anderen Farben zu groß ist. Die optimale Lösung muss von Fall zu Fall gefunden werden. In der Malerei benötigt man z. B. nicht nur drei Grundfarben neben Schwarz und Weiß, sondern mind. sieben, um alle weiteren Farbtöne zu mischen.[7]

Primärfarben: **Sekundärfarben:**
Cyan / Magenta / Gelb   Orangerot / Violettblau / Grün

Tertiärfarben:
Gelborange / Rot / Rotviolett / Blau / Blaugrün / Gelbgrün

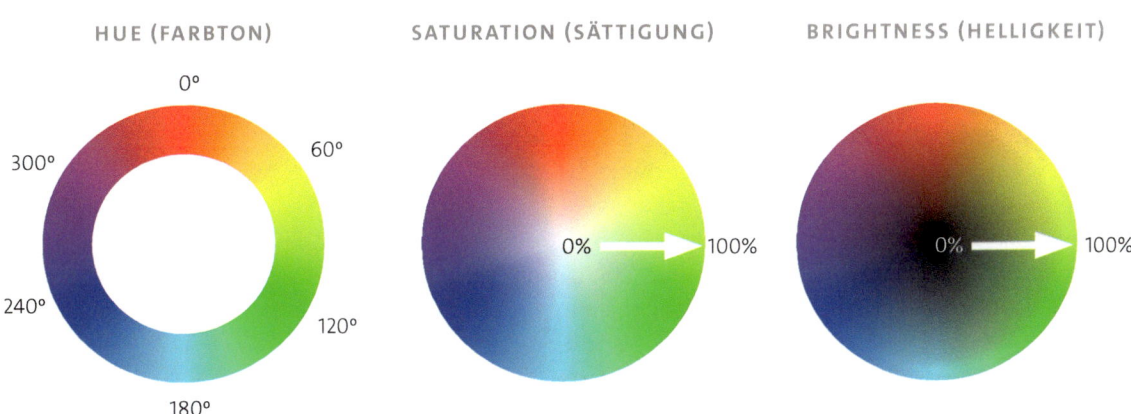

4.06 HSB Modell

4.07 Farbkreis nach Küppers

Farbkontraste, Farbklänge und Farbharmonien

Johannes Itten war neben Josef Albers maßgeblich daran beteiligt, dass sich über den von ihm initiierten Bauhaus-Vorkurs weltweit eine erkenntnisorientierte und analytische Grundlehre verbreitete. Albers bezeichnete die Farbe als eines der „relativsten Mittel in der Kunst" und postulierte eine pädagogische Annäherung durch „suchendes Lernen", um über „trial and error" ein feines Gespür für Farbnuancen, -helligkeiten, -harmonien und -täuschungen zu entwickeln.[8] Itten berief sich währenddessen auf die Farblehre von Goethe und Runge sowie auf Gesetzmäßigkeiten, harmonische Farbakkorde und die Farbkontraste seines Lehrer Adolf Hölzel.[9]

Ittens sieben Farbkontraste haben sich als ein hilfreicher Einstieg in die Farbgestaltung bewährt:[10]
1. Farbe-an-sich Kontrast (Bunt- und Unbuntkontrast)
2. Hell-Dunkel-Kontrast (Helligkeitskontrast)
3. Kalt-Warm-Kontrast (Nah-Fern-Kontrast)
4. Komplementärkontrast (Ergänzungskontrast)
5. Simultankontrast (Gleichzeitigkeitskontrast)
6. Qualitätskontrast (Intensitäts- oder Sättigungskontrast)
7. Quantitätskontrast (Mengenkontrast)

Farbklänge und Farbharmonien können mithilfe des Farbkreises – hier nach Küppers – erzeugt werden. Die Verwendung von Nachbarschaftsfarben, d. h. Farben, die auf dem Farbkreis nebeneinanderstehen wie Gelb, Orange und Rot, schaffen geringe Farbtonunterschiede und wirken deshalb harmonisch wie die Farbabstufungen eines Sonnenuntergangs.

Wählt man Farben auf dem Farbkreis so aus, dass die Verbindungslinie eine symmetrische Form ergibt wie beim Drei-, Vier- und Sechsfarbklang, ergeben sich harmonische Zusammenstellungen. Weitere Möglichkeiten sind die Kombination eines Komplementärkontrasts und einer Nachbarschaftsfarbe oder auch asymmetrische Farbklänge sowie die Einbeziehung von Variationen der Sättigung und Helligkeit des Farbtons.

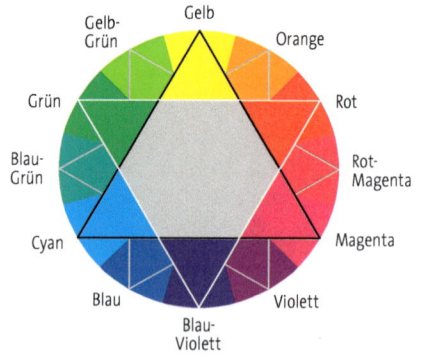

4.08 Farbkreis nach Küppers

4.09 Farbkontraste nach Itten

4.10 Farbstimmungen

Farben lösen Gefühle in uns aus und ihre Wirkung ist nicht konstant. Wechselnde Farbtrends und interkulturell unterschiedliche Farbpräferenzen geben uns Spielraum für immer wieder neue Eindrücke und Wertungen.

Individuelle Voraussetzungen
↗ Psychologische und physiologische Wahrnehmung
↗ Kultureller und sozialer Kontext

Einflussfaktoren
↗ Lichtverhältnisse, einschließlich der Geografie
↗ Zusammenspiel mit den benachbarten Farben

 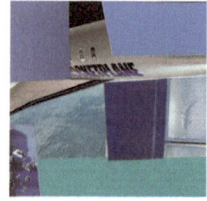  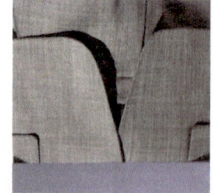 

4.11 Collagen

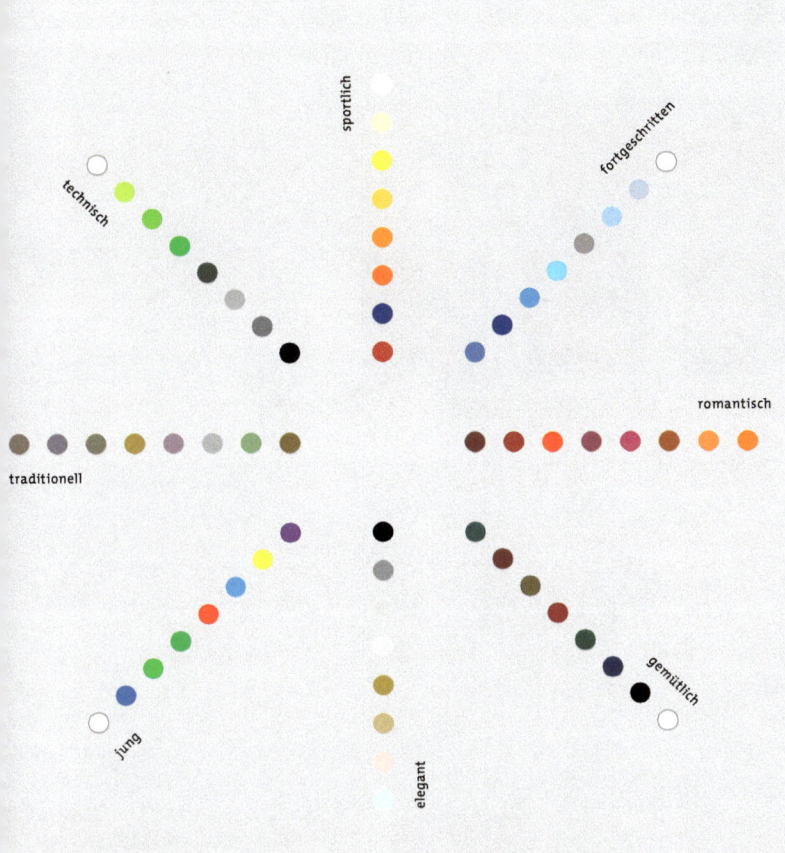
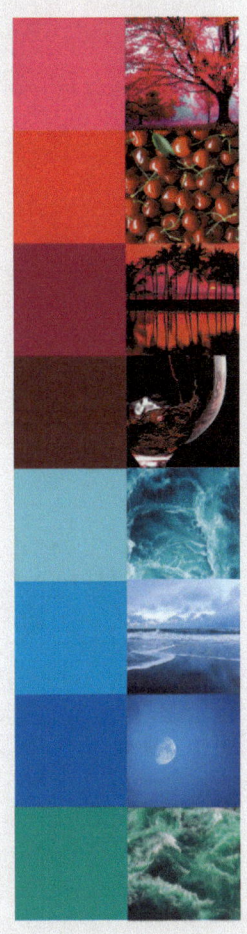

4.12 Moodboards

Farbcollagen, die Texturen und Motive enthalten, dienen dazu, die farblichen, formalen und stimmungsrelevanten Grundprämissen im Designbereich wie der Corporate Identity festzulegen.

4.13 Abstraktionsprozess mit Kalt-Warm-Kontrast

Abstraktionsprozess

Farbe kann nicht losgelöst von der Form gesehen werden. Wir haben immer eine Form, die die Farbe wie einen Container enthält. Dabei spielt es keine Rolle, ob die Umrisslinie scharf oder diffus ist und sich dabei fast auflöst.

Bei der Motivabstraktion hilft uns die Analyse der wesentlichen Bestandteile der Form wie in Kap. 2 beschrieben und bei der Vereinfachung der Farbtöne erweisen sich der Farbkreis, die Farbkontraste und das HSB-Modell als äußerst hilfreich.

Nützliche Strategien sind:
Gegensätze
↗ Hoch gesättigt vs. ungesättigt (getrübt)
↗ Hell (leicht) vs. dunkel (schwer)
↗ Kalt vs. warm

Ähnlichkeiten
↗ Nachbarschaftsfarben
↗ Sättigung
↗ Helligkeit und Opazität

4.14 Abstraktionsprozess in der praktischen Anwendung

Die Farbvorlieben sind kulturell bedingt sehr unterschiedlich. Dennoch sind wir alle von einem Sonnenaufgang und -untergang ergriffen, und in vielen löst er romantische Gefühle aus.[11] Seine warmen und nah wirkenden Farben Gelb, Orange und Rot wirken aktivierend und die Langsamkeit der Farbänderung sowie das Versinken der Sonne haben eine beruhigende Wirkung auf viele von uns.[12]

4.15 Farben des Sonnenuntergangs   4.16 Foto aus dem Flugzeugfenster

Semantik der Farbe

Wie wir Farben interpretieren, liegt an vielen Faktoren wie dem Klima, der Landschaft und dem Lebensraum, der uns umgibt. Bei indigenen Völkern werden Farben beispielsweise oft im Zusammenhang mit der sie umgebenden Flora und Fauna gedacht. Wiederum gibt es zahlreiche Sprachen, die keinen Unterschied zwischen Blau und Grün machen. Blau ist die Farbe, die am wenigsten in indigen Sprachen vorhanden ist.[13] Das mag erstaunlich klingen, wo wir uns doch alle denselben Himmel teilen. Aber zum einen ist die Farbe nicht konsistent an das Objekt Himmel gebunden – der Himmel kann auch pechschwarz sein – und zum anderen sind blaue Materialien in der Natur ansonsten ausgesprochen selten.[14]

Wie und ob konkrete Farbbezeichnungen in der Sprache gemacht werden, hängt demzufolge mit der physischen Umwelt und vor allem mit der Wichtigkeit des Objekts, das die Farbe trägt, zusammen. Die etablierte *World Color Survey* Studie, die 110 indigene Sprachen untersuchte, belegt, dass Farbbezeichnungen wie Schwarz, Weiß und Rot überproportional vorhanden sind.[15] Schwarz und Weiß, Dunkel und Hell sind unumgängliche Indikatoren der Orientierung. Rot wiederum steht für Blut, Gefahr und Vermeidung und aktiviert unsere Reaktionsgeschwindigkeit.[16] Es verwundert also nicht, dass fast alle internationalen Stoppschilder rot sind.

Die Fähigkeit, Farben zu erkennen, hat dennoch nichts mit unserem Farbvokabular zu tun. Indigene Völker verwenden oft Vergleiche für Farben wie z. B. ein Volk der Inuits, das in der Arktis lebt. Diese Menschen kennen keine abstrakte sprachliche Benennung für Gelb, sondern bezeichnen es als „wie Urin". Wir können alle – unabhängig von

4.17 Weihnachtsmann, 1931

4.18 Katharina die Große, 1787

4.19 Die Vorsteher der Tuchfärberzunft, 1662

unserem kulturellen Hintergrund – Farben unterscheiden, auch wenn diese nicht explizit benannt werden. Grundfarben wie Rot, Gelb, Blau und die Sekundärfarben Grün und Violett unterscheiden bereits Säuglinge.[17] Dass wir überhaupt Farben wahrnehmen, ist evolutionär bedingt. Ohne diese Fähigkeit hätten wir Menschen, wie andere Säugetiere auch, wahrscheinlich nicht überlebt, weil wir allein durch die Unterscheidung von hell und dunkel nicht genügend Informationen aus dem visuell Wahrgenommenen hätten herausfiltern können. Kulturell bedingt jedoch ist, wie wir die wahrgenommenen Farben interpretieren und welche Assoziationen wir damit verbinden.[18]

Wenn wir sicher gehen wollen, dass eine Farbe im internationalen Kontext nicht nur gut erkannt, sondern auch benannt und unterschieden werden kann, ist es sinnvoll, sich auf die Primär- und Sekundärfarben zu beschränken. Am besten werden hochgradig stimulierende Farben wie Rot, Orange und Gelb erinnert. Tertiärfarben sollten auf keinen Fall inkludiert werden, wenn Farbe als informationsästhetisches Medium im interkulturellen Kontext eingesetzt wird. Die Hauptfunktion der Farbe bleibt das möglichst eindeutige Erkennen bzw. die Wiedererkennbarkeit.

Wie eine Farbe auf uns wirkt, ist vor allem kontextabhängig. Eine rote Ampel signalisiert Stopp, während eine rote Blume, sei es eine Rose, eine Lotus- oder Hibiskusblüte, in vielen Kulturen einladend wirkt. Jede Gesellschaft hat kulturell bedingte und historisch verankerte Farbsymbole, deren Bedeutung und Herkunft uns oft nicht klar sind. So ist beim modernen Weihnachtsmann, der weltweit unabhängig der Religion und der damit ursprünglich verbundenen Bedeutung im Einsatz ist, die Farbe Rot dominierend. Das liegt nicht, wie oft vermutet, an der Markenfarbe von Coca-Cola, sondern an einem sagenumwobenen historischen Vorbild aus dem 4. Jh. v. u. Z.: Der Bischof Nikolaus von Myra, ein Heiliger, der in Lykien, der heutigen Türkei, lebte, trug ein rotes Gewand. Rot ist bis heute eine wichtige liturgische Farbe der Katholiken und der Ostkirche. Die weltweite Verbreitung des rot gewandeten Santa Claus mag allerdings durchaus auch auf Coca-Cola und Hollywood zurückgehen.

Farbe spielt eine soziale Rolle. Über die Farbe der Bekleidung definierten und definieren Menschen maßgeblich ihren Status, ihre Zugehörigkeit zu einer bestimmten Berufsgruppe oder aber auch ihren aktuellen Gemütszustand. Vor der Erfindung synthetischer und kostengünstiger Farbstoffe signalisierte die Bekleidungsfarbe den sozialen Status und die Zugehörigkeit einer Person. In der Herstellung wertvolle Farben wie Purpurrot, Ultramarinblau und natürlich Gold, waren einer privilegierten Oberschicht vorbehalten, während sich alle anderen mit eintönigen, in der Herstellung günstigen und blassen Farbtönen wie Grau und Braun begnügen mussten. So war z. B. das Tragen der kostbaren Farbe Purpur, die aufwändig aus der Purpurschnecke gewonnen wurde, in der Antike den römischen Kaiserhäusern und Bischöfen vorbehalten. Interessanterweise änderte sich die Norm, die laute, grelle Farben einer privilegierten Schicht zuordnete, als es im 14. Jh. gelang, satte Schwarztöne zu produzieren. Das „edle Schwarz" begann seinen Einzug ins Bürgertum. Eine europaweite Veränderung der Männermode etablierte sich ab der französischen Revolution, als der Adel seine Vormachtstellung allmählich einbüßte. Männer kleiden sich seitdem – durch alle Schichten hindurch – schwarz, grau oder zumindest einfarbig.[19]

Revolutionen und Befreiungskämpfe hatten immer auch eine Änderung der gesellschaftlichen Normen zur Folge. Auch an den folgenden Beispielen aus China und der Türkei sieht man deutlich, dass gravierende Veränderungen wie die Trennung von Staat und Religion sowie die Abschaffung von Feudalstaaten zu einem Wandel der Bekleidungsfarben und ihrer Bedeutungen führte:

In China gab es seit der chinesischen Revolution 1911 einen Bruch mit den bis dahin üblichen Bekleidungsfarben. Der abrupte Wandel von einer Buntheit, zumindest bei der Oberschicht, zu einem egalitären Mao-Blau für alle, ist sicher bis heute einzigartig. Gut ein halbes Jahrtausend (14. Jh. - 20. Jh.) war die Farbe Gelb, ein leuchtendes Goldgelb, dem Kaiser und seiner Familie vorbehalten und für alle Untertanen verboten. Die Bekleidungsfarbe diente und dient dazu, die gesellschaftliche Stellung eines Menschen für alle sichtbar zu machen. In der Ming-Dynastie (14. - 17. Jh.) waren Höflinge gemäß ihrer Rangordnung über die Farben Rot, Dunkelblau und Grün eingestuft.[20] Das änderte sich mit der chinesischen Revolution, die Gelb mit Dekadenz und Imperialismus gleichsetzte, und ein strahlendes Rot zum staatstragenden Symbol machte, ganz im Sinne einer kommunistischen Farbkodierung.

Ein weiteres Beispiel für eine jahrhundertelang geltende Kleiderordnung sind die Farbverordnungen des Osmanischen Reichs (14. - 20. Jh.). Diese galten für Schuhe, Bekleidung, Hausfassaden und Kopfbedeckungen. Dabei ging es neben der Statuskennzeichnung vor allem darum, verschiedene Religionszugehörigkeiten unterscheiden zu können. Besondere Bedeutung kam der Kopfbedeckung der Männer zu. Der Turban repräsentierte bis zur Einführung des Fes/Fez (eine rote Kappe in Form eines Kegelstumpfes) zu Beginn des 19. Jh. den Status und die muslimische Religionszugehörigkeit für Männer. Für jüdische Männer wurden zuerst gelbe, später rote Kopfbedeckungen vorgeschrieben, für andere nicht-muslimische Männer wie griechisch-orthodoxe und armenische wechselten die Farbkodierungen und Kopfbedeckungen.[21]

Nach der Auflösung des muslimischen Gottesstaates und der Gründung der Republik erließ Kemal Atatürk 1925 ein Hutgesetz, welches das Tragen der Fes/Fez für Beamte und Angestellte des öffentlichen Dienstes verbot und stattdessen den zu dieser Zeit gängigen europäischen Hut vorschrieb. Das Kleiderreformgesetz von 1925 verbot zudem das Tragen des Kopftuchs für Frauen in öffentlichen Institutionen. Dieses wurde 2013 aufgehoben. Die Art und Farbe der Kopfbedeckung war hier von ausgesprochen großer sozio-kultureller, religiöser, wenn nicht gar staatstragender Bedeutung, auch wenn Kopfbedeckungen wie Kronen, Federschmuck oder Hüte natürlich in allen Kulturen eine Rolle spielen.[22]

Zusammenfassend kann man sagen, dass historisch zunächst strahlende, helle und kostbare Farben die Oberschicht kennzeichneten und trübe, vergraute und stumpfe Farben der Unterschicht zugeschrieben waren. Heutzutage bestimmt meist der Anlass und weniger der Status die Farbwahl. So wird Weiß in vielen westlichen Kulturen bei Hochzeiten getragen, während in vielen asiatischen Ländern Weiß bei Trauer getragen wird. Ausnahmen bestätigen die Regel: religiöse Oberhäupter wie z. B. der Papst tragen im Alltag Weiß, der Patriarch von Konstantinopel Schwarz und hochrangige Imame und Rabbiner sowohl Schwarz als auch Weiß.

BUDDHISMUS	CHRISTENTUM	HINDUISMUS	ISLAM	JUDENTUM
Ekstase, Weisheit, Einsicht, Unterwerfung, Beschwörung, Anhaftung, Gier	Liebe, Martyrium Christi, Kraft, Leidenschaft, Blut, Leiden, Feuer, Liebe, Begeisterung	Quelle von Aktivität, Liebe, Sonne, Mars, Reinheit, Geburt, Agni, Lakshami, Shakti, Mut, Schutz, Sinnlichkeit, Braut, Heiligsein, Glück, Ehe, Feste	Intensität, Kampflust, Lust, Leidenschaft, Kraft, Wut, verbotene Farbe	Blut, Lebendigkeit, Abstammung Mensch, König/Priester, Sünde, Sühne, Alarm, Wohlstand, Heiligkeit, Verführung, irdische Wünsche, Unreinheit, Opfer
Leben, Tara, Kraft, Exorzismus, Weisheit, Vollendung, Neid, Eifersucht	Dreifaltigkeit, Farbe der irischen Katholiken, Hoffnung, Paradies, Auferstehung, Leben, Unsterblichkeit, Teufelsaugen	Festivität, Leben, Fröhlichkeit, Frieden, Kälte, Natur, Liebe	Islam, Mohammed, Paradies, vollkommener Glauben, Frieden, Nächstenliebe, Heiligsein, Natur, Unsterblichkeit, Fruchtbarkeit	Lebendigkeit, Fruchtbarkeit, Paradies, Freude, Gnade, natürliche Schönheit, Beruhigung, Wachstum, Natur
Mäßigung, Nahrung, spiegelgleiche Weisheit, Gleichheit, Abneigung, Wut	Erkenntnis, Gedeihen, Galle, Neid, Verrat, Schande	heilige Farbe, Glück, Pracht, Glanz, Agni, Jupiter, Merkur, Wissen, Frieden, Meditation, Frühling, Anziehungskraft	Glück, Verständnis, Wissen, Weisheit, Vollkommenheit, verbotene Farbe	Vergänglichkeit, Krankheit, Betagtheit, Aussatz, Blässe
Unwissenheit, Verwirrung, alles durch dringende Weisheit, langes Leben, Tara, Frieden	Maria, Himmel, Wasser, Wahrheit, Glauben, Treue, Göttlichkeit, Geistlichkeit, Reinheit	Vishnu, Krishna, Universalität, Weite, Liebe, Wahrheit, Schönheit, Natur, Himmel, Meer, Tapferkeit, Schutz, Männlichkeit, Entschlossenheit, Prinz Rama	Ruhe, Göttlichkeit, Spiritualität, Sicherheit, Zufriedenheit, Unsterblichkeit	Wohlstand, Priester, Schutz, Heiligkeit, Meer, Himmel, Thron Gottes, Glück
Ruhe, Denken, Weisheit, Wirklichkeit	Gott, Jesus Christus, Engel, göttliches Licht, Wahrheit, Auferstehung, Keuschheit, Unschuld	Guna Sattva, Wissen, Licht, Gelassenheit, Sonne, Wohlstand, Intelligenz, Venus, Mond, Reinheit, Sauberkeit, Frieden, Saraswati, Brahmanen, Waffenstillstand, Ruhe, Trauer	Heiligkeit, Gott, Einheit, Jungfräulichkeit, Reinheit, Frieden, Brüderlichkeit, Harmonie	Vollmond, Weihrauch, Gesundheit, Reinwerden, Sündenlosigkeit, Lebensfreude, Reinheit, Tod, Totenwäsche
Wut, Töten, uranfängliche Dunkelheit	Tod, Trauer, Böses, Leid, Sünde, Schmerz	Nacht, Saturn, Wut, Dunkelheit, Faulheit, Unaufmerksamkeit	Heiligkeit, Leid, Tod	Unheil, Unglück, Attraktivität, Jugendlichkeit, Keuschheit, Strenggläubigkeit, Trauer

4.20 Farbsemantik der Religionen

Als Ende des 19. Jh., ausgehend von England, synthetische Farben in ganz Europa und bald auch weltweit auf den Markt kamen, erweiterte sich nicht nur die Farbpalette von Kleidung beträchtlich, sondern auch das Spektrum der sozialen Schichten, die sich mit ihnen schmückte.
Es waren z. B. europäische Frauen, die mit den althergebrachten sozio-kulturellen Farbdefinitionen brachen und neue Farbmöglichkeiten begeistert aufnahmen; ganz dem Vorbild Queen Victorias nacheifernd.[23] Bald kleideten sich nicht nur Adlige, sondern auch die Bürgerinnen und ein halbes Jahrzehnt später Verkäuferinnen und Arbeiterinnen mit leuchtenden Farben.

Farbe, die vormals strikt den sozialen Status definierte, fungiert heute noch immer als Indikator für die soziale Zugehörigkeit und die Stärkung eines jeweiligen Wir-Gefühls. Das wird deutlich an Parteifarben, Amtsfarben, Berufsfarben, Sportfarben bei Teamtrikots oder religiösen Ordensfarben wie die braunen, weißen und grauen Mönchskutten katholischer Orden oder die gelb-orangerot-rotbraunen Bekleidungsvarianten buddhistischer und hinduistischer Mönche, die jeweils die Schule bzw. die religiöse Ausrichtung kennzeichnen. Es braucht Rituale, Lieder, Gesten, Feste und Bräuche, um das Wir-Gefühl jeweiliger Gemeinschaften und Staaten zu leben, aber um es zu repräsentieren, genügen oft farbige Zeichen.

Was eine bestimmte Farbe für uns bedeutet, ist nicht nur von historischen, sozio-kulturellen und produktionsorientierten Aspekten abhängig, sondern auch die Geografie spielt eine große Rolle. Das Klima, die Jahreszeiten, der Einstrahlungswinkel der Sonne oder die Beschaffenheit der Landschaft, all das sind Faktoren, die Farben anders wirken lassen und auch regionale Farbpräferenzen mitbestimmen. So symbolisieren Farben in sonnenreichen Gegenden etwas anderes als in regenreichen Regionen. In Letzteren wird die Farbe Gelb überwiegend mit Freude assoziiert, in sonnenreichen Regionen dagegen auch mit Kargheit und Mangel.[24] Intensive Sonneneinstrahlung lässt übrigens Gelb und auch Gelbtöne farbintensiver erscheinen. Diese Intensivierung wird im eher trüben Nord- und Mitteleuropa als positiv gewertet. Im heißen und sonnigen Ägypten wird ein intensives Gelb allerdings mit starker Hitze, Trockenheit, Dürre und Durst verbunden und deshalb eher negativ bewertet.[25] Interessant ist auch, dass in warmen Regionen bevorzugt Glühbirnen mit kaltem Licht und in kalten Regionen wiederum Glühbirnen mit warmem Licht bevorzugt werden.[26] Die Einteilung in kalte und warme Farben, die bei vielen Studien als wichtigstes Unterscheidungsmerkmal genannt wird, gibt es bemerkenswerter Weise auch bei Persönlichkeitsmerkmalen. Aktive und extrovertierte Charaktere bevorzugen laute Farben wie Rot und Orange, während introvertierte Typen kalte und dunkle Farben bevorzugen.[27]

Es spielen also sowohl bei der Farbwahrnehmung als auch bei den Farbvorlieben viele unterschiedliche Faktoren eine Rolle. Und dennoch gibt es globale Übereinstimmungen, welche Gefühle Farben in uns auslösen. Eine 2017 begonnene, groß angelegte und weiterhin andauernde Online-Befragung, die 30 Länder und ca. 4.600 Probanden inkludiert, war der Ausgangspunkt für eine Studie, die eine eindeutige Tendenz gemeinsamer Farbempfindungen, zumindest bei bestimmten Farben, nachweist. Gefühle wie Liebe und Wut werden überwiegend mit der Farbe Rot assoziiert und die stärksten Emotionen wurden von Rot und Schwarz ausgelöst. Diese globalen Ähnlichkeiten sind bei Sprachverwandtschaften oder geografischer Nähe umso größer. Je jünger die Probanden und Probandinnen waren (15-20 Jahre), des-

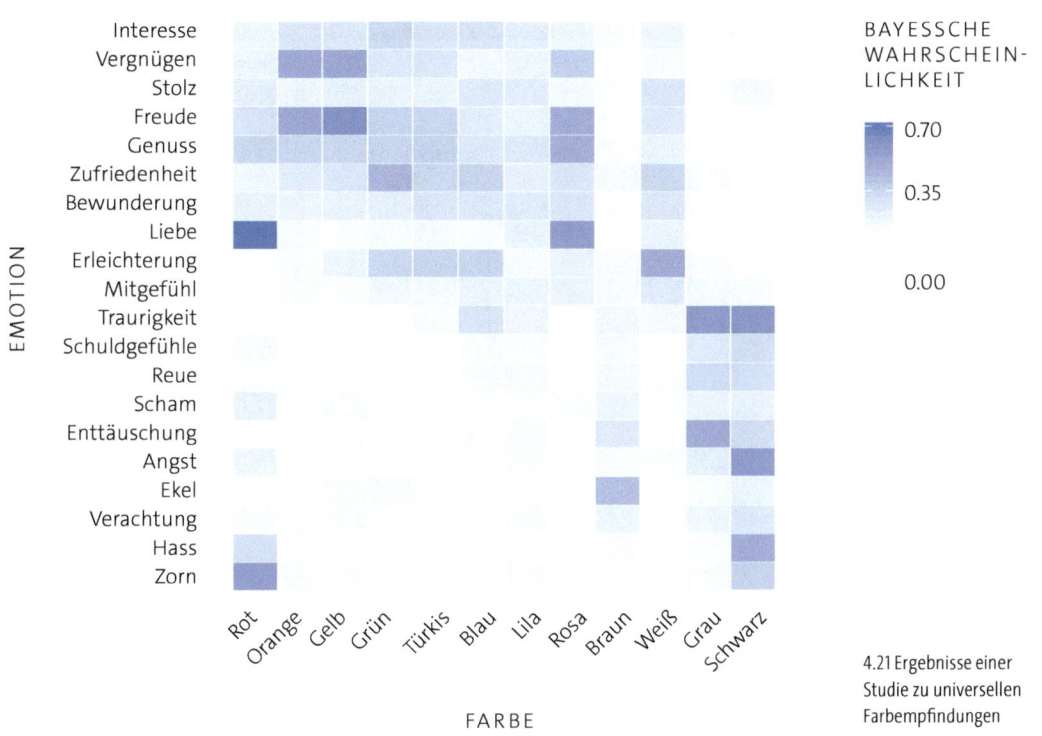

4.21 Ergebnisse einer Studie zu universellen Farbempfindungen

to mehr Übereinstimmungen waren vorhanden, was auf die Globalisierung zurückzuführen sein könnte. Bei Gelb und Violett gab es große Unterschiede in den damit verbundenen Emotionen, wohingegen zu Pink, Grün und Türkis viele Übereinstimmungen vorhanden waren. Während Rot und Schwarz die größten Übereinstimmungen in den Emotionen der Probanden und Probandinnen hervorriefen. Bei Braun gab es die geringsten Übereinkünfte.[28] Da diese Untersuchung wenige oder gar keine Länder in Lateinamerika, Afrika, Süd- und Ostasien, Australien und Ozeanien inkludiert, sollten die Ergebnisse jedoch nicht als universell gewertet werden.

Farben wurden und werden überall auf der Welt bestimmte Eigenschaften zugeschrieben. Für den westlichen Kulturkreis werden bereits seit der Antike Weiß zur Kennzeichnung des Guten und Reinen, Grün für die Hoffnung und Rot für Gefahr benutzt. Solche Zuschreibungen können sich, wie andere Traditionen auch, mit der Zeit wandeln und sie können auch von Kulturkreis zu Kulturkreis verschiedene, ja sogar eine gegensätzliche Bedeutung haben. Darüber hinaus ist es bei der Bedeutungszuschreibung von Farben wichtig, die Farbnuancen zu unterscheiden. In Westeuropa wird ein strahlendes Sonnengelb positiv mit Wärme und Optimismus assoziiert. Ein Grüngelb wirkt auf die dortigen Menschen hingegen frisch, fast kühl oder sogar sauer wie eine Zitrone. Ein getrübtes Gelb verbinden sie ganz negativ mit Neid und Alter, weil sie es mit vergilbter Haut und vergilbten Zähnen assoziieren.[29]

4.22 Methode zur Farbanalyse von Jean-Philippe und Dominique Lenclos

Bei der Farbsemantik geht es vor allem um die Fragen, welche Gedanken und Gefühle der Designende bei der Verwendung eines bestimmten Farbtons hatte und ob seine Idee letztlich mit den Vorstellungen des Betrachtenden übereinstimmt. Farben sind ein sehr starkes Ausdrucksmittel in der nonverbalen Kommunikation. Wir können mit ihnen auf effiziente Weise viel bewirken, z. B. bei Verkehrsschildern. Wir können uns aber auch mit der „falschen" Farbe in Schwierigkeiten bringen. Beispielsweise wird die Farbe Weiß in Japan traditionell mit Beerdigung und Trauer verbunden. Deshalb sollte man hier bei einem ganz normalen Freundschaftsbesuch seinen Gastgebern keine weißen Blumen mitbringen. Diese historischen, kulturellen und darüber hinaus individuellen Unterschiede bei der Zuschreibung der Bedeutungen der einzelnen Farben machen das Wissenschaftsgebiet der Farbsemantik so umfangreich wie kompliziert, aber auch sehr interessant.[30]

Nicht nur die Psychologie und Linguistik interessieren sich für die Bedeutung von Farben. Im Bereich des interkulturellen Marketings ist Farbsemantik ebenfalls wichtig. Hier ist es von entscheidender Bedeutung für den Erfolg einer Marke, ob kulturspezifische Farbbedeutungen der Vermarktungsregion berücksichtigt werden. Dabei werden Regionen zu Clustern zusammengefasst und z. B. in geo-religiöse Kulturräume eingeteilt, welche dominant christlich oder muslimisch usw. geprägt sind.[31] Eine solche Einteilung kann sinnvoll sein, da es traditionelle Farbcodierungen in verschiedenen Kulturen oder Religionen gibt. So ist die Verwendung der Farbe Gold im arabischen Kulturkreis häufig in Inneneinrichtungen und bei hochpreisigen Produkten zu finden. Sie ist ein Synonym für Luxus. Nicht so in manchen westlichen Kontexten, wo Gold auch mit Verschwendung gleichgesetzt werden kann.[32] Geo-religiöse Kulturräume wurden auch vom Politikwissenschaftler Samuel P. Huntington eingeteilt, der den Schwerpunkt auf den „Kampf der Kulturen" legte. Seine Einteilung ist hilfreich, um sich einen groben Überblick zu den Kulturräumen zu verschaffen. Sie darf aber nicht als starre Einteilung gelesen werden, zumal die globalisierte Zivilisation sich immer stärker von absoluter religiöser Identität entfernt oder solche Einteilungen oft nur die vorherrschende Sichtweise basierend auf einem Kulturkreis widerspiegeln.

Eine weitere Forschungsmethode, die vor allem für kreative und gestalterische Berufsgruppen hilfreich ist, wurde vom französischen Designer Jean-Philippe Lenclos und seiner Frau Dominique entwickelt. Über 50 Jahre hinweg widmeten sie sich einer speziellen kunstpraktischen Forschungsmethode, die sie zuerst in Frankreich, dann ganz Europa und später auch in Lateinamerika und Australien anwandten. Sie dokumentierten, analysierten und klassifizierten Farbeinsatzgebiete und -häufigkeiten in ländlichen und urbanen Landschaften. Besonders aufschlussreich für die Erforschung von Farbstimmungen fanden sie Studien zu Häuserfassaden und deren narrativer, synthetischer Präsentation in Form von Materialproben, Aquarellzeichnungen, Fotos und Farbpaletten. Ziel war es, den historisch relevanten und regionalen Farbenreichtum zu konservieren und zusätzlich nicht tradierte Farbgebungen in der Stadtplanung zu vermeiden. Ihre Methode, die sie „Geografie der Farben" nannten, beeinflusste weltweit Architekten und Architektinnen in ihren konzeptionellen und praktischen Entwurfsarbeiten.[33]

WESTLICHE WELT
EUROPA, NORDAMERIKA, AUSTRALIEN, NEUSEELAND

- 🔴 Männlichkeit, Liebe, Macht, Energie, Kommunismus, Erotik, heiß, positiv, Stärke, Gefahr, Wut, Rebellion, Teufel, Prostitution, Warnung
- 🟢 Natur, Ökologie, Geld, Glück, Fruchtbarkeit, Umwelt, Männlichkeit, Frische, Gesundheit, Unerfahrenheit, Neid, Eifersucht
- 🟡 Freude, Glück, Wärme, Sonnenschein, Frische, Eifersucht, Neid, Untreue, Verfolgung
- 🔵 Männlichkeit, Wahrheit, Kälte, Verlässlichkeit, Sauberkeit, Ruhe, Professionalität, Würde, Autorität, Vertrauen, Neutralität, Reinheit
- ⚪ Reinheit, Wahrheit, Spiritualität, Sauberkeit, Braut, Fröhlichkeit, Eleganz, Frieden, Sterilität
- ⚫ Exklusivität, Macht, Ernsthaftigkeit, Stärke, Förmlichkeit, Sexualität, Angst, Trauer, Hass, Tod, Böses, Sünde, Leere, Wut

LATEINAMERIKA
ARGENTINIEN, CHILE, PERU, KOLUMBIEN, MEXIKO, VENEZUELA

- 🔴 Liebe, Leidenschaft, Freude, Macht, Erfolg, Männlichkeit, Krieg, Mut, Warnung
- 🟢 Natur, Umwelt, Hoffnung
- 🟡 Freude, Sonne, Reichtum, Freundschaft
- 🔵 Weite, Vertrauen, Ruhe, Himmel, Freiheit, Unendlichkeit, Hoffnung, Gesundheit
- ⚪ Reinheit, Kälte, Sauberkeit, Respekt, Trauer, Jungfräulichkeit, Friedfertigkeit
- ⚫ Trauer, Angst, Hass, Tod, Autorität, Förmlichkeit

ARABISCHE WELT
(SIEHE ISLAM, S. 141)

SUBSAHARA-AFRIKA

- 🔴 Stärke, Trauer
- 🟢 Fruchtbarkeit
- 🟡 Hochrangigkeit
- 🔵 Himmel, Gott, wird häufig ohne Farbwort über Assoziationen definiert
- ⚪ Sieg, Reinheit
- ⚫ Alter, Reife, Maskulinität

OSTEUROPA
RUSSLAND, POLEN, TSCHECHISCHE REP., SLOWENIEN, UNGARN, RUMÄNIEN

- 🔴 Liebe, Schönheit, Leidenschaft, Kommunismus, Medizin, Furcht, Eifersucht, Wut, Wärme, Schnelligkeit, Gefühle, Tag des Sieges
- 🟢 Natur, Ruhe, Medizin, Gelassenheit, Verlässlichkeit, Schutz
- 🟡 Freude, Natur, Neid, Abschied, Sonne, Irritation, Aktivität
- 🔵 Hoffnung, Reinheit, Frieden, Gelassenheit, Ernsthaftigkeit, Kälte, Intellekt
- ⚪ Erleichterung, Intelligenz, Sauberkeit, Unschuld, Frische, Hochzeit, Eleganz, Neuanfang
- ⚫ Trauer, Angst, Hass, Wut, Raffinesse, Schweigen, Leere, Befriedigung

4.23 Kulturräume und deren Farbbedeutungen

ASIEN
SÜDOSTASIEN, OSTASIEN MIT ZENTRALASIEN

- 🔴 Liebe, Abenteuer, guter Geschmack
- 🟢 Reinheit, Abenteuer, Frühling, Jugend, Geburt, Begierde, Gefahr, Krankheit
- 🟡 Glück, guter Geschmack, Erde, Macht, Königtum, Sonne, Männlichkeit, Heiligkeit, Neutralität, Heldentum, Trauer, Autorität
- 🔵 Qualität, Himmel, Wasser, Vertrauen, Kälte, Traurigkeit
- ⚪ Reinheit, Unschuld, Moral, Westen, Herbst, Tod, Trauer, Unglück, Natur, Neutralität, Respekt
- ⚫ Exklusivität, Macht, Wasser, Geheimnis, Leben, Stabilität, das Unbekannte, Wohlstand, Gesundheit, Tod, Trauer

INDIEN
(SONDERROLLE ASIEN)

- 🔴 Leben, Aktion, Begeisterung, königliche Kaste, Ehe, Geburt, Fruchtbarkeit, Demut, Aufopferung
- 🟢 Frieden, Hoffnung, Natur
- 🟡 Heiligkeit, Sonne, Glücksverheißung, Vaisya (Kaste Kaufleute), Bauern, Kommerz
- 🔵 Liebe, Wahrheit, Barmherzigkeit, Himmel, Ozean
- ⚪ Vollkommenheit, Brahman, extreme Fröhlichkeit, heilige Kühe, Milch, Schöpfung, Wiedergeburt, Licht, Gelassenheit, Reinkarnation, Witwen
- ⚫ Unberührbare, Dämonisches, Infernalisches, Faulheit, Wut, Intoleranz

CHINA MIT TAIWAN UND HONG KONG
(SONDERROLLE ASIEN)

- 🔴 Glück, Sonne, Liebe, Chinesisches Neujahr, Gefahr, Kommunismus
- 🟢 Natur, Friede, Frische, Hoffnung, Untreue
- 🟡 Ernte, Reichtum, Macht, Erde, Herbst, Sicherheit
- 🔵 Vernunft, Weisheit, Klarheit, Kälte, Mysterium
- ⚪ Tod, Trauer, Reinheit, Erleichterung, Neutralität
- ⚫ Ernsthaftigkeit, Tiefe, Angst, Hass, Stabilität, das Unbekannte

JAPAN
(SONDERROLLE ASIEN)

- 🔴 Liebe, Energie, Geschwindigkeit, Stärke, Leidenschaft, Sonne, Wärme, Aufmerksamkeit, Fröhlichkeit, Wut, Gefahr, Blut, Opfertod, Schutz
- 🟢 Liebe, Fröhlichkeit, Jugend, Vitalität, Natur, ewiges Leben, Heilung
- 🟡 Guter Geschmack, Mut, Anmut, Sonnenschein, Gefahr, Vitalität
- 🔵 Qualität, Vertrauen, Himmel, Leben, Reinheit, Ruhe, Stabilität, Loyalität, Kälte, Jugend
- ⚪ Heiligkeit, Reinheit, Ehrlichkeit, Güte, Ehrfurcht, Einfachheit, Sauberkeit, Braut, Sterilität, Vertrauen, Unschuld
- ⚫ Macht, Unbekanntes, Exklusivität, Kultiviertheit, Förmlichkeit, Sexualität, Mysterium, Tiefe, Reue, Nichtsein, Unglück, Angst, Böses, Trauer, Wut

Ghada Wali, Ägypten

Ghada Wali ist 1990 in Ägypten geboren. Sie hat als eine der ersten Design-Absolventinnen der Deutschen Universität in Kairo einen BA-Abschluss sowie einen MA in Design vom IED Istituto Europeo di Design, Italien. 2017 war sie die jüngste weibliche Rednerin bei TED als Vertreterin des Nahen Ostens und Nordafrikas. 2018 gründete sie das Wali Studio in Kairo. Internationale Auszeichnungen sind u. a. der Adobe Design Achievement Award und AIAP Women in Design Award. Wadi entwickelte eine arabische Schrift, die zu einer der besten 100 Grafikdesignarbeiten der Welt gewählt wurde. Ihre Arbeiten wurden in Ausstellungen auf der ganzen Welt gezeigt.

Glitzer und Glamour herrschen beim Cover „Chicalastic Musikvideo" vor. Der Stil und die Farbgebung erinnern an die Disco-Szene und Hip-Hop. Die mit Glitzersteinen besetzte Sonnenbrille ist knallig, erregt Aufmerksamkeit und hat „Bling".

Limitierte Editionen von Softdrinkdosen sind hier gestalterisch besonders inszeniert. Es werden hochgesättigte, laute Primär- und Sekundärfarben eingesetzt, sowohl beim Hintergrund als auch bei der „Woman Sudan" mit der roten Kette.

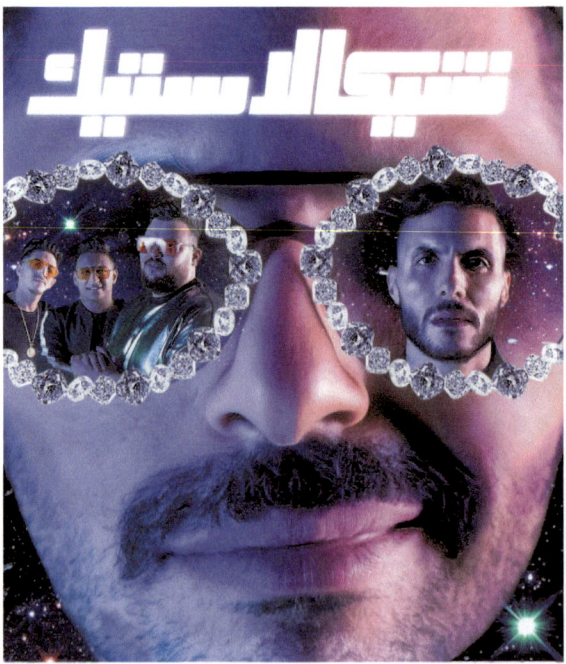

4.24 Chicalastic Musikvideo, 2020

4.25 Limitierte Auflage von Pepsi „Woman Sudan", 2020

4.26 „Mirinda Magic" für Ägypten und Saudi Arabien, 2020

Hanny Kardinata, Indonesien

Hanny Kardinata, geboren 1953, hat die Entwicklung des indonesischen Grafikdesigns seit Jahrzehnten entscheidend mitgeprägt. Er etablierte sein Designstudio Citra Indonesia bereits 1980 und gründete das Institut für indonesisches Grafikdesign (DGI). Er ist Autor von „Desain Grafis Indonesia dalam Pusaran Desain Grafis Dunia" (Indonesian Graphic Design in the Whirl of World Graphic Design), 2016, der ersten und bisher einzigen Historie zum indonesischen Grafikdesign. Internationale Auszeichnungen sind u. a. der Creativity International Award.

Die linke Abbildung zeigt Guruh Soekarnoputra, den ältesten Sohn des ersten Präsidenten der Republik Indonesiens, Sukarno. Er wird mit einem braunen Smoking und einem traditionellen Sarong (Wickelrock) dargestellt, was in der holländischen Kolonialzeit (bis 1949) nicht ungewöhnlich war und hier auf die Balance zwischen Tradition und Moderne hinweist. Die Farben des Bildes sind überwiegend erdig und ungesättigt, wie auch bei der typisch javanischen und königlichen Parang Batik seines Sarongs. In der homogenen Farbgebung sticht nur das satte Rot der Schärpe und teilweise des Hintergrunds heraus und setzt einen Akzent.

„Buatan Indonesia. Mengapa Tidak?", kann übersetzt werden mit: „Made in Indonesia. Warum nicht?" Das Werbeposter fordert zum Shopping nationaler Produkte auf, da viele Indonesierinnen und Indonesier im letzten Jahrhundert, und teilweise auch heute noch, ausländische Produkte bevorzugen. Auch hier spielt die Farbe Rot eine Rolle, aber eher eine Haupt- als Nebenrolle. Die Einkaufstasche hebt sich kontrastreich vom Hintergrund ab und ist ein Eye-Catcher. Die Headline ist in einer fetten Helvetica mit sehr engem Zeilenabstand gesetzt. Der Stil dieser Foto-Collage ist international.

4.27 „Guruh Soekarnoputra", 1979

4.28 „Buatan Indonesia Mengapa Tidak", 1987

Shino Suefusa, Japan

Shino Suefusa wurde 1973 in Japan geboren und studierte Grafikdesign an der Tama Art University, Tokio. 2003 erhielt sie ihren Ph.D. in Kunst von der Tokyo National University of Fine Arts and Music. Seit 2015 ist sie Professorin an der School of Design der Tokyo University of Technology. Ihre Plakatentwürfe hat sie auf vielen internationalen Ausstellungen ausgestellt und diese sind u. a. für die Sammlungen des Danish Museum of Art & Design, Dänemark, ausgewählt. Sie war Gewinnerin der 18. Colorado International Invitational Poster Exhibition sowie Jurymitglied der Internationalen Poster-Biennale in Mexiko und Bolivien.

Die Farbgestaltung im Poster „Fukushima Japan" ist überwiegend sehr dezent, fast monochromatisch. Der bräunliche Farbton erinnert an Brandspuren und weist auf die Nuklearkatastrophe in Fukushima im Jahr 2011 hin. Mit sehr kleinen Flächen für Augen, Mund und Nase wird ein asymmetrisches Gesicht formatfüllend und fast maskenhaft gezeigt. Die Typo ist rot, zentriert ausgerichtet und schafft eine Balance.

Bei der Serie „The Spirit of Life" sieht der Braunton verwaschen aus und fließt wie bei der Nass-in-Nass Technik der japanischen Tuschmalerei Sumi-e ineinander. Die schablonenhaften Motive sind abstrakt und konkret zugleich und spielen mit dem Figur-Grund-Kontrast. Sie wirken fast wie Kippbilder oder das taoistische Yin-Yang Symbol.

Im Poster „La nuit dans la musique du 20e siècle" wirken die Stöckchen, gebogenen Zweige oder Baumrinden fast archaisch wie in einem animistischen Ritual. Nur ein reines Rot sticht in kleinen rechteckigen Formen hervor.

Alle Poster verfügen über eine Papierstruktur und vermitteln ein haptisch, sinnliches Erlebnis. Im Gegensatz zur digitalen Medienwelt wird hier Nachhaltigkeit und Verbindlichkeit spürbar.

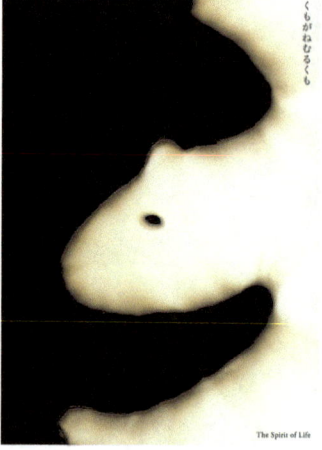

4.29 Plakatserie: „The spirit of life", 2013

4.30 Fukushima Japan, 2011

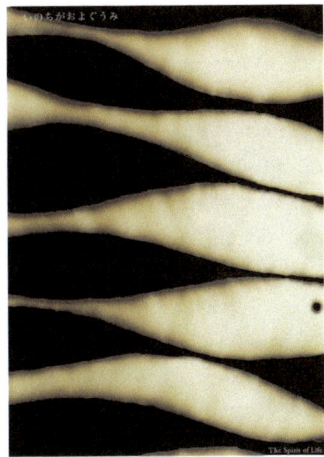

4.31 Plakatserie: „The Spirit of Life", 2013

4.32 Plakat: „La nuit dans la musique du 20e siècle", 2003

Eduardo Barrera Arambarri, Mexiko
Eduardo Barrera Arambarri ist 1974 in Mexiko-Stadt geboren. Er studierte Grafikdesign an der Nationalen Schule für Bildende Kunst, UNAM, Mexiko. 1999-2000 war er Art Director für Leo Burnett Mexico und Creative Director bei Magic Moments, Agentur für Kommunikation in Wien, Österreich. Seit 2001 arbeitet er im eigenen Studio *neurografisimos* in Mexiko City und entwirft Plakate für kulturelle Veranstaltungen und Corporate Design. Seine Arbeiten wurden in vielen Ländern ausgestellt und in Fachpublikationen veröffentlicht. Er wurde mit der Bronzemedaille auf der Internationalen Biennale des Plakats in Mexiko ausgezeichnet und gewann den Grand Prix auf der Biennale in Brünn.

Rot ist kulturunabhängig die Farbe mit der stärksten Signalwirkung. In Lateinamerika wird sie mit Macht, Krieg, Männlichkeit, aber auch mit Leidenschaft und Liebe verbunden. Hier dominiert auf allen drei Postern die Farbe Rot und wird von Schwarz und teilweise Weiß flankiert.

Im Poster „Unite for Children" ist das kleine weiße Papierboot im Zentrum ein gutes Beispiel für den Quantitätskontrast, da nur wenig weiße Fläche benötigt wird, um den Blick zu führen. Die Farbe Weiß kann mit Unschuld und die vielen schwarzen Objekte im Hintergrund mit Angst und Tod assoziiert werden.

Weiß bildet auch im Poster „Comida" die Vordergrundfarbe, hier in der Headline eingesetzt. Das ungewöhnliche Motiv des Herzens im Zentrum und der dynamische Bildaufbau verstärken die dramatische Bildwirkung.

Im Gegensatz dazu ist bei „Dante" die kleine schwarze Figur auf der grauen Treppe wenig kontrastreich, eher subtil und auf einer Treppe inszeniert, die an die optischen Täuschungen von M. C. Escher erinnert.

4.33 v. l. n. r. Unite for Children, 2007 / Comida, 2006 / Dante, 2015

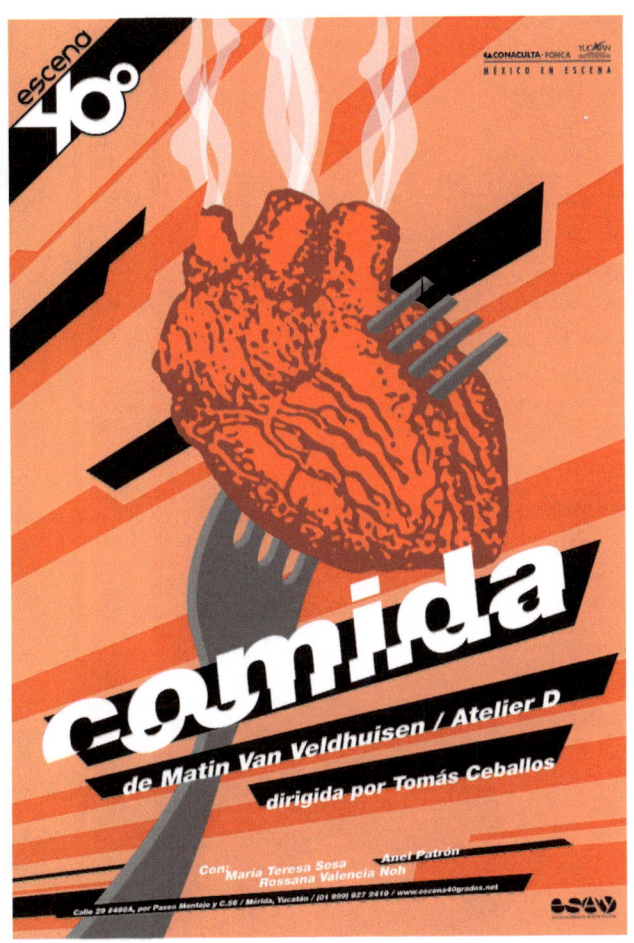

Leo Lin, Taiwan

Leo Lin ist ein Designer, Pädagoge und Kurator. Er ist Professor und Dekan des College of Arts an der National Taiwan Normal University und war von 2014 bis 2016 Präsident der Taiwan Poster Design Association. Seine Arbeiten wurden mit dem Taiwan National Design Award und zahlreichen weiteren Auszeichnungen in führenden Designorganisationen und Publikationen weltweit gewürdigt, darunter D&AD, New York ADC, New York Type. Seine Plakate wurden für die internationalen Plakatbiennalen u. a. in Warschau und Lahiti, Mexiko, ausgewählt.

Das Poster „Global Warming" zeigt einen perfekten Hell-Dunkel-Kontrast von Dunkelblau über Hellblau zu Weiß. Das strahlend weiße Gesicht hat Signalwirkung, ohne dass es viel Fläche in Anspruch nimmt, so dass hier zusätzlich von einem Quantitätskontrast gesprochen werden kann.

Die Hintergrundfarbe ist ein kaltes Blau, das hier die Meere symbolisiert. Das Plakat hat einen hohen Bedeutungsgehalt, während es sich nur wenig gestalterischer Mittel bedient und ganz ohne Schrift auskommt.

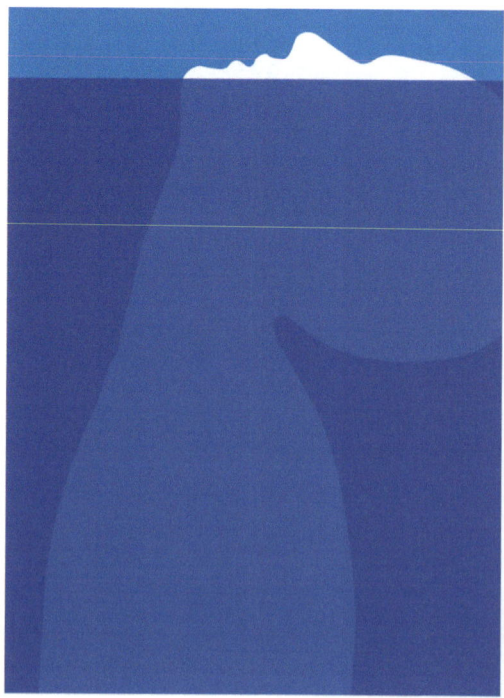

4.34 „Global Warming", 2009

Sophia Shih, Taiwan

Sophia Shih hat den MFA in Grafikdesign von der Boston University und absolvierte ein Spezialstudium an der Yale University, USA. Seit 2001 ist sie Professorin für Design an der National Taiwan Normal University. Sie ist Geschäftsführerin der Taiwan Poster Design Association und der Grafikdesign Association der Republik China und war von 2011 bis 2013 Vizepräsidentin von Icograda (heute: ICo-D). Sophia Shih vereint in ihrem kreativen Schaffen sowohl chinesische als auch westliche Merkmale, um der internationalen Desigszene ihre Philosophie zu präsentieren. Insbesondere mit ihren Postern tritt sie für Menschenrechte ein.

Die luftballonartigen Objekte heben sich kontrastreich in hellen, ungesättigten Farben vom dunklen Violett des Hintergrunds ab; nur die schwarze Hand, hat einen ähnlichen Grauwert wie der Hintergrund. Der gelbe Davidstern, in einem hochgesättigten Gelb, und die blassrosa Krawatte drängen sich visuell in den Vordergrund, da sie einen starken Kontrast zum Hintergrund bilden. Die Gehhilfe und der rote Stöckelschuh besitzen eine ähnlich ungesättigte Farbgebung und überlagern sich als einzige Elemente. Die Bedeutung wird über den Text illustriert, der in einer Sans Serif gesetzt ist.

4.35 „Fair election", 2015

O'Plerou Grebet, Elfenbeinküste
O'Plerou Grebet, geboren 1997, ist Grafikdesign-Student von der Elfenbeinküste. Er war bereits als Kind künstlerisch tätig und nach viel Übung mit Photoshop beschloss er 2018, bis zum Ende des Jahres jeden Tag ein neues Emoji mit Afrika-Bezug zu erstellen und auf Instagram zu posten. Innerhalb der ersten Woche nach dem Start des Projekts hatte er 2.000 neue Follower.

Mit diesen Emojis hat O'Plerou Grebet den sozialen Medien in Afrika eine eigenständige, identitätsstiftende Bildsprache verliehen. Teilweise sind sie regional konnotiert und repräsentieren Schwarze Menschen und People of Color. Sie werden teilweise nur in einem bestimmten kulturellen Kontext verstanden und sind deshalb nicht unbedingt universell verständlich.

Es werden fast nur ungesättigte Farben verwendet. Die Gestaltung pendelt zwischen kontrastreich und kontrastarm, wobei sich alle Icons sehr gut vom Hintergrund absetzen. Manche wirken maskenhaft oder erinnern an Scherenschnitte.

jeune-homme-masai

wotro

tektek

fanorona

4.36 Afrikanische Emojis, 2018

Lulu Zhao, China

Lulu Zhao ist Dekanin der School of Sino-British Digital Media Art der Luxun Academy of Fine Arts und Professorin der School of Arts and Media an der University of Salford, UK. Sie absolvierte die Qing Hua Universität und promovierte im Visuellen Kommunikationsdesign. Sie ist an der Nationalen Akademie der Schönen Künste in Stuttgart, Deutschland, tätig. Sie wurde ausgezeichnet als eine von „The 20 Greatest Artists in the 20 Years of Chinese Contemporary Design".

Die Poster stammen aus einer Serie, die zu den 12. chinesischen Sportspielen für ein nationales Publikum entwickelt wurden. Sie zeigen eine monumentale Inszenierung der Körper in Bewegung, wie sie aus dem europäischen Futurismus und aus sozialistisch geprägten Designs bekannt ist. Die Farbgestaltung basiert auf Nachbarschaftsfarben wie Blau-Violett, Blau, Türkis und Rot, Orange, Gelb. Die Körper setzen sich mit Weiß und hellen Farben vom dunkleren Hintergrund ab. Laute, satte Farben und gewaltig wirkende Bildmotive dominieren die Bildgestaltung.

4.37 Poster der 12. Leichtathletikspiele der Volksrepublik China, 2013

Ping Mu, China
Ping Mu ist 1994 in China geboren. Sie lebt und arbeitet in Shanghai als Medienkünstlerin und Grafikdesignerin. 2017 erhielt sie ihren BA vom Shanghai Institute of Visual Arts und 2020 ihren MA in experimenteller Kommunikation vom Royal College of Arts, UK. Pings Kunstpraxis ist maßgeblich mit dem Informationszeitalter und dem Cyberspace verbunden. Sie ist daran interessiert, das Gefühl der Veränderung und des Ungleichgewichts zu erforschen, das durch das Eindringen der Technologie in das Leben verursacht wird.

Das Internet ist hier Ausgangspunkt einer kritischen Betrachtung: „….the internet turns people into data", kommentiert Mu. Im Computerspiel „Human Playing" mutiert der Mensch zu einer roboterähnlichen Kreatur seiner eigenen hochgeladenen Daten. Kalte Farben wie Blau, Grün und Pink dominieren und wurden – wie zufällig – in Verläufen und Mustern auf das noch unvollständige dreidimensionale Drahtgitter-Objekt (roboterhafte Kreatur) gemappt. Ort und Zeit der Datenuploads werden in einer minimalistischen Sans Serif angezeigt.

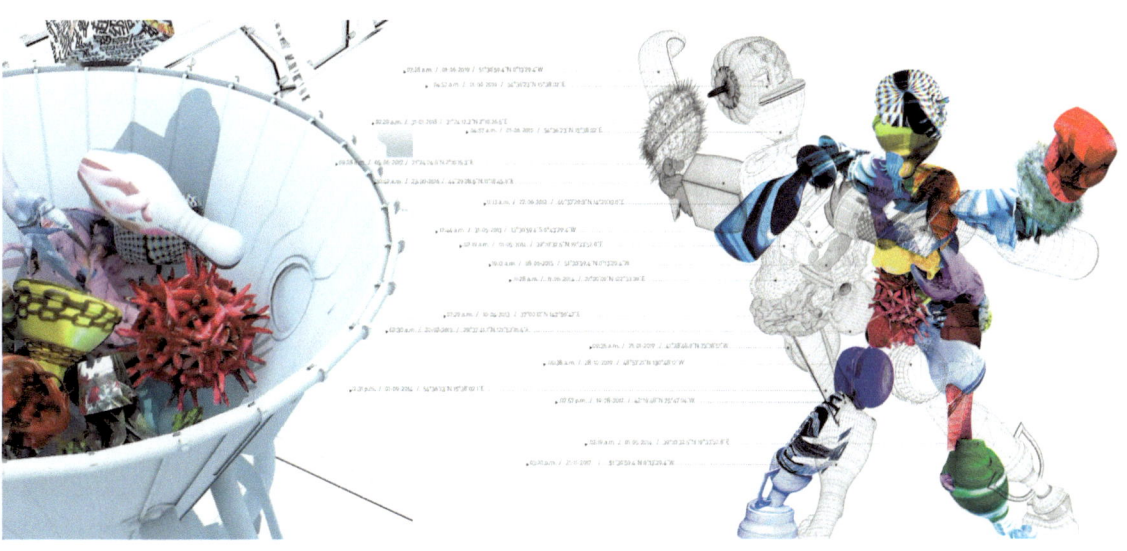

4.38 Human Playing, 2019

4.39 Entwurf: Branding des Haizhu Platzes in Guangzhou, 2019

Jing Yang, China
Jing Yang ist Professorin am College of Design der South China University of Technology. Sie betreut Diplomanden aus dem Visual Communication Design. Ihre Lehrphilosophie ist tief in der lokalen chinesischen Kultur verwurzelt. In ihrer Ausbildung legt sie sowohl Wert auf die Schulung praktischer Fähigkeiten als auch auf Innovationsfähigkeiten, achtet auf die neuesten Trends und die Designphilosophie. Jing Yang ist Mitglied des American Institute of Graphic Arts (AIGA).

Der Entwurf eines Branding für den beliebten Haizhu Platz in der Stadt Guangzhou basiert auf der Kombination einer fünfeckigen Bildmarke und einer eleganten Schreibschrift. Das in Nachbarschaftsfarben angelegte Pentagramm wirkt wie ein dreidimensionales Faltobjekt und steht im Kontrast zur kalligrafisch anmutenden Wortmarke.

Jing Xiao, China

Jing Xiao ist Professorin, Master Tutorin und Gastwissenschaftlerin an der Guangzhou Academy of Fine Arts der Tsinghua University, China. Sie ist Mitglied des Designkomitees der China Packaging Federation, stellvertretende Generalsekretärin des Designkomitees der Guangdong Packaging Association und Direktorin der Guangzhou Creative Industry Association.

Das Design für die Ausstellung der Absolvierenden einer Kunstakademie ist laut, provokativ und urban. Der Apellcharakter des Kalt-Warm-Kontrastes kommt hier gut zur Geltung. Die warmen gelben und roten Töne drängen sich in den Vordergrund, während die kalten Blautöne den Hintergrund oder den Abschluss von Formen und einzelnen Lettern bilden.

4.40 Quantum City, 2019

Farben im interkulturellen Vergleich
Anhand von drei Nationen – Mexiko, Frankreich und Indonesien – werden im Folgenden nationale Farbzeichen und gelebte Farbtraditionen dargestellt. Ziel ist es, verschiedene Kulturräume und unterschiedliche geografische Lagen zu inkludieren. Ausgehend vom Nullmeridian liegt Mexiko auf der Weltkugel ganz im Westen, repräsentiert das katholische Lateinamerika und zelebriert mit dem Tag der Toten, dem Día de Muertos, einen symbolträchtigen Feiertag, den auch viele andere lateinamerikanischen Länder wie Peru und Ecuador begehen. Frankreich liegt in der Mitte zwischen Mexiko und Indonesien und hatte durch den Kolonialismus sowie die französische Revolution einen entscheidenden Einfluss auf die Weltpolitik. Das Symbol ist die französische Flagge, die Tricolore. Indonesien – ganz im Osten – ist der größte mehrheitlich muslimische Staat, der bis heute eine pluralistische Gesellschaft und Religionsfreiheit lebt. Die Staatsdoktrin findet ihren Ausdruck in der sog. Pancasila, die fünf nationale Leitideen postuliert.

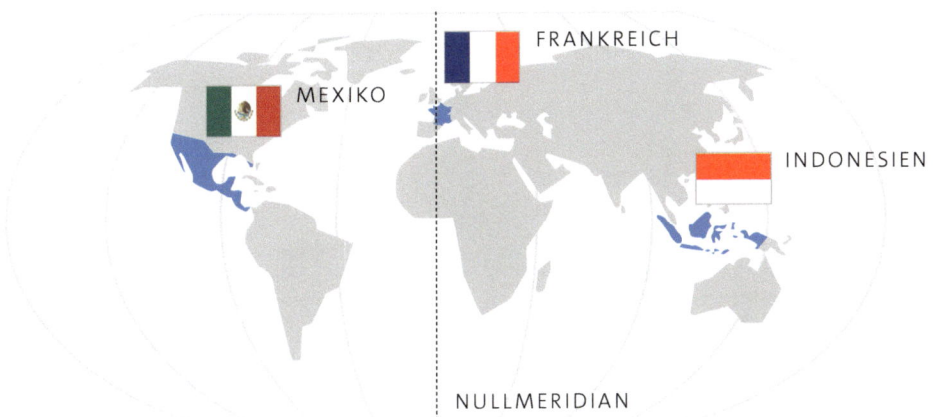

4.41 Nullmeridian

Mexiko hat ein traditionsreiches und farbenstarkes Symbol: Den von der UNESCO als immaterielles Kulturerbe anerkannten Feiertag, den Tag der Toten, der Día de Muertos. Dieser stammt noch aus der präkolumbianischen Zeit und ähnelt eher einem fröhlichen, farbenfrohen Fest als einer tristen Trauerfeier. Farbkodierungen spielten und spielen in indigenen Kulturen eine große Rolle, was z. B. durch die Codices (Bilderhandschriften) der Mixteken bekannt ist.[34] Auch das Färben von Stoffen war so professionell, dass ein bläuliches Dunkelrot, aus Cochenilleläusen gewonnen, das kostenintensive Purpurrot in Europa verdrängte. Stofffarben aus Mittelamerika, die aus Pflanzen gewonnen wurden, waren eine kostbare Handelsware, die nur von Gold und Silber übertroffen wurde. Der erfolgreichste Exportschlager im 17. und 18 Jh. war das Indigoblau.[35]

Am Día de Muertos verschmelzen in eindrucksvoller Weise prähistorische Traditionen der Azteken und der Mayas sowie weiterer indigener Volksgruppen mit Zeremonien des Katholizismus, der im 16. Jh. von den kolonialisierenden Spaniern eingeführt wurde. Das macht ihn zu etwas ganz Besonderem und so wurde er mit der Aufnahme in die Liste der UNESCO als immaterielles Weltkulturerbe ausgezeichnet.

„The Mexican… is familiar with death. (He) jokes about it, caresses it, sleeps with it, celebrates it. It is one of his favorite toys and his most steadfast love." Dieses Zitat des mexikanischen Dichters Octavio Paz macht anschaulich, dass der Tod und das Leben als eine dialektische Einheit, ein unendlicher Prozess verstanden werden, der am Día de Muertos gleichermaßen von den Verstorbenen und den lebenden Familienangehörigen gefeiert wird. Ähnliche Traditionen, die der Toten auf eine fröhliche Weise gedenken, sind außerhalb von Lateinamerika seltener zu finden. Roma tragen neben dem Schwarz als Trauerkleidung z. B. ein leuchtendes Rot bei Krawatten und Blusen als Ergänzungsfarbe. Hier steht das Rot für das Leben, da man annimmt, dass die tote Person sich bis zur Beerdigung in einem Zwischenstadium befindet.[36] Oder, als ein anderes Beispiel für einen farbenfrohen Ausdruck von Trauer, die grellbunten Grabkreuze in einem rumänischen Dorf, die ungeschminkte Wahrheiten aus dem Leben der Verstorbenen erzählen.[37]

ALTAR MIT OPFERGABEN ZUM DÍA DE MUERTOS

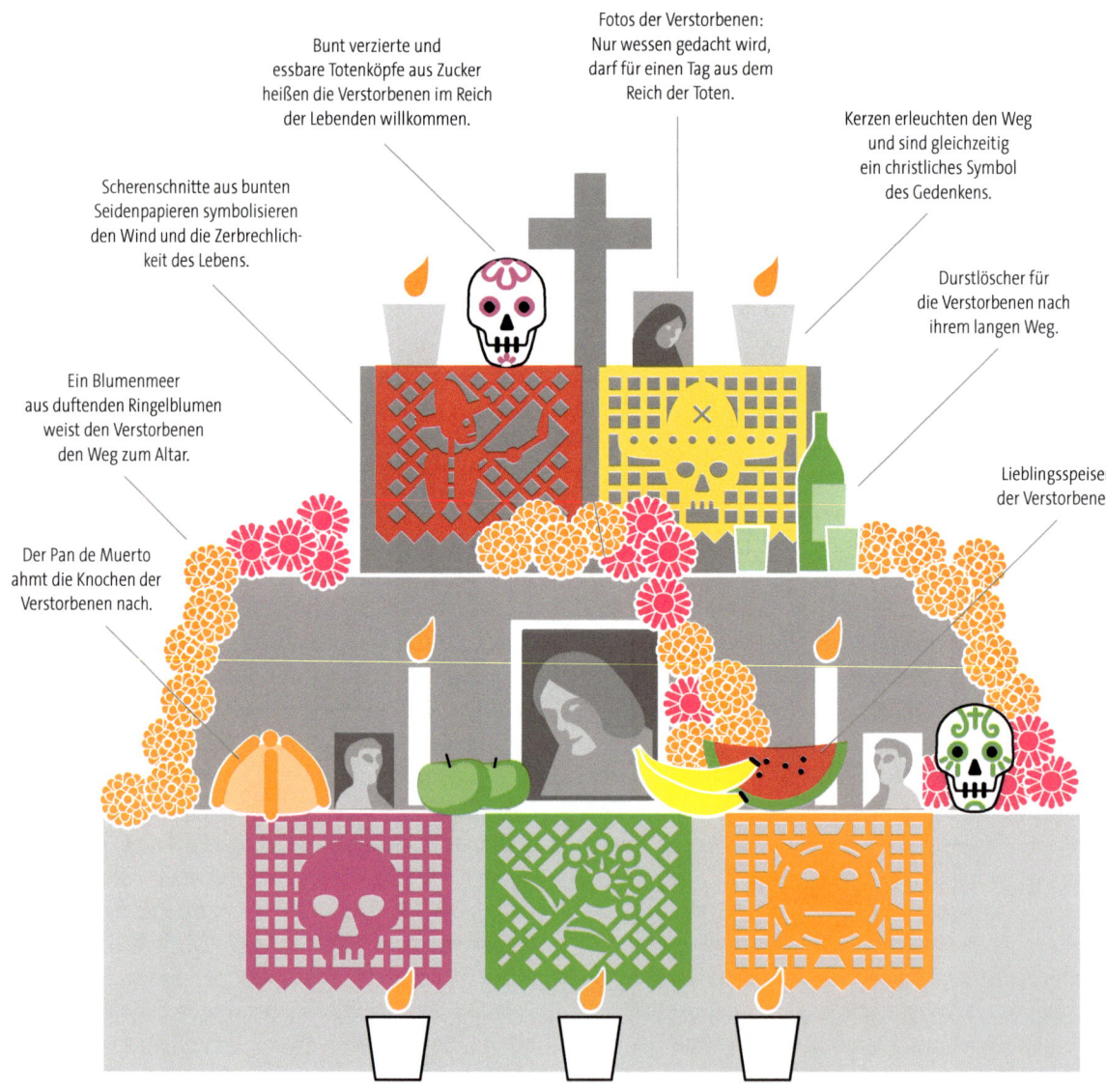

4.42 Altar

Vom 31. Oktober bis 2. November wird zum Día de Muertos das Andenken an die Verstorbenen über drei Tage hinweg geehrt und gefeiert. Jeder Tag hat einen anderen Schwerpunkt. Der erste Tag ist den Kindern gewidmet, die ohne Taufe gestorben sind. Am zweiten Tag, dem katholische Feiertag Allerheiligen, kehren alle anderen Verstorbenen zu ihren Familien zurück und werden mit Opfergaben am häuslichen Altar willkommen geheißen. Der Altar ist das Zentrum der Feierlichkeit, steht im Haus oder vor dem Haus und auch an öffentlichen Plätzen wie Gemeindeverwaltungen und Schulen. Es gibt sogar Wettbewerbe, die die schönsten Altäre auszeichnen.

Am Abend des 1. Novembers begeben sich die Mexikaner und Mexikanerinnen, ausgestattet mit den Lieblingsspeisen der Verstorbenen, auf den Friedhof, um gemeinsam mit den Toten zu feiern. Der ganze Friedhof ist mit Kerzen erleuchtet und es herrscht eine ausgelassene, fröhliche Stimmung. Man erinnert sich liebevoll, aber auch neckend, an die Verstorbenen, stößt mit Tequila auf die Toten an und tanzt und musiziert bis zum Morgengrauen. Süße, grellbunte Totenschädel aus Zuckerguss und Schokolade, farbige Scherenschnittbilder und intensiv duftende, orangegelbe Ringelblumen dürfen in keiner Region fehlen. Mit ihnen sollen die toten Seelen gastlich empfangen werden. Manchmal liegen auch Kamm, Seife und Handtuch bereit, damit sich die Seelen nach ihrer langen Reise frisch machen können.[38]

Der Día de Muertos ist in erster Linie ein farbenfrohes Fest und hat für Außenstehende durch all die Totenschädel *(Calaveras)* und Skelette *(Calacas)* eine gewisse Ähnlichkeit mit Halloween. Die Farbsymbolik ist changierend und nicht eindeutig zu fassen. Es sind weniger einzelne monochrome Farben, die am Altar und auf dem Grab dominieren, sondern Buntheit ist zum Farbkonzept geworden. Nur die leuchtend orangen Flächen aus Ringelblumenblüten *(Tagetes)* stechen hervor. Ihr englischsprachiger Name „*Marigold*" verweist auf die Jungfrau Maria und den christlichen Hintergrund. Wege, die aus Tagetes gestreut sind, sollen die Toten zu ihren Opfergaben am Altar führen. Sie dienen wie die Kerzen als Leitfaden für die Geister.[39] Die Tagetes war bereits den Azteken als heilende und rituell eingesetzte Pflanze bekannt.[40] Die Farben Gelb und Orange stehen für Leben und repräsentieren das Sonnenlicht.

Die Bedeutung der Farbe Violett oder Purpur verweist auf die Christianisierung durch die Spanier und repräsentiert Schmerz, Trauer und Leiden im christlichen Sinne. Diese Assoziation basiert auf Jesus Leidensweg zum Kreuz, der im Matthäusevangelium wie folgt beschrieben wird: „Die Soldaten aber führten ihn hinein in den Palast, das ist ins Prätorium, und riefen die ganze Kohorte zusammen und zogen ihm einen Purpurmantel an und flochten eine Dornenkrone …"[41] Die Farbe Purpur repräsentiert dementsprechend in katholisch geprägten Ländern Allerheiligen sowie die Fastenzeit und symbolisiert somit den Tod. Eine violette Blume wie die Calaverita, eine Orchideenart, deutet mit mit dem Namen „Blume der Seelen" auf Trauer hin.[42]

4.43 Totenschädel aus Zucker   4.44 Festumzug im typischen Outfit

4.45 Französischer Nationalfeiertag, Louvre, Paris

Die französische Flagge, die Tricolore, ist dreifarbig und stammt aus der Zeit der französischen Revolution. Sie setzt sich aus Blau und Rot, den Farben der Stadt Paris, und dem königlichen Weiß der Bourbonen zusammen. Alle drei Farben basieren auf der Geschichte Frankreichs, die ab dem frühen Mittelalter eng mit dem Katholizismus verbunden war. So trugen die französischen Könige des Mittelalters die Oriflamme in ihren Schlachten vor sich her, als Zeichen, dass sie die „wahren" Verteidiger des Christentums seien. Die rote Oriflamme war das heilige Banner der Abtei Saint-Denis de Paris und verwies auf das Blut des Märtyrers Dionysius von Paris, des ersten Bischofs von Paris, der bis heute der Nationalheilige der Franzosen ist. Das ist der Ursprung der Farbe Rot in der Tricolore.

Während der Unruhen zu Beginn der Revolution 1789 etablierte sich die blau-rote Kokarde, ein Abzeichen, das an Mützen gesteckt wurde und das Erkennungszeichen der pro-revolutionären Stadtmiliz war. Später trugen es die Jakobiner, eine politische Gruppierung, auf ihren roten Mützen. Die rote Jakobinermütze war das Symbol der Gegner der Monarchie. Rot ist deshalb zur Farbe der Revolution geworden und die erhobene Faust seit den Arbeiterkämpfen Anfang des 20. Jh. ein internationales Symbol für Widerstand.

Die Farbe Blau steht für das Königtum. Davon zeugt die populäre, wenn auch ungenaue Farbbezeichnung Königsblau. Der Fachterminus ist Ultramarinblau, das aus dem sehr wertvollen Lapislazuli Stein gewonnen wurde. Im Europa des Mittelalters wurde es eingesetzt, um auf die Macht und Bedeutung von Religion und Monarchie hinzuweisen. Der blaue Mantel Marias, Jesus Mutter, und auch der Krönungsmantel der Könige zeugen davon. Das Blau im Pariser Wappen bezieht sich hierauf.

Die Farbe Weiß kam erst später hinzu und wurde 1794 zum Emblem Frankreichs, sechs Monate nach dem Sturz der Monarchie. Das weiße Lilienbanner der Bourbonen galt vor der Französischen Revolution als Inkarnation der traditionellen Monarchie. Die Frage ist, warum die Farbe Weiß dann ausgewählt wurde, wenn sie doch die Monarchie repräsentierte. Das geschah, weil vor allem die Großbürger der Monarchie gegenüber nicht feindlich eingestellt waren und sich eine konstitutionelle Monarchie wünschten. Wahrscheinlich war es der gemäßigte General Lafayette, der General der Nationalgarde, der die Idee hatte, den Farben der Stadt Paris – Blau und Rot – das monarchische Weiß hinzuzufügen.[43]

Für das einfache Volk der Arbeiter und Kleinbürger blieb das weiße Lilienbanner hingegen ein feindliches Symbol der Bourbonen-Monarchie und das Pariser Staatsgefängnis, die Bastille, repräsentierte die Unterdrückung. Deshalb war der Sturm auf die Bastille der Auftakt zur französischen Revolution.

Es gibt nur zehn von weltweit 196 Flaggen, die die Farben Blau, Weiß und Rot in vertikaler oder horizontaler Anordnung haben. Die Farben Rot und Blau bilden zwar einen starken Warm-Kalt-Kontrast, aber in ähnlicher Helligkeit, so dass der Kontrast in der Dämmerung kaum zu sehen wäre. Dem schafft das Weiß in der Mitte Abhilfe und sorgt für Klarheit und visuelle Ordnung. Das Zusammenspiel aller drei Farben hat einen starken Effekt und eine sehr gute Fernwirkung.

4.46 Kirchliche Krönung eines französischen Monarchen

Der Vielvölkerstaat Indonesien proklamierte 1945 seine Unabhängigkeit von der holländischen Kolonialmacht, wobei diese erst drei Jahre später offiziell unterzeichnet wurde. Indonesien war ganze 350 Jahre fremdbestimmt. Davor gab es keine indonesische Nation, sondern einzelne Königreiche, die zuerst buddhistisch, dann hinduistisch und ab dem 15. Jh. überwiegend islamisch geprägt waren. Nur Bali hat bis heute eine mehrheitliche hinduistische Bevölkerung.

Parallel dazu gibt es viele indigene Bevölkerungsgruppen, die ihre eigenen Religionen praktizieren. Hier sind viele unterschiedliche ethnische Volksgruppen vertreten die eigene Sprachen haben, wie Malaien, Minangkabau (eine matrilineare Gesellschaft), polynesische Volksgruppen sowie eine chinesische Minderheit. Auch geografisch ist keine Einheitlichkeit auszumachen, da sich die Bevölkerung auf über 6.000 der gesamten 17.000 Inseln verteilt.

Es ist also nachvollziehbar, dass das politische Motto „Einheit in Vielfalt" vor allem dazu gedacht war, gemeinsam die nationale Unabhängigkeit zu erreichen. Das Motto ist nicht neu, es stammt aus dem Majapahit Reich (13-16 Jh.), dem letzten und mächtigsten hinduistischen Königreich mit Hauptsitz auf Java. Ein Leitlinie, die sog. *Pancasila*, sollte für einen neuen identitätsbildenden Zusammenhalt sorgen und wurde bereits 1945 von Sukarno, dem ersten Präsidenten Indonesiens, deklariert. Die auf fünf Prinzipien reduzierte Leitlinie ist so breit angelegt und so allgemein gehalten, dass sie von allen politischen und religiösen Gruppierungen akzeptiert werden kann.

Es gibt bis heute keine einzige offizielle Auslegung. Die Interpretation bleibt jedem Einzelnen vorbehalten, was typisch für die indonesische Gesellschaft ist, in der der Einzelne das Recht auf Interpretation hat und Konsens und Harmonie das gesellschaftliche Wertesystem bestimmen. Sukarno betonte, dass nicht er die *Pancasila* alleine schuf, sondern dass er lediglich historisch gewachsene Wünsche und Ziele des indonesischen Volks zusammengefasst hat. Auch sein Nachfolger Suharto zweifelte die *Pancasila* nicht an, sondern machte sich ihre starke Symbolkraft zunutze. *Pancasila* ist also eher eine nationale Gesinnung und gelebte Praxis als eine Staatsdoktrin.[44]

4.47 Tropische Flora

4.48 Tatoo und Staatsemblem *Garuda Pancasila*

Die *Pancasila* sollte später in Form eines wiedererkennbaren Zeichens — als Staatsemblem — symbolisiert werden. Sultan Hamid II. erhielt hierfür den Auftrag. Das Symbol wird „*Garuda Pancasila*" genannt und wurde 1950 offiziell eingeführt. Es ist bis heute unverändert. Das Emblem basiert auf hindujavanischer Mystik. Im Zentrum thront der goldene Vogel *Garuda*, der in der indischen Mythologie die Rolle eines Götterboten hat und Stärke sowie Macht symbolisiert. Er hält ein Band mit dem Motto „Einheit in der Vielfalt" in seinen Klauen und ein Schild, welches die fünf Leitlinien der *Pancasila* enthält, hängt an einer Kette um seinen Hals.[45] Nichts ist dem Zufall überlassen, jede Form ist symbolträchtig. Die 17 Federn jedes Flügels, die acht Federn des Schwanzes, und die 45 Federn am Hals verweisen auf den Unabhängigkeitstag: 17. 08. 1945.

Die fünf Prinzipien der *Pancasila* sind in Form von einfach verständlichen Symbolen auf dem Schild dargestellt.

1. Mittig ein goldener Stern in einem schwarzem Wappen: Glaube an den all-einheitlichen Gott
2. Eine goldene Kette auf rotem Hintergrund: gerechte und zivilisierte Menschheit
3. Ein grüner Banyan Baum: nationale Einheit Indonesiens
4. Ein schwarzer Stierkopf auf rotem Hintergrund: Demokratie basierend auf der Weisheit der Repräsentanten des Volkes
5. Eine goldene Reisähre neben fünf Baumwollknospen: soziale Gerechtigkeit und Gleichheit von Mann und Frau[46]

Im ersten Prinzip wird das Modell eines Nationalstaates, der die Existenz von Religionen im Staat berücksichtigt, deutlich. Das ist bis heute eine weltweite Besonderheit, wenn man bedenkt, dass 87 % der Indonesierinnen und Indonesier muslimisch und nur 11 % christlich sind. Die verbleibenden 2% sind Hindus, Buddhisten und Animisten. Alle anderen Prinzipien der *Pancasila* sind ebenso komplex und weitgefasst, um alle Gesellschaften des Vielvölkerstaats mit einzubeziehen.[47]

Alle Farben des Staatsemblems haben ebenso eine Bedeutung. Die Farbe Gold/Goldgelb schmückt den *Garuda* und steht für Erhabenheit, Majestät, Herrlichkeit, Ruhm, Ehre und Wohlstand. Bei javanischen Festen, die die Einheit der Beteiligten symbolisieren (indon.: *Slametan*) wie z. B. anlässlich der Geburt eines Kindes, wird oft gelber Reis als Teil der Opfergaben serviert; ein Symbol für die Hoffnung auf die Erlösung durch Gott. Bei Hochzeiten sind traditionelle und wertvolle Goldaccessoires wie Kopf-, Ohr- und Halsschmuck sowie aufwändig mit Gold bestickte Gewänder üblich. Dadurch verkörpert das Hochzeitspaar Gott und Göttin. Die Bedeutung von Gold/Goldgelb wird im Gesetz der Republik Indonesiens dagegen reduzierter beschrieben: die gelbe Farbe symbolisiert „... die Größe der Nation oder den Edelmut des Staates."[48]

4.49 Gelber Reiskegel für Festessen sog. Tumpeng

Die Farbe Grün wird mit der Hoffnung auf ein erfülltes Leben im Einklang mit der Natur, die uns alles Notwendige gibt, assoziiert.⁴⁹ Grün symbolisiert auch Wohlstand, was damit zusammenhängen kann, dass die Agrarwirtschaft in der Vergangenheit eine große Rolle spielte und auch heute noch fast ein Drittel der Bevölkerung Bauern und Bäuerinnen sind.⁵⁰ Im traditionellen, höfischen Kontext z. B. bei Hochzeiten und Krönungen wird Grün getragen. Grün steht also ebenso für den Adel und so auch für Edel- und Großmut, was in der javanischen Kultur mit der Hoffnung auf ein besseres Leben verbunden ist. Nach javanischem Verständnis hatte der König für das Volk zu sorgen und dessen Wachstum zu ermöglichen. Diese Idee ist bis heute aktuell und wird auf die Volksvertreter übertragen, die für die Bürgerinnen und Bürger sorgen sollen.⁵¹ Es ist wenig zur Bedeutung der Farbe Grün in der *Pancasila* in der entsprechenden Gesetzesverordnung zu finden.

Die Farbe Rot ist seit langem in der Mythologie, Literatur und Geschichte Indonesiens bekannt. Sie kann im Grunde nicht ohne ihr Pendant, das Weiß, genannt werden. Rot-Weiß ist die Farbgebung der indonesischen Flagge, die auf dem Banner des Majapahit Imperiums (13.-16. Jh.) basiert. Noch heute sehnen sich viele Indonesierinnen und Indonesier nach diesem Zeitalter vor der Kolonialisierung zurück. Majapahit wird immer wieder als Modell für heute zitiert, z. B. sehnt man sich in die Zeit zurück, als Majaopahit ein ruhmreicher maritimer Dreh- und Angelpunkt in Südostasien war - ein Zustand, den man gerne wieder erreichen würde.⁵²

Das Banner des Majapahit Reichs wird als Palmzucker (indon. *gula kelapa*)-Flagge bezeichnet. Palmzucker ist rötlich und bis heute ein wichtiger Bestandteil der indonesischen Küche. Was genau die Assoziation mit Palmzucker bedeutet, ist nicht eindeutig nachvollziehbar, aber folgende Interpretation bietet sich an: Die Palme ist eine wichtiger Rohstoff für den Hausbau, für Kokosmilch, für aus den Schalen gewonnene Kohle und für Palmwein. Sie ist ein multifunktionaler, essentieller und sehr ergiebiger Bestandteil der Grundversorgung. Rot könnte für die ökonomische Versorgung stehen und zudem kann die Farbe Rot mit dem süßen Palmzucker assoziiert und deshalb sehr gut verinnerlicht werden.

4.50 Flagge des Majapahit Imperiums

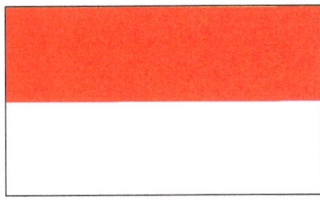

4.51 Indonesische Flagge

Eine andere Interpretation hat einen linguistischen Ansatz und bezieht sich auf die austronesische Mythologie, da indonesisch bzw. malaiisch auf der gleichen Sprachfamilie basieren, die bis heute in Malaysia, auf den Philippinen, auf Madagaskar und in Teilgebieten von Thailand, Vietnam, Kambodscha sowie China gesprochen werden.[53] Die Farben Rot und Weiß sollen demnach die Mutter Erde und den Vater Himmel symbolisieren. Ein duales Konzept, das tatsächlich in Schöpfungsmythologien Indonesiens vorhanden ist.[54] In der hinduistischen Philosophie stehen die Farben Rot und Weiß für die beiden Elemente der Schöpfung, nämlich *Kama Bang* (Eizellen der Frau, Menstruationsblut) und *Kama Petak* (Samen des Mannes).[55]

Vor diesem Hintergrund wird folgendes Zitat von Sukarno verständlich: „Die Farben (Rot und Weiß) wurden nicht nur für die Revolution festgelegt. Die Farben stammen aus dem Beginn der menschlichen Schöpfung. Das Blut einer Frau ist rot. Das Sperma eines Mannes ist weiß. Die Sonne ist rot. Der Mond ist weiß."[56]

Darüber hinaus symbolisiert Rot Mut, Kampfgeist und Tapferkeit, eine Bedeutung, die der Farbe erst seit der Unabhängigkeit zugeschrieben wird. Seitdem hat auch die Farbe Weiß eine eindeutige Bedeutung für das indonesische Volk erhalten: *„Red is the symbol of bravery, white is the symbol of purity."* Die Verbindung von Reinheit und der Farbe Weiß ist auch bei der Jasminblüte, eine der Nationalblumen Indonesiens, gegeben. Mit ihr wird ebenso Reinheit, Ehrlichkeit und Bescheidenheit assoziiert. Auf Java ist die Jasminblüte zudem die Hochzeitsblume. Die Farbe Weiß ist in Indonesien überwiegend positiv konnotiert.

Die Farbe Schwarz repräsentiert den Kreislauf und die Verbindung der Menschen vom Beginn der Schöpfung bis zum Ende allen Lebens.[57] Schwarz symbolisiert Beständigkeit und die Ewigkeit.[58] In der javanischen Gesellschaft ist die spirituelle Bedeutung von Schwarz Wahrheit, Weisheit und Gleichberechtigung. Außerdem war die traditionelle Kleidung der meisten männlichen Javaner schwarz, was Mut bedeutet. Eine unnachgiebige Haltung, historisch männlich konnotiert, ist einer der historisch bedingten kulturellen Werte der Menschen in Ost-Java.[59]

Das *Garuda Pancasila* Symbol wird auch in der jungen Generation überwiegend positiv wahrgenommen. Das beliebte Volkslied *„Garuda di Dadaku"* (*Garuda* in meinem Herzen), das es in vielen unterschiedlichen Varianten gibt und z. B. bei Fußballspielen gesungen wird, zeigt die positive nationale Verbundenheit.[60]

FRANKREICH

Trikolore
Die französische Flagge, die Trikolore, hat drei Farben und stammt aus der Zeit der Französischen Revolution. Sie setzt sich zusammen aus Rot und Blau, den Farben der Stadt Paris, und dem königlichen Weiß.

Im Mittelalter präsentierten sich die französischen Könige mit der roten Schlachtfahne als die „wahren" Verteidiger des Christentums. Die roten Freiheitskappen waren ein Symbol der Gegner der Monarchie. Seitdem ist Rot die Farbe der Revolution.

Das weiße Lilienbanner war das Symbol des Königshauses von Bourbon das Pariser Staatsgefängnis, die Bastille, stand für Unterdrückung. Die Erstürmung der Bastille war der Brennpunkt der Französischen Revolution.

Ultramarin, das aus dem sehr wertvollen Lapislazuli-Stein gewonnen wird, wurde im mittelalterlichen Europa verwendet. Es symbolisiert die Macht und Bedeutung von Religion und Monarchie. Der Mantel von Maria, der Mutter Jesu, und die Umhänge, die Könige bei ihrer Krönung trugen, zeugen davon.

INDONESIEN

Staatsemblem
Das Staatswappen Garuda Pancasila verkörpert die fünf Prinzipien der Republik Indonesien:
1. der Glaube an den einen und einzigen Gott /
2. eine gerechte und zivilisierte Menschheit /
3. die Einheit Indonesiens / 4. die Demokratie, geleitet von der Weisheit der Volksvertreter / 5. die soziale Gerechtigkeit für das gesamte indonesische Volk.

Rot symbolisiert Mut und Tapferkeit und wird oft zusammen mit der Farbe Weiß verwendet. Die Flagge des Majapahit-Reiches (13. bis 16. Jahrhundert), des sogenannten Goldenen Zeitalters, enthält wie die indonesische Flagge nur die Farben Rot und Weiß.

Weiß steht für Reinheit, Bescheidenheit und Ehrlichkeit. Die weiße Jasminblüte, eine der Nationalblumen Indonesiens, verkörpert diese idealen Werte, insbesondere bei der Hochzeitsdekoration.

Grün symbolisiert die Natur als Quelle von Nahrung und Rohstoffen und steht daher auch für Reichtum. Grün wird mit dem Königtum in Verbindung gebracht und im übertragenen Sinne mit den Vertretern des Volkes, die sich um sie kümmern sollen.

Der goldene Vogel Garuda symbolisiert Stärke und Macht. Er basiert auf der hinduistischen javanischen Mystik und die Farbe Gelb steht für die Größe der indonesischen Nation und den Ruhm des Staates.

Schwarz steht für den Kreislauf des Lebens und die Verbindung zwischen den Menschen vom Beginn der Schöpfung bis zum Ende allen Lebens. Schwarz repräsentiert Beständigkeit und Ewigkeit.

MEXIKO

Staatsflagge
Die mexikanische Flagge ist eine vertikale Trikolore aus Rot, Weiß und Grün mit einem Wappen im Zentrum. Die Farben gehen auf den Unabhängigkeitskrieg gegen die spanische Kolonialherrschaft zurück, wobei sich ihre religiöse Bedeutung in der Zeit der Säkularisierung änderte.

Rot symbolisierte ursprünglich das Bündnis und die Freundschaft zwischen den Europäern und den Amerikanern. Heute symbolisiert Rot das Blut des mexikanischen Volkes, das im Kampf um die Unabhängigkeit 1821 gefallen ist.

Weiß ist die zweite und zentrale Farbe der Flagge und stand ursprünglich für die Reinheit und die römisch-katholische Kirche, heute aber auch für die Einheit.

Bei der ersten mexikanischen Flagge stand Grün für die Unabhängigkeit. Heute steht sie für die Hoffnung der Nation, was sich in den 1860er Jahren änderte.

4.52 Interkulturelle Farbkodierungen im Vergleich

Farbcodes in Ägypten, Äthiopien, Indien

Katrin Hinz führt seit 1995 Workshops zu Farblehre und *Universal Design Thinking* an unterschiedlichen internationalen Hochschulen durch. Zu Beginn steht oft folgende zehnminütige Warm-Up Übung: Studierende sollen innerhalb von 10 Minuten einen Farbklang aus mind. zwei bis max. fünf Farben komponieren, den sie als sehr angenehm und sympathisch empfinden. Im Anschluss werden die Ergebnisse der Farbübung präsentiert und zwar indem man diese vor den Bauch hält. Interessanterweise kommt fast immer eine der ausgewählten Farben in der Augenfarbe, Haarfarbe oder in der Kleidung der Studierenden vor.

4.53 Studierende in Bangalore am National Institute of Design India mit ihren „sympathischen" Farbkombinationen, 2014

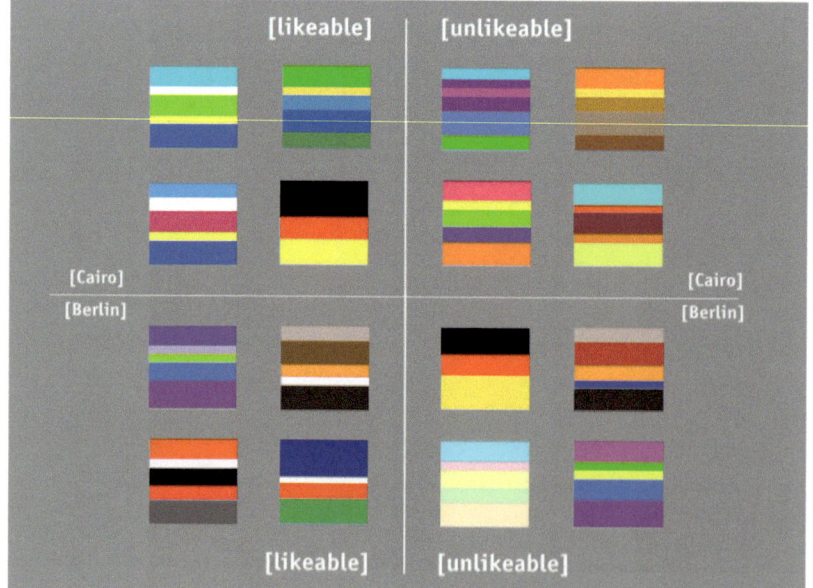

4.54 Farbcodes: Deutsche Universität Kairo

4.55 Museum Wukro, Äthiopien: Zielgruppentypen für die Museumspädagogik mit traditioneller Frisur und moderner Kleidung, 2015

In der zweiten Übung soll ein unsympathischer und unangenehm wirkender Farbklang geschaffen werden. Das erwies sich bisher als schwierig, da trotz aller Bemühungen der Designstudierenden doch oft wieder ein harmonisch angenehmer Farbklang entstand. Unangenehme Farben wurden von ihnen eher in den Arbeiten der Anderen gefunden.

Das zeigt, dass Farbe äußerst subjektiv bewertet wird. Ebenso ist deutlich erkennbar, dass bei aller Globalisierung und Annäherung unserer „Konsumgeschmäcker" eindeutige Unterschiede in den einzelnen Ländern zu erkennen sind.

Als die oben genannte Übung 2009 in Kairo durchgeführt wurde, entstanden favorisierte Farbklänge im Bereich frischer, heller und kühler Farben wie Grün, Türkis, Blau in Kombination mit Gelb oder Weiß sowie Schwarz, Rot, Gold als positiv besetzte Farbklänge. Dunkle und sehr warme Farbkompositionen wurden als unangenehm empfunden. Das Experiment fand an der German University Cairo statt, die im Logo die Farben der deutschen Fahne Schwarz, Rot, Gold führt, was einen Einfluss auf die Farbvorlieben hatte. Eine so positive Besetzung der deutschen Nationalfarben ist erstaunlich und zeigt wahrscheinlich eher die Identifikation mit der Eliteuniversität als mit Deutschland. Die kühlen Farben Grün, Türkis und Blau resultieren aus der islamischen Tradition, wo diese Farben heilig sind und man sie in jeder Form von Architektur, Kunst und Kunsthandwerk finden kann.

In Indien und Äthiopien dominieren im Alltag und in religiösen Zusammenhängen kräftige Farben, was sich auch an den Farbkompositionen erkennen lässt. Das wurde im Workshop 2015 für ein archäologische Museum in Wukro, Äthiopien, thematisiert. Die Projektpartner bevorzugten für die museumspädagogischen Lernmaterialien für äthiopische Schüler und Schülerinnen kulturell verankerte und hochgesättigte Farben.

4.56 Piktogramme für das Museum Wukro
in Tigray, Äthiopien, mit Adaption nationaler Kleidung, 2015

Bitte beschreiben Sie Ihren Bildungshintergrund, einschließlich Ihres Studiums, Ihrer Arbeit/Studien und Ihrer Reisen.

Ich bin in der DDR aufgewachsen und lebe im ehemaligen Ostberlin. Schon als Jugendliche unternahm ich umfangreiche Reisen in osteuropäische Länder. Mein Interesse an Kultur, Geschichte und Architektur liegt in der Familie. Mein Vater war Architekt und meine Mutter arbeitete in den Staatlichen Museen zu Berlin. Sie haben früh unser Kulturinteresse geweckt. Mit 20 Jahren begann ich ein Architekturstudium an der Kunsthochschule Weissensee. Nach dem Diplom arbeitete ich als Architektin, Bühnenbildnerin und gleich nach der Wende eröffnete ich ein Büro mit meiner Schwester, einer Designerin. 1994 begann ich an der Hochschule für Technik und Wirtschaft Berlin als Gründungsprofessorin im neuen Studiengang Kommunikationsdesign zu arbeiten. Von 2002 bis 2004 war ich Vizepräsidentin für Forschung. 2008 begann mein Engagement an der *Faculty of Applied Science and Art* an der *German University* in Kairo. Studien- und Forschungsreisen u. a. nach Indien, Äthiopien und China folgten. Seit 2015 bin ich Dekanin an der HTW Berlin im Fachbereich Gestaltung und Kultur und seit 2019 *Founding Dean* der *Design Faculty* der GIU AS.

Katrin Hinz
Studium der Architektur an der
Kunsthochschule Berlin Weissensee, DDR
Professorin an der Hochschule
für Technik und Wirtschaft
Berlin / Gründungsdekanin an der
*German International University of
Applied Sciences*, Kairo

Mit welchen Ländern oder Kulturen haben Sie eng zusammengearbeitet und/oder in welchen Ländern oder Kulturen haben Sie gelebt? Haben Sie prägende Erfahrungen in anderen Kulturen gemacht?

In Ägypten und Indien sammelte ich die meiste Lehrerfahrung. Den Arbeitsalltag als Designerin in einer anderen Kultur lernte ich intensiver in Äthiopien kennen. Am stärksten erlebte ich Ägypten im Alltag, daher meine Priorisierung: 1. Ägypten, 2. Äthiopien und 3. Indien.

Was wussten Sie über diese Länder/Kulturen, bevor Sie die Zusammenarbeit begannen?

Ich war theoretisch gut vorbereitet und dennoch war es ein Sprung ins kalte Wasser. Als ich 2008 ein halbes Jahr in Kairo arbeitete, wurde ich zwar mit einer anderen Kultur konfrontiert, konnte aber auf meine früheren Erfahrungen in Osteuropa zurückgreifen. Auch hat mir meine Ost-Sozialisation geholfen: Improvisationsfähigkeit und immer einen Plan B in der Tasche haben, waren Eigenschaften, die man auch in der ehemaligen DDR benötigte. Es gab viele Parallelen zwischen der DDR- und dem Mubarak-System.

4.57 Workshop in Indien mit Teilnehmenden und Katrin Hinz
4.58 Studierende in Bangalore am NID India mit ihren „sympathischen" Farbkombinationen, 2014

Welche spezifischen Unterschiede sind Ihnen bei der Art und Weise, wie Studierende in anderen Ländern/Kulturen lernen, aufgefallen?

Deutsche Studierende haben in der direkten Begegnung mit der anderen Kultur oft das Aha-Erlebnis, dass es eine Überlegenheit der westlichen Kultur so nicht gibt. Bei den internationalen Studierenden erlebte ich wie stark der religiöse Hintergrund das Denken und Handeln der Studierenden prägt. Islamische Studierende hinterfragen anfangs weniger und fordern eher Regeln. Ihre visuelle Wahrnehmung ist mehr zweidimensional ausgerichtet, ein Resultat des muslimischen Bilderverbots. Das Verständnis für räumlich abstrakte Darstellung ist weniger trainiert. Alle haben jedoch eine große Neugierde und Offenheit und beeindruckend hohe Lernkurven; egal wo ich lehrte und arbeitete.

Mussten Sie Ihre Arbeits- oder Lehrmethoden anpassen, während Sie sie in einer fremden Kultur praktiziert haben, d. h. sie an verschiedene soziale und moralische Normen anpassen, einschließlich Klassen- oder Geschlechterfragen? Wenn ja, wie?

Das Thema der weiblichen Rolle war niemals relevant. Ich wurde immer in meiner Fach- und Führungsrolle anerkannt. Vielleicht hängt das auch mit meinem Alter und der Größe von 1,78 m zusammen. Jedoch halte ich mich an kulturelle Regeln und Normen in den jeweiligen Ländern, wobei ich durchaus unbequeme politische und auch religiöse Themen berühre, wie mein Interesse an der jüdischen Kultur oder soziale Ungleichheit. Selbstzensur ist nicht meine Sache, das hatte ich mir schon in der DDR untersagt.

Meine Lehrmethoden sind an der internationalen Designausbildung ausgerichtet. Die Lerninhalte entwickle ich aus der jeweiligen Kultur des Landes heraus.

Was war der Vorteil, in einem anderen Kulturkreis als Ihrem eigenen zu arbeiten bzw. zu lehren?

Man lernt immer. Durch meine Arbeit in Kairo ist mir z. B. meine kulturästhetische Herkunft noch bewusster geworden. Unsere europäische Ästhetik ist stark vom Nahen Osten und der arabischen Welt beeinflusst.

2014-15 führte ich mit deutschen Studierenden in Äthiopien ein Designprojekt für ein neues Museum durch. Das Corporate Design bis zum Ausstellungsdesign haben wir in Zusammenarbeit mit den äthiopischen Partnern entwickelt und umgesetzt. Im Ringen um das Logo entstand von äthiopischer Seite die Aussage, dass es „Erhabenheit" ausdrücken soll. Da waren wir überrascht und die Studierenden erkannten, dass ihnen „Erhabenheit" als Attribut nicht eingefallen wäre. Sich in die andere Kultur hineinzuversetzen, ist ein Schlüssel für interkulturelle Kommunikation und in Wukro ist nun das neue archäologische Museum der absolute Stolz der Kommune und repräsentiert die Erhabenheit der jahrtausendealten Geschichte.

5.01 Interkulturelle Designworkshops in Indonesien, Deutschland, Uganda und Frankreich

INTERKULTURELLE PROJEKTE

Die Zusammenarbeit in internationalen Teams ist in der Medien- und IT-Branche eine etablierte Praxis. Sie ist spannend, kann aber auch herausfordernd sein. Grund dafür ist unsere unterschiedliche kulturelle Prägung, die uns in der Regel gar nicht bewusst ist. Sie spiegelt sich in unserem täglichen Verhalten, unserer verbalen wie nonverbalen Kommunikation und vor allem in unseren Wertesystemen wider: „A job well done" wird in allen Industrienationen hoch geschätzt. Wie man aber seine Ziele anstrebt und erreicht, wird ganz unterschiedlich bewertet. Während die Nationen Nordeuropas und Nordamerikas als „aufgabenorientiert" gelten, werden die Nationen Osteuropas, Lateinamerikas, Afrikas und Asiens eher als „beziehungsorientiert" eingeschätzt.[1] Solche unterschiedlichen Wertesysteme zu verstehen, zu akzeptieren und auch zu nutzen, ist bei der Zusammenarbeit in internationalen Teams unerlässlich.

Vor einigen Jahren besuchte ich in Yogyakarta, einer indonesischen Stadt auf Java, eine deutsche Freundin, die dort seit vielen Jahren lebt. Kurz vor der Heimreise wollte ich noch Geschenke kaufen, am liebsten abseits der typischen Touristenpfade. Wir betraten einen Laden und ich stürzte mich sofort auf die Sammlung der Souvenirs. Meine Freundin hingegen plauderte mit dem Ladenbesitzer über sein Geschäft, seine Familie und seine Enkelkinder. Ich beendete meinen Einkauf schnell, stand untätig rum und wartete auf sie. Ich hatte das Gefühl, dass wir Zeit damit verschwendeten, mit einem Fremden zu reden. Meine Freundin kannte ihn ja auch nicht. Als wir den Laden verließen, schimpfte sie mit mir, und ich lernte meine erste Lektion über beziehungsorientierte Kommunikation.

In vielen Ländern in Asien und den arabischen Ländern ist eine rein sachorientierte Begegnung ungewöhnlich, wenn nicht gar unhöflich. Es gibt weitere kulturelle Unterschiede in den Bereichen Kommunizieren, Vertrauen, Zeitmanagement und Entscheidungen treffen, um nur einige zu nennen.[2] Deshalb bereite ich meine Studierenden auf die Begegnung und Zusammenarbeit mit anderen, internationalen Studierenden vor, mache sie mit allgemeinen Verhaltensregeln, Kleidungsnormen etc. bekannt und ermögliche das gegenseitige Kennenlernen vor Beginn des Workshops. Dennoch gibt es immer Überraschungen und Flexibilität ist gefragt.

Interkulturelle Kompetenz im Medienbereich
In meinen interkulturellen Workshops untersuche ich seit 2009, wie die Teilnehmenden in internationalen Teams zusammenarbeiten, welche Bedürfnisse und Anforderungen sie haben und wie die Lernsituation optimiert werden kann. Mein pädagogischer Ansatz basiert zum einen auf einer handlungsorientierten progressiven Pädagogik, die „learning by doing" unterstützt[3] und zum anderen auf der kritisch-konstruktiven Didaktik, die auf den Erwerb von Handlungskompetenz abzielt.[4] Hinzu kommt, dass das Lernen und Erfahren in einem interkulturellen Kontext wie im Ausland weit anspruchsvoller ist und größere kommunikative Fähigkeiten erfordert, als sie meist im eigenen kulturellen Bezugsrahmen gebraucht werden. Es werden also zusätzliche pädagogische Strategien und Handlungsweisen benötigt, um mit der Unkenntnis bezüglich der anderen Kultur und der Unterschiedlichkeit umzugehen.[5]

In der Zusammenarbeit der national gemischten Designstudierenden soll interkulturelle Handlungskompetenz erlangt werden, um so kulturelle, soziale und individuelle Barrieren abzubauen. Die Teilnehmenden lernen internationale Arbeitsmethoden und Gestaltungsstile kennen, was ihre interkulturelle Medienkompetenz, Flexibilität, Toleranz, Wertschätzung und Kommunikationsfähigkeit steigert und somit wiederum ihre Motivation, auch über den eigenen Tellerrand hinauszuschauen. Das Ziel der interkulturellen Workshops ist es, Kompetenzen zu schaffen, die die Studierenden dazu befähigen, international zu handeln und das Gelernte in ihrem Alltag zu Hause anzuwenden.

Die vier Eckpunkte für eine erfolgreiche Handlungskompetenz sind:
↗ Problemlösungskompetenz – um Schwierigkeiten zu überwinden
↗ Soziale Kompetenz – um in Teams zu arbeiten
↗ Fachkompetenz – um mit Faktenwissen zu arbeiten
↗ Selbstkompetenz – um selbstreflexiv, selbstbewusst und
   verantwortungsvoll zu handeln

Interkulturelle Kompetenz ist ein Bündel aus vielen verschiedenen Fähigkeiten. Sie beginnt damit, dass wir uns zuerst selbst betrachten und von dort aus Unterschiede und Gemeinsamkeiten zwischen den Kulturen herausfinden. Man muss zuerst seine eigene Position und Kultur verstehen und reflektieren, bevor man einen konstruktiven Dialog mit einer Person aus einer anderen Kultur führen kann. Eine Analogie ist: Man muss erst seine eigene Sprache gut kennen, um eine neue Sprache erfolgreich zu erlernen. Anschließend ist das interkulturelle Verständnis entscheidend. Das beinhaltet, andere Kulturen, Lebensumstände und Kontexte zu erfassen, sie richtig zu interpretieren und ihnen auch Respekt entgegenzubringen sowie die Fähigkeit, hierfür die eigene Perspektive zu wechseln. Nur dann kann ein gelungener interkultureller Dialog stattfinden, mit dem Fokus auf Kooperationsbereitschaft und dem Bewusstsein für das eigene kulturelle Orientierungssystem.

In meinen interkulturellen Workshops begegnen sich international gemischte Teilnehmergruppen an einem Ort oder zumindest einem virtuellen Raum und arbeiten in einem festgelegten Zeitraum von 3-5 Tagen an einer Aufgabenstellung, die für alle Teilnehmenden aus den verschiedenen Nationen relevant ist und einen interkulturellen Vergleich zulässt.[6]

In diesem Setting lernen sich die Teilnehmenden kennen, setzen sich auseinander und hinterfragen ihr eigenes Wertesystem. Eine indonesische Workshopteilnehmerin sagte bei einem Interview kurz und knapp: „Wir müssen uns in der Mitte treffen".[7] Das ist gar nicht so einfach und erfordert, dass wir in der Lage sind, uns in den anderen emotional hineinzuversetzen und einen Perspektivwechsel erfolgreich durchzuführen.

Für den Erwerb der interkulturellen Kompetenz sind entscheidend:
↗ Selbstreflektion und Selbsterkenntnis
↗ Achtsamkeit und Aufmerksamkeit,
↗ Offenheit, Toleranz und Flexibilit,
↗ Wertschätzung und Anerkennung anderer Kulturen,
↗ Selbstbewusstsein und Selbstsicherheit

Um eine interkulturelle Handlungskompetenz zu erreichen, ist die Animation und insbesondere Type in Motion eines meiner bevorzugten Medien. Animation ist Bewegung. Jede Bewegung hat Bedeutung. Um etwas zu bewegen, muss sich jede/jeder selbst bewegen und damit auch ihre/seine aktuelle Position und Denkweise. Wenn ein Team von Studierenden eine Animation erstellen möchte, müssen sie sich auf ein Thema und ein Storyboard einigen, gemeinsam Objekte wie Schriften und Bilder animieren und transformieren sowie zur Musik synchronisieren. Animationen sind ein hilfreiches pädagogisches Werkzeug, das die Studierenden zusammenbringt und ihnen erlaubt, gemeinsam eine Geschichte zu erzählen.[8]

5.02 Merkmale interkultureller Kompetenz

Stereotypen

Das ausgewählte Workshopthema sollte idealerweise wesentliche Kulturmerkmale und nationale Eigenheiten aller beteiligten Studierenden beinhalten. Die Schlüsselfrage bei der Themenfindung: Was unterscheidet und was verbindet uns?

Wir haben alle kulturell und individuell bedingte Einstellungen, stereotype Vorannahmen und Wertungen in Bezug auf andere Kulturen. Das ist ein wertvoller Ausgangspunkt für eine interkulturelle Annäherung. Vorannahmen müssen nicht zwangsläufig negativ bewertet werden. Sie sind wie Schubladen, die wir brauchen, um uns in unserer komplexen Umwelt zurechtzufinden und um schnell auf Neues und Unbekanntes reagieren zu können. Aber Stereotype haben auch Nachteile. Sie berücksichtigen nicht die individuellen Eigenschaften eines Menschen und dessen Einzigartigkeit.[9] Sie berücksichtigen nicht die spezielle Situation. Sie können negative Auswirkungen haben, wenn sie nicht kontinuierlich hinterfragt und korrigiert werden. Dann werden sie schnell zu generalisierten Vorurteilen und münden z. B. in Ausländerfeindlichkeit, Rassismus, Homofeindlichkeit oder Sexismus. Im Gegensatz zu Stereotypen, die nicht zwingend negativ sind, beruhen Vorurteile auf unreflektierten Gefühlen und oft auch auf übernommenen Meinungen. Sie sind stets negativ.[10]

Für meinen Workshop 2011 an der San Francisco State University wählte ich das Thema „Stereotypes", da hier Studierende mit geografisch, sowie ethnisch und religiös verschiedenen Hintergründen zusammen kamen.

In der Workshopvorbereitung setzten sich die Studierenden mit ihren wechselseitigen Vorstellungen von Deutsch- und Amerikanischsein auf unterschiedliche Art und Weise auseinander. Ein Team nutzte Google Suchvorschläge wie „Deutsche sind …", um Stereotypen bezogen auf Deutsche bzw. Amerikaner kennenzulernen und zu sammeln und sie anschließend in Videointerviews humorvoll zu inszenieren. Das bot einen zwanglosen Einstieg in ein komplexes wie auch brisantes Thema.

Im Workshop vor Ort entschieden sich die studentischen Teams für ein Unterthema wie Essgewohnheiten, Familie, Ökologie oder Patriotismus. In der Konzeptionsphase wurde das Thema mittels Brainstorming und Mindmapping eingegrenzt und anschließend in Storyboards thematisch entwickelt und in einer Animation realisiert.

Stereotype Vorstellungen gegenüber anderen Kulturen können am besten über direkte Kontakte, differenzierte Bildung und gezielte Auslandsaufenthalte hinterfragt und gegebenenfalls geändert werden. Sehr von Vorteil ist es dabei, in einem Projekt zusammenzuarbeiten und vor allem ein gemeinsames Ziel zu haben.[11]

Abschließend lässt sich sagen, dass sowohl die amerikanischen wie auch die deutschen Studierenden feststellten, dass ihre vermuteten Stereotypen oft nicht zutrafen. Zudem bildeten sich workshopübergreifend Freundschaften.

5.03 Animation: „The Oracle", San Francisco, 2011

5.04 Animation: „Family", San Francisco, 2011

Bitte beschreiben Sie Ihren Bildungshintergrund, einschließlich Ihres Studiums, Ihrer Arbeit/ Studien und Ihrer Reisen.

Mein erstes Designstudium begann – zwei Wochen nach Woodstock – im September 1969. Das war am St. Lawrence College in Kingston, Ontario, Kanada. Nach diesem dreijährigen Studium arbeitete ich eineinhalb Jahre bei „Jet Signs", einem Schilderladen, der von zwei Deutschen betrieben wurde, Horst und Rosemarie Wolf. Mitte der 1970er Jahre zog ich nach Ottawa und arbeitete in Druckereien, Lithografiestudios und sogar als Siebdrucker von Hockeypullovern in einem Sportartikelgeschäft. Irgendwann hatte ich eine Stelle mit der Bezeichnung „Programmierer" bei Campbell Computerized Typesetting Systems. Es folgten verschiedene Jobs, bis ich mich Mitte der 1980er Jahre dazu entschied, mit der Ausbildung weiterzumachen.

Ich schloss 1987 meinen Bachelor in Visueller Kommunikation am Nova Scotia College of Art and Design in Kanada ab. Danach leitete ich mit meiner Partnerin Elizabeth Owen ein Designbüro und unterrichtete am NSCAD, bevor ich 1992 nach Deutschland zog. Dort arbeitete ich an Projekten zu Schriftdesign bei MetaDesign in Berlin. Ich war eines der Gründungsmitglieder des neuen Fachbereichs an der Bauhaus-Universität im Jahr 1996. Im Jahr 2016 bin ich offiziell in Rente gegangen, lehre aber weiterhin dort.

Mit welchen Ländern oder Kulturen haben Sie eng zusammengearbeitet und/oder in welchen Ländern oder Kulturen haben Sie gelebt? Haben Sie prägende Erfahrungen in anderen Kulturen gemacht?

Ich hatte im Laufe der Jahrzehnte viele Lehraufträge, aber hauptsächlich in „westlichen" Ländern, bis ich dann 2006 eingeladen wurde, am National Institute of Design (NID) in Ahmedabad, Indien, zu unterrichten. Ich wurde mehrmals wieder eingeladen (ich schätze, sie waren mit meiner Lehrtätigkeit zufrieden) und führte ein Projekt über Wegweiser und Beschilderungssysteme durch. Ich habe auch an mehreren Designschulen in China gelehrt – in Wuhan, Guangzhou und Hangzhou, und ich bin weiterhin in Kontakt mit Menschen dort.

Was wussten Sie über diese Länder/Kulturen, bevor Sie die Zusammenarbeit begannen?

Nicht viel mehr als die typischen Klischees. Aber meine Vorurteile wurden bei der Arbeit mit den Studierenden schnell zerstreut.

Welche spezifischen Unterschiede sind Ihnen bei der Art und Weise, wie Studierende in anderen Ländern/Kulturen lernen, aufgefallen?

Unsere Hochschule in Weimar arbeitet mit einer eher offenen Unterrichtsmethode, die von den Studierenden Selbstständigkeit und Originalität erwartet. Meine Erfahrungen in Indien und China waren im allgemeinen eher von Auswendiglernen geprägt, aber mit Ausnahmen. Sehr bereichernd waren meine Erfahrungen in Ahmedabad und Bangalore in Indien. Die Studierenden sowie Mitarbeiter und Mitarbeiterinnen dort hatten verschiedenste Hintergründe und kamen aus ganz Indien. Sie waren sehr offen, flexibel und kreativ.

Mussten Sie Ihre Arbeits- oder Lehrmethoden anpassen, während Sie sie in einer fremden Kultur praktiziert haben, d. h. sie an verschiedene soziale und moralische Normen anpassen, einschließlich Klassen- oder Geschlechterfragen? Wenn ja, wie?

Tendenziell gibt es in Europa mit der Zeit immer mehr Frauen in den Designstudiengängen. Ich finde das eine erfreuliche Entwicklung und hoffe, dass es in Zukunft eine ausgewogenere Kultur innerhalb der Design Community geben wird. Das gilt für die ganze Welt und natürlich nicht nur im Design. Im Allgemeinen sind an den Universitäten mehr Studierende mit einem finanziell höher gestellten Hintergrund. Natürlich gibt es da Ausnahmen, aber die Lehrenden müssen bedenken, dass diese Demografie nicht die Gesellschaft als Ganzes repräsentiert.

Was war der Vorteil, in einem anderen Kulturkreis als Ihrem eigenen zu arbeiten bzw. zu lehren?

Ich wurde wachgerüttelt in Bezug auf meine eigenen Annahmen darüber, was Designstudierende im Allgemeinen wissen könnten. Ich unterrichtete einen Kurs „Einführung in die Typografie" für Masterstudierende im Fach Informationsdesign PG (Post Graduate) Campus des National Institute of Design in Gandhinagar, Provinz Gujarat, Indien. Ich ging davon aus, dass die Masterstudierenden einen ähnlichen Bildungshintergrund haben würden wie diejenigen aus westlichen Kulturen und hatte einen Vortrag zum Thema „Form follows Function" vorbereitet. Ich wollte den tatsächlichen Ursprung dieses Ausdrucks aufzeigen – ein Artikel aus dem späten 19. Jh. von dem amerikanischen Jugendstilarchitekten Louis Sullivan –, habe aber überrascht erfahren, dass die Studierenden diesen Ausdruck noch nie gehört hatten. Das nahm mir sozusagen den Wind aus den Segeln und ich musste die Vorlesung spontan ändern und erklären, was die meisten Leute damit assoziieren, wenn sie diesen Ausdruck hören. Es war, als würde man einen Witz ruinieren, indem man die Pointe erklären muss. Was ich mitnehmen konnte, war eine Erinnerung an das alte Sprichwort: „Never assume – it makes an ass out of you and me (ASS/U/ME)." Nimm niemals etwas an - es macht einen Arsch aus dir und mir.

Jay Rutherford
Studierte in Kingston, Ontario und Halifax, Nova Scotia, Kanada, lernte aber durch eine Ausbildung am Arbeitsplatz
1996-2016 Professor für Visuelle Kommunikation an der Bauhaus-Universität Weimar, Deutschland
Derzeit Zusammenarbeit mit Designkollegen und -kolleginnen sowie Kunstprojekte im öffentlichen Raum

„What is normal?"

Den wenigsten Teilnehmenden sind Land und Kultur des Gastgeberlandes bekannt. Sie werden erst einmal mit neuen und vor allem außergewöhnlichen Eindrücken konfrontiert. Das können ungewohnte Gerüche, das fremde Essen und der unterschiedliche Geräuschpegel sein. In meinem Workshop „What is normal?" stand zu Beginn eine ausgiebige Stadterkundung Yogyakartas, Indonesien, auf dem Plan, die auch dokumentiert wurde. Die Fotos, Skizzen und Tonaufnahmen wurden am Folgetag ausgewertet und mit den indonesischen Teilnehmenden diskutiert. Diese wunderten sich, dass sich die deutschen Studierenden z. B. über den Straßenlärm und den öffentlichen Verkehr aufregten, der für sie normal war. Die eigenen Wahrnehmungen zu thematisieren und gestalterisch aufzuarbeiten, ist ein Bestandteil jeder kreativen Arbeit und kann besonders gut in einer fremden Umgebung geübt werden.

Die indonesischen Studierenden begleiteten die deutschen und boten Interpretationsmöglichkeiten und Handlungshilfen an, wie z. B. nicht darauf zu warten, dass der Bus am Haltestopp hält, sondern ein eindeutiges Handzeichen zu geben. Das Verstehen von Zeichen basiert auf einer Vereinbarung und ist eine wichtige Grundlage für die Kommunikation. Spricht man die Landessprache nicht, behilft man sich mit „Händen und Füßen", z. B. wenn man beim Einkaufen eine Zahl angeben muss. Das Zählen mit den Fingern ist allerdings nicht in jedem Kulturkreis gleich. Das nahm ein studentisches Team zum Anlass für eine Animation.

In der konzeptionellen Phase der Gestaltungsarbeit war es wichtig, nicht nur die Perspektive der deutschen Studierenden auf die urbanen Zeichen und Symbole in Yogyakarta zu visualisieren, sondern gleichermaßen die Perspektive der indonesischen Studierenden einzubringen. Nur so ist eine interkulturelle Auseinandersetzung über Zeichen sinnvoll.

5.05 Workshop, Yogyakarta, Indonesien, 2014

5.06 Animation: „Culture Shock", Yogyakarta, Indonesien, 2016

5.07 Animation: „Using hands as a sign", Yogyakarta, Indonesien, 2016

Bitte beschreiben Sie Ihren Bildungshintergrund, einschließlich Ihres Studiums, Ihrer Arbeit/ Studien und Ihrer Reisen.

Ich habe von 2003 bis 2007 Interfacedesign an der Fachhochschule Potsdam, Deutschland studiert. In meinem dritten Jahr zog ich für ein paar Monate nach Graz, Österreich, um dort zu studieren. Seit meinem Abschluss im Jahr 2007 arbeite ich als User-Interface-Designer, App-Entwickler und Typografieexperte. Ich unterrichte regelmäßig an Designschulen in Österreich, Dänemark, Deutschland und der Schweiz. Ein paar Mal im Jahr spreche ich auf Designkonferenzen in ganz Europa.

Mit welchen Ländern oder Kulturen haben Sie eng zusammengearbeitet und/oder in welchen Ländern oder Kulturen haben Sie gelebt? Haben Sie prägende Erfahrungen in anderen Kulturen gemacht?

1998 habe ich als Teenager ein Semester in Wichita, Kansas, in den Vereinigten Staaten bei einer Gastfamilie gelebt und bin dort auf eine öffentliche High School gegangen. Davor habe ich auch schon Sprachreisen in die USA unternommen, als ich sogar noch jünger war. Dieser frühe Kontakt mit einer Umgebung, in der niemand meine Muttersprache spricht, war sicherlich eine Erfahrung, die mir geholfen hat, später im Leben über kulturelle Perspektiven nachzudenken. Seit 2010 unterrichte ich jedes Jahr zweiwöchige App-Design-Kurse am Copenhagen Institute of Interaction Design (CIID). Dadurch sammle ich weitere intensive interkulturelle Erfahrungen. Im Rahmen dieses internationalen Masterstudiengangs zu lehren bedeutet, jeden Tag mit einer Klasse von Studierenden unterschiedlichster Herkunft und kulturelle Hintergründen zu verbringen. In einer Klasse mit 25 Studierenden gibt es oft 15 oder sogar mehr verschiedene Nationalitäten.

Was wussten Sie über diese Länder/Kulturen, bevor Sie die Zusammenarbeit begannen?

Ich habe mich schon immer für Sprachen interessiert und habe – als Typograf – ein detailbesessenes Interesse an Texten und Schriftsystemen. Am liebsten erfahre ich mehr über andere Länder und Kulturen, indem ich mit möglichst vielen Menschen aus den jeweiligen Ländern spreche. Und natürlich ist es hilfreich, diese persönlichen Erfahrungen mit Wissen aus dem Internet abzugleichen, um das Bild dann zu vervollständigen. Die meisten mir bekannten, internationalen Studierenden, die nur für ein Jahr in Dänemark sind, machen sich nicht die Mühe, Dänisch zu lernen. Nach ein paar Jahren, in denen ich meine zweiwöchigen Kurse in Kopenhagen gegeben habe, habe ich an der Abendschule in Berlin angefangen, Dänisch zu lernen. Nicht, weil es nützlich ist (ist es nicht), sondern weil ich mich dafür interessiere, wie sich die Aussprache auf die Schriftsprache überträgt.

Welche spezifischen Unterschiede sind Ihnen bei der Art und Weise, wie Studierende in anderen Ländern/Kulturen lernen, aufgefallen?

Die internationalen Studierenden, die ich in Kopenhagen unterrichte, haben sehr unterschiedliche kulturelle und berufliche Hintergründe. Der einjährige Masterstudiengang der Schule bietet viele Kurse, die experimentell, spekulativ oder sogar künstlerisch sind. Der Ansatz des Studiengangs ist sehr stark auf den Menschen ausgerichtet. Das macht es leicht, kulturelle Unterschiede unter den Studierenden sowie Mitarbeitern und Mitarbeiterinnen anzusprechen und zu diskutieren. Ich habe über die letzten Jahre bemerkt, dass die Studierenden vor allem eine Gemeinsamkeit darin haben, wie sie die Dinge lernen, die sie am meisten interessieren: durch YouTube-Tutorials! In diesem Sinne hat die Globalisierung des Lernens bereits stattgefunden.

Mussten Sie Ihre Arbeits- oder Lehrmethoden anpassen, während Sie sie in einer fremden Kultur praktiziert haben, d. h. sie an verschiedene soziale und moralische Normen anpassen, einschließlich Klassen- oder Geschlechterfragen?
Wenn ja, wie?

Ein Unterschied, der mir auffiel, war der unterschiedliche Grad an Förmlichkeit und Respekt, den die Studierenden der Rolle des Lehrers oder der Lehrerin entgegenbringen. Nach meiner Erfahrung neigen europäische und amerikanische Universitätsstudierende dazu, ihren Lehrkräften auf Augenhöhe zu begegnen, während insbesondere in asiatischen Kulturen mehr Respekt gezeigt oder sogar vermieden wird, der Perspektive des Lehrers offen zu widersprechen.

Was war der Vorteil, in einem anderen Kulturkreis als Ihrem eigenen zu arbeiten bzw. zu lehren?

Der Austausch mit einer höchst unterschiedlichen Gruppe von Studierenden aus verschiedenen Teilen der Welt lässt mich über mein eigenes Verhalten, meine kulturellen Gewohnheiten und Erwartungen nachdenken.

Mein Lieblingsbeispiel ist, wie stark das Design-Feedback, das man gibt, vom eigenen kulturellen Hintergrund abhängt. Zusammen mit meinem langjährigen Geschäftspartner und Lehrerkollegen Timm Kekeritz habe ich sogar ein Diagramm erstellt, um dies (halb im Scherz) zu veranschaulichen: Wenn jemand aus Deutschland etwas „interessant" nennt, meint die Person wahrscheinlich, dass es toll ist, während jemand aus Kalifornien vielleicht „interessant" sagt, um mitzuteilen, dass es absolut schrecklich gefunden wird. Es ist sehr hilfreich, die Studierenden zu Beginn des Kurses darauf aufmerksam zu machen. Jedes Mal, wenn jemand in den folgenden Tagen „interessant" sagt, wird in der Regel jemand anderes fragen: „Welche Art von ‚interessant' meinst du?"

Frank Rausch
Studium des Interfacedesigns an der
Fachhochschule Potsdam - University
of Applied Science, Deutschland
Lehrtätigkeit in Schweden,
Österreich und der Schweiz
Seit 2009 geschäftsführender Partner
bei Raureif in Berlin

5.08 Internationaler Vergleich von Feedbacks im Designbereich

Bilinguale und Trilinguale Sprichwörter

Wir alle haben einen Schatz an nationalen und auch regionalen Sprichwörtern. Sie sind eine hervorragende Quelle, um kulturelle und geografische Eigenheiten kennenzulernen wie z. B. die Nutz- und Haustiere. Im javanischen Sprichwort „Cedhak kebo, gupak", was wörtlich übersetzt bedeutet: „Wenn du dicht an einem Wasserbüffel bist, wirst du dem Schlamm ausgesetzt sein", wird das anschaulich. Wasserbüffel sind typische Nutztiere in Asien. In Europa, Nord- und Lateinamerika sowie Afrika sind sie hingegen seltener.

Am Workshop 2017 nahmen indonesische, griechische und deutsche Studierende teil. Das Ziel war es, typografische Animationen zu gestalten, die Sprichwörter thematisieren und dabei für den Inhalt wichtige Worte wie „Wasserbüffel" hervorzuheben. Ähnliche Aussagen sollten mit jeweils unterschiedlichen Inhalten, wie in diesem Fall im englischen Sprichwort: „If you lie down with a dog, you will get up with fleas", korrespondieren. Zudem wurden drei unterschiedlichen Schriftsysteme eingesetzt: historisch javanische, griechische und lateinische Schrift.

Auch Schöheitsideale wurden thematisiert, so im Workshop 2010 mit dem bekannten arabischen Sprichwort: جه يكحلها عماها das meint: „Er wollte sie mit Eyeliner (Kuhl) verschönern, aber machte sie stattdessen blind", was bedeutet, dass er es gut meinte, aber Schaden anrichtete. Der Eyeliner kommt ursprünglich aus dem Nahen Osten, Nordafrika und Südasien und wird heute überall auf der Welt benutzt.

Sprichworte sind wie Eisberge: Der sichtbare Teil ist das, was wir zu verstehen glauben, aber der Großteil der historischen und kulturellen Bedeutung ist uns verborgen. Genau das macht sie so wertvoll für die Auseinandersetzung mit einer anderen und gleichermaßen auch mit der eigenen Kultur.[12] Sie sind „kulturelle Metaphern" und wirken wie „sprachliche Bild-Konstruktionen kognitiv eingängig und sozial wirkungsvoll".[13]

5.09 Workshop, Ulm, 2017

5.10 Animation des Sprichworts „If you lie with a dog, you will get up with flies" in lateinischer und historischer javanischer Schrift, 2017

5.11 Arabisches Sprichwort: „Mention the cat and it jumps in", Kairo, Ägypten, 2009

 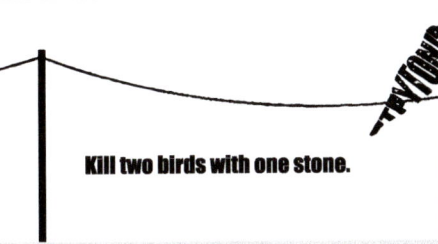

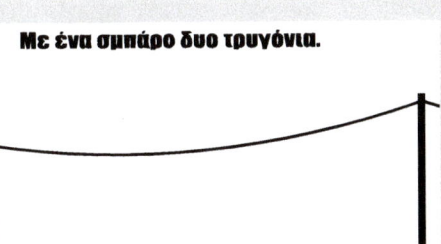 

5.12 Animation des Sprichworts „Kill two birds with one stone" in in griechischer, lateinischer und historischer javanischer Schrift, 2017

Bitte beschreiben Sie Ihren Bildungshintergrund, einschließlich Ihres Studiums, Ihrer Arbeit/ Studien und Ihrer Reisen.

Ich bin in Namibia geboren und aufgewachsen und nach Berlin gezogen, um Grafikdesign zu studieren. Meine Designklasse war die letzte, die noch ohne Computer unterrichtet wurde. Rückblickend erkenne ich, dass uns das eine gute Grundlage für Designverständnis gegeben hat. Damals, ohne Internet, war es schwieriger mit Designern und Designerinnen sowie bildenden Künstlern und Künstlerinnen in Kontakt zu kommen, um sich auszutauschen und Inspirationen zu sammeln. Es war mein Typografielehrer, der meine Leidenschaft und meinen Respekt für die Typografie entfachte. In den späten 1990er Jahren entwarf ich die Schriftart Dropink für Linotype. Während meiner gesamten Karriere besuchte ich Workshops, Konferenzen und Schulungen, um mich über neue Trends und Ideen auf dem Laufenden zu halten. In meiner jetzigen Position als Art Director leite ich das Corporate Design der Charité, Berlin, einer Einrichtung des öffentlichen Dienstes. Ich betreue regelmäßig Auszubildende/Praktikanten und Praktikantinnen und habe meine Leidenschaft für das Unterrichten entdeckt. Zusammengearbeitet habe ich auch mit Bayimba, einer kulturellen Institution in Uganda, deren Akademie verschiedene Workshops veranstaltet und die mich regelmäßig für Lehrtätigkeiten einlädt.

Mit welchen Ländern oder Kulturen haben Sie eng zusammengearbeitet und/oder in welchen Ländern oder Kulturen haben Sie gelebt? Haben Sie prägende Erfahrungen in anderen Kulturen gemacht?

Die deutsch-namibische Kultur hat mich geprägt. Als ich in Namibia gelebt habe, stand das Land unter südafrikanischer Verwaltung und durch das Apartheidsystem war die Gesellschaft entlang von „Rassenvorstellungen" getrennt. Ich wollte raus aus dieser Gesellschaft und zog nach Berlin. Während meines Studiums engagierte ich mich als Grafikerin in der Anti-Apartheid-Bewegung. Die meiste Zeit meines Berufslebens arbeitete ich für die Charité und freiberuflich für Projekte in Namibia, Südafrika, Angola, Indien, Tansania, Kenia und Uganda. Nach den ersten demokratischen Wahlen in Südafrika lebte ich zwei Jahre lang dort in Durban und habe dort freiberuflich für eine Agentur gearbeitet, die sich auf bildungs- und sozialpolitische Projekte spezialisiert hat.

Was wussten Sie über diese Länder/Kulturen, bevor Sie die Zusammenarbeit begannen?

Da ich ja in Afrika gelebt hatte, fühlte ich mich in Uganda sofort zu Hause. Ich liebe es, dort zu sein und bin sehr an den Ideen, Hoffnungen und Träumen meiner Schüler und Schülerinnen interessiert. Es ist ein Austausch; ich bringe ihnen Fähigkeiten bei und lerne im Gegenzug etwas über ihre unverwechselbare urbane Kultur, die soziale Situation in Uganda und die beruflichen Möglichkeiten und die Kreativität meiner Studierenden. Ich bin sehr inspiriert davon, mein Wissen mit jungen Designern und Designerinnen in Uganda – und in Zukunft hoffentlich in weiteren Ländern – zu teilen.

Welche spezifischen Unterschiede sind Ihnen bei der Art und Weise, wie Studierende in anderen Ländern/Kulturen lernen, aufgefallen?

Der größte Unterschied ist, dass die Studierenden in Uganda eine andere Wertschätzung für die Ausbildung und Wissen generell haben. Der Zugang zum Internet ist teuer, nur wenige Studierende haben die Möglichkeit, Onlinetutorials zu nutzen. Die Studenten und Studentinnen sind immer super gespannt auf Feedback zu ihrer Arbeit und wir haben sehr interessante Debatten über westliche visuelle Kommunikation, die oft nicht anwendbar ist, im Vergleich zu der in Uganda.

Mussten Sie Ihre Arbeits- oder Lehrmethoden anpassen, während Sie sie in einer fremden Kultur praktiziert haben, d. h. sie an verschiedene soziale und moralische Normen anpassen, einschließlich Klassen- oder Geschlechterfragen? Wenn ja, wie?

In den ersten Workshops gab es nur männliche Studenten, aber in letzter Zeit ist das Geschlechterverhältnis ausgeglichener – dank der Initiative von Bayimba. Meine Lehrmethodik beinhaltet die Präsentation von Designfähigkeiten und die Verstärkung der Fähigkeiten durch Übungen. Diese Übungen sind so strukturiert, dass die Studierenden ermutigt werden, ihre eigenen Ideen zu entwickeln und Konzepte zu präsentieren und abzubilden, die in ihrem Berufsleben nützlich sein werden. Gruppenarbeit ist ein effektives Lehrmittel und ich habe festgestellt, dass sich die Teilnehmenden mit mehr Erfahrung ganz von selbst mit weniger erfahrenen Studierenden zusammentun, weil gemeinschaftliches Lernen in der ugandischen Gesellschaft sehr geschätzt wird.

Was sind die Belohnungen und Vorteile, die Sie aus dem Unterricht in Ländern/Kulturen, die sich von Ihrer eigenen Kultur unterscheiden, gewonnen haben? Bitte teilen Sie eine Anekdote, die diese Erfahrung am besten illustriert.

Ich habe verstanden, dass die Realitäten, mit denen Kreative in Uganda konfrontiert sind, um ein Projekt abzuschließen, sich stark von denen in Europa unterscheiden. Das hat meinen Respekt für ihre Leistungen erhöht. Ich schätze auch den Kontakt während des Unterrichts sehr, der immer in einer freundlichen und humorvollen Atmosphäre stattfindet. Diskussionen über Stil, Design, Kommunikation und Ästhetik verstärken mein Bewusstsein dafür, wie kreativ und vielfältig Kulturen auf der ganzen Welt sind.

Christine Voigts
Studium des Grafikdesigns beim
Lette Verein in Berlin, Deutschland
Seit 2003 Art Director an der Charité -
Universitätsmedizin Berlin, Deutschland
(Medizinische Universität Berlin)
Gastdozentin an der Bayimba Academy
in Kampala, Uganda

Kollektive Identität – Street Art

Dieser interkulturelle Workshop brachte Studierende aus Deutschland und Griechenland an der University of West Attica in Athen zusammen. Thema war zum einen die herausragende Street Art im Stadtteil Exarchia und zum anderen das komplexe Thema der kollektiven Identität. Internationale studentische Teams bildeten für den Zeitraum des Workshops eine Gruppe mit eigenständiger Charakteristik und bestenfalls einem Wir-Gefühl. Temporäre Gruppenidentitäten in wechselnden Workspaces zu bilden, ist zu einem wichtigen Bestandteil des globalen Arbeitsmarktes geworden. Wir sind nicht mehr auf einen herkömmlichen Arbeitskontext festgelegt, sondern können und müssen uns gerade im Bereich Design ständig sozial weiterentwickeln.

Zu Beginn wurde erfragt, was die Studierenden in ihren Interessen und Einstellungen verbindet. In dieser Initialphase füllten sie Fragebögen zu ihren Einstellungen und Designvorlieben aus – wie von minimalistisch über verspielt bis ultra-trendy – und teilten diese mit ihren Teammitgliedern. Fragen wie „Wer sind wir als Gruppe?" und „Wie drücken wir unsere Gruppenidentität gestalterisch und stilistisch aus?" standen zu Beginn des Brainstormings.

Auf dieser Basis fand die Entscheidung für eine der folgenden Rollen statt:
↗ Interkulturelle Start-up Designagentur
↗ Stadtteilinitiative/Umweltschutzgruppe
↗ Fantasiegruppe aus Gaming oder Fiktion
↗ eine andere Gruppenidentität freier Wahl

Zu Beginn der Recherchephase gab es eine Fotosession in Exarchia, Athens trendigem Subkultur-Viertel. Es folgten Vorlesungen zur internationalen Street Art und Mural Kunstszene und der Abgrenzung zu Graffiti wie z. B. illegales Tagging. Um einen Ausgangspunkt für die eigene Stilfindung zu haben, wurden die mannigfaltigen Stile analysiert. Das Ergebnis dieses Workshops war bewusst offen gehalten, um die Kreativität der Studierenden nicht einzuschränken.

5.13 Workshop, Athen, Griechenland, 2018

5.14 Animation: Präsentation der Start-up Agentur in Exarchia, Athen, Griechenland, 2018

5.15 Animation: „Philia", Athen, Griechenland, 2018

5.16 Animation: „Soul", Athen, Griechenland, 2018

Bitte beschreiben Sie Ihren Bildungshintergrund, einschließlich Ihres Studiums, Ihrer Arbeit/ Studien und Ihrer Reisen.

Ich schloss mein Studium an der Cornell University, New York, mit einem Bachelor of Arts in amerikanischer Literatur ab. Mein erster Job war die Arbeit als eine Ein-Mann-Kunstabteilung in einer kleinen Druckerei in Boston, wo ich mir solide Grundkenntnisse in allen Aspekten der Druckproduktion aneignete. Ich war Chef einer Boutique-Design-Firma in New York und Partner in einer Agentur für Werbung und Öffentlichkeitsarbeit in Santa Fe, New Mexico. Ich war Mitbegründer und Kreativdirektor einer nationalen Zeitschrift mit Schwerpunkt auf zeitgenössischer indigener Kunst. Jetzt bin ich im Ruhestand und unterrichte weiterhin Marketing, digitale Animation und englische Sprache in den USA und international. Derzeit habe ich eine Gastprofessur an einer zweisprachigen Berufsschule in Mexiko inne. Ich habe viele Länder auf mehreren Kontinenten besucht und ich reise weiterhin viel.

Mit welchen Ländern oder Kulturen haben Sie eng zusammengearbeitet und/oder in welchen Ländern oder Kulturen haben Sie gelebt? Haben Sie prägende Erfahrungen in anderen Kulturen gemacht?

Mein intensivster Kontakt mit einer anderen Kultur als meiner eigenen war die Arbeit mit indigenen Bevölkerungsgruppen in New Mexico, wo ich Tourismus- und Kunstmarketingprogramme entwickelte und eine nationale Zeitschrift herausgab. In den letzten Jahren habe ich wiederholt in Mexiko gearbeitet, wo ich Teil eines Bildungsteams bin, das eine zweisprachige Pilot-Berufsschule entwickelt.

Was wussten Sie über diese Länder/Kulturen, bevor Sie die Zusammenarbeit begannen?

Bevor ich mit indigenen Bevölkerungsgruppen arbeitete, wusste ich sehr wenig über ihre Kultur. Mit der Zeit lernte ich die bedeutenden kulturellen Unterschiede zwischen Indigenen und Nicht-Indigenen in Amerika zu verstehen, sowohl historisch als auch in der Gegenwart. Ich spreche kein Spanisch, weshalb ich meine Arbeit in Mexiko auf Englisch durchführe. In einem Land zu arbeiten, in dem ich die Sprache nicht spreche, stellt eine Herausforderung für das Verständnis kultureller Unterschiede dar, da ich im Wesentlichen ein Außenseiter bin, dessen Wert darin besteht, die englische Sprache und amerikanischen Werte einzubringen, um zur Schaffung einer internationalen Kultur beizutragen, die als notwendig für den zukünftigen Erfolg mexikanischer Studierender angesehen wird.

Welche spezifischen Unterschiede sind Ihnen bei der Art und Weise, wie Studierende in anderen Ländern/Kulturen lernen, aufgefallen?

Bei indigenen Bevölkerungsgruppen wird Stammes- oder Gruppenidentität geschätzt, während nicht-indigene Amerikaner Individualität und Wettbewerb bevorzugen. Bei der Arbeit mit indigenen Bevölkerungsgruppen bestand die Herausforderung darin, ein Gleichgewicht zwischen Zusammenarbeit und persönlicher Leistung herzustellen. Mexiko behält starke koloniale Hierarchien bei, ebenso wie Hierarchien zwischen Klassen oder Bevölkerungsgruppen, so dass ihnen die Gleichheit innerhalb der globalen Gemeinschaft erst vermittelt werden muss.

Mussten Sie Ihre Arbeits- oder Lehrmethoden anpassen, während Sie sie in einer fremden Kultur praktiziert haben, d. h. sie an verschiedene soziale und moralische Normen anpassen, einschließlich Klassen- oder Geschlechterfragen? Wenn ja, wie?

Die größte Herausforderung bei der Arbeit mit dem indigenen Pueblo-Volk und den Navajos bestand darin, ihr historisches Misstrauen gegenüber weißen Amerikanern, das auf jahrhundertelanger Unterdrückung beruhte, anzuerkennen und meine inhärente Mitschuld zu akzeptieren: Eine Entschuldigung war notwendig, um in allen beruflichen Situationen voranzukommen. Lernen zuzulassen, ihre Geschichten auf ihre eigene Art zu erzählen, war essenziell, um eine Brücke zwischen den Kulturen zu schlagen. In Mexiko bin ich mir immer bewusst, dass alle pädagogischen und beruflichen Interaktionen in einer Sprache stattfinden, die nicht ihre eigene ist. Da ich ihre Fähigkeit schätze, sich auf Englisch auszudrücken, kommuniziere ich ohne Herablassung in einer einfacheren Form von Englisch und stärke gleichzeitig ihr Selbstvertrauen. Da meine Rolle darin besteht, amerikanische Werte und einen amerikanischen Stil nach Mexiko zu bringen, bin ich darauf bedacht, imperialistische Haltungen zu vermeiden.

Lewis Nightingale
Ehemaliger Kreativdirektor in New York und Santa Fe, New Mexico
Mitgründer und Kreativdirektor des Indian Artist Magazines, mit Schwerpunkt auf zeitgenössischer indigener Kunst in den USA
Seit 2018 Professor für Design an der Universidad Tecnológica Metropolitana de San Luis Potosí, Mexiko

Was war der Vorteil, in einem anderen Kulturkreis als Ihrem eigenen zu arbeiten bzw. zu lehren?

Eine Anekdote, die am besten den Nutzen veranschaulicht, den ich aus der Arbeit mit dem indigenen Pueblo-Volk und den Navajos zog, war das Erlernen ihrer Art des Händeschüttelns. Amerikaner schätzen einen festen Händedruck, der in der indigenen Kultur aggressiv erscheinen würde. Das Händeschütteln hier ist ein Kontakt ohne Druck, was von Amerikanern als Schwäche gedeutet werden könnte. Indem ich also lernte, ihnen die Hand zu geben, ohne Druck auszuüben, deutete ich ein Verständnis ihrer Kultur an, das gegenseitiges Vertrauen und konstruktive Arbeitsbeziehungen ermöglichte. Dadurch, dass ich ihnen meine Kultur nicht aufdrängte, war ich in der Lage, in gewisser Weise langjährige Konflikte zu überwinden und eine kooperative Haltung zu verkörpern, die sowohl mir als auch meinen Kollegen zugute kam. Infolgedessen waren meine Marketingprojekte und meine Zeitschrift erfolgreich, weil sie von den Indigenen als echter Ausdruck ihrer kulturellen Werte akzeptiert wurden, präsentiert in ihnen vertrauten Stilen, denn wir leben alle in Amerika, wenn auch in verschiedenen Welten.

Praxis-Projekte

Logos, Piktogramme und Icons sind heute aufgrund der Globalisierung von großer Bedeutung. Wenn sie im Branding verwendet werden, sind Logos und andere Stilattribute der Marke entweder lokal verankert oder weltweit wirksam. Regionale Unternehmen, die ihre Produkte und Dienstleistungen auf einem globalen Markt bewerben und verkaufen wollen, benötigen ein Redesign, bestenfalls ohne ihre ursprüngliche Identität einzubüßen.

Diese Idee war die Grundlage für den Workshop „Signs go Global". Im Workshop wurde ein Projektpartner aus der Praxis integriert. Eine lokale Brauerei mit Sitz in Bayern erklärte sich bereit, diese Rolle zu übernehmen. Der US-amerikanischen studentischen Gruppe der San Francisco State University gab das die Möglichkeit, einen Teil deutscher Kultur kennenzulernen. Ein Team hatte die Aufgabe, eine limitierte Sonderausgabe eines eines Bier-Brandings für den internationalen Markt zu entwickeln. Ein anderes Team recherchierte zur internationalen Geschichte des Biers und präsentierte aussagekräftig mit Hilfe von Infografiken. Das dritte Team konzentrierte sich auf einen Vergleich von Bierwerbungen aus aller Welt und erstellte aus den Ergebnissen seiner Recherche eine Filmcollage. In der abschließenden Präsentation erlebten die Studierenden ein positives und direktes Feedback vom Auftraggeber. Das stärkte ihr Selbstvertrauen.

Im Folgejahr fand ein praxisnaher Workshop in Zusammenarbeit mit „The Romberg Tiburon Center", dem maritimen Forschungs- und Lehrcampus der San Francisco State University in der Bay Area statt. Aufgabe dieses Workshops war es, die PR Maßnahmen des Zentrums für die Zielgruppe Familien und Kinder zu unterstützen. Das Medium sollte eine Animation sein, die entweder in einem 30-sekündigen Public Service Announcement (PSA) oder als eine Animationsserie auf Twitter gezeigt werden konnte.

5.17 Studio Hinrichs, San Francisco, 2013

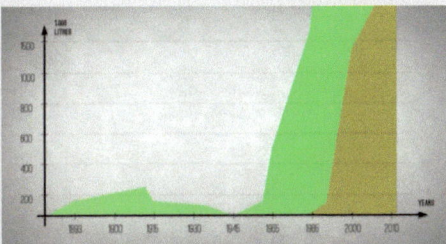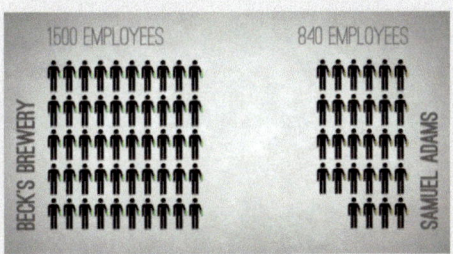
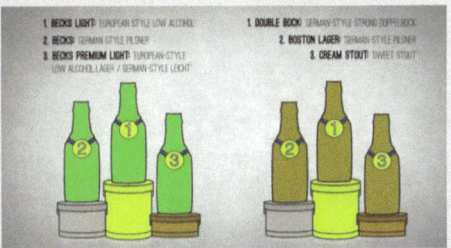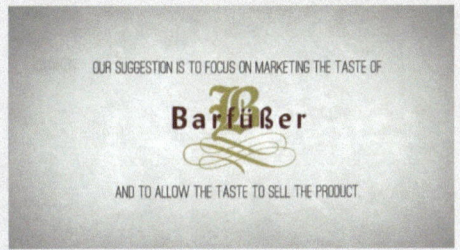

5.18 Thema: Eine lokale, deutsche Brauerei agiert global, Animation: Recherche zum internationalen Produkt Bier, 2012

5.19 Thema: Eine lokale, deutsche Brauerei agiert global, Animation: Kampagne für das Branding, 2012

5.20 Untitled, 2019 / Warped Universe, 2019

Bitte beschreiben Sie Ihren Bildungshintergrund, einschließlich Ihres Studiums, Ihrer Arbeit/Studien und Ihrer Reisen.

Ich wurde in China geboren und wuchs in einer Stadt mit 6,4 Millionen Einwohnern auf. In der Schule war der Konkurrenzdruck groß und der Unterricht dauerte von 7:30 Uhr bis 22 Uhr. Meine Mutter unterrichtete Kunst, was mir auch gefiel, aber es wurde als eine riskante Karriereoption angesehen. Mein Vater war ein Selfmade-Unternehmer, der in meine Ausbildung investiert hat, anstatt Luxusprodukte zu kaufen. Er finanzierte mein Studium am Royal Melbourne Institute of Technology, als ich 16 Jahre alt war. Ich kannte niemanden in Melbourne, aber ich war sehr jung und Risiken waren mir egal. Mit einem Bachelor in Kommunikationsdesign begann meine Designkarriere. Später, während eines Praktikums in einer Agentur in Melbourne, arbeitete ich hauptsächlich für Kunden im Unternehmensbereich.

Ich habe begonnen, mich für die Kultur von türkischen Freunden in Melbourne zu interessieren und das führte mich nach Istanbul. Ich hatte zu der Zeit weder einen Job noch Pläne, ging aber trotzdem das Risiko ein. Glücklicherweise fand ich eine Agentur, die sich mit Webdesign und Branding beschäftigte und eignete mir Grundkenntnisse in Türkisch an. Nach zwei Jahren machte ich mich selbstständig, dann kam jedoch 2016 der Militärputsch, der die Wirtschaft stark beeinträchtigte. Viele Leute, die ich kannte, deprimierte das sehr. Da ich sowieso hauptsächlich aus der Ferne arbeitete, entschied ich mich, die Stadt zu verlassen und als digitale Nomadin nach Thailand zu gehen.

Ich habe das Gefühl der Freiheit dort geliebt, aber ein Jobangebot brachte mich 2017 in das Berliner Büro einer internationalen Agentur. Nach Deutschland? Warum nicht! Ich bin nach Berlin geflogen, ohne jemanden zu kennen und ohne irgendwelche Erwartungen. Es lief gut, also gründete ich im zweiten Jahr mein eigenes Designstudio. Ich wechselte zwischen Agenturen, als Inhouse-Designerin und Selbstständige, da ich sowohl die Freiheit als auch die Zusammenarbeit in größeren Teams genieße. Außerdem halte ich gerne Vorträge und teile meine Designideen.

Lu Yu
Studierte am Royal Melbourne Institute of Technology, Australien
Spezialisiert auf Webdesign, Branding und Art Direction
Erfahrung in Agenturen als Inhouse-Designerin und Freelancerin

Mit welchen Ländern oder Kulturen haben Sie eng zusammengearbeitet und/oder in welchen Ländern oder Kulturen haben Sie gelebt? Haben Sie prägende Erfahrungen in anderen Kulturen gemacht?

All diese Kulturen haben mich beeinflusst. Ich würde sagen:
- In Melbourne war die Mode, die Architektur und der Lebensstil erstmal ziemlich fremd. Die Freundlichkeit dort, auch gegenüber Fremden, hat mich überrascht. Ich wurde einmal zu einer Party einer Nachbarin eingeladen, obwohl ich sie nicht kannte, war dann aber zu schüchtern, um hinzugehen.
- Die türkischen Menschen in Istanbul waren super einladend, und es war so einfach, als Fremde dort neue Leute kennenzulernen. Aber sie umarmten und küssten sich viel, was ganz anders war als in China.
- In Berlin war es am Anfang nicht ganz so einfach, Freunde zu finden. Die Freundschaftskultur dort ist wieder anders. Letztendlich hat es zwar länger gedauert, aber es hat sich sehr gelohnt und ich habe immer noch Kontakt zu Leuten, die ich ganz am Anfang getroffen habe.

5.21 „Design makes everything possible", 2016

Was wussten Sie über diese Länder/Kulturen, bevor Sie die Zusammenarbeit begannen?

Nicht besonders viel. Als junge Person habe ich mich einfach treiben lassen, verschiedene Dinge ausprobiert und hatte keine Angst, Fehler zu machen.

Welche spezifischen Unterschiede sind Ihnen bei der Art und Weise, wie Studierende in anderen Ländern/Kulturen lernen, aufgefallen?

Meine Ausbildung in China war ziemlich streng, mit einem starken naturwissenschaftlichen Fokus und viel zum Auswendiglernen. In Melbourne konzentrierte sich mein Studium auf Kreativität und die Aufgaben waren offener für Interpretationen. Das war anfangs eine Herausforderung, weil ich nicht sicher war, ob ich die Sachen „richtig" mache. Ich habe dadurch lernen müssen, dass es viele Möglichkeiten gibt, ein Problem zu lösen.

Mussten Sie Ihre Arbeits- oder Lehrmethoden anpassen, während Sie sie in einer fremden Kultur praktiziert haben, d. h. sie an verschiedene soziale und moralische Normen anpassen, einschließlich Klassen- oder Geschlechterfragen? Wenn ja, wie?

Als ich zum ersten Mal mit Kunden arbeitete, war ich ziemlich schüchtern, weil mir beigebracht worden war, immer respektvoll zu sein und meine Vorgesetzten nicht zu hinterfragen. In Europa lernte ich, meine Meinung zu sagen und erntete dafür mehr Respekt.

In der Türkei, wo viele denken, dass Hausfrau zu sein ein Privileg ist, spürte ich den Geschlechterunterschied. Meine beruflichen Ambitionen schockierten einige Leute. In Europa habe ich mehr berufliche Möglichkeiten, denn Startups wollen divers zusammengesetzte Teams und beurteilen Menschen nur nach der Arbeit, die sie leisten.

Was war der Vorteil, in einem anderen Kulturkreis als Ihrem eigenen zu arbeiten bzw. zu lehren?

Im Ausland gibt es mehr Möglichkeiten, um andere Kulturen, anderes Essen und andere Menschen kennenzulernen. Es hat mir die Augen geöffnet und mich zu einer aufgeschlossenen professionellen Designerin gemacht, die unbekannten Dingen gegenüber weniger voreingenommen ist. Aber es war nicht alles gut. Die Rolle der Frau kann so unterschiedlich sein und ist für mich in einer Kultur von großer Bedeutung, sowohl privat als auch beruflich.

Während sich Designtrends ständig ändern und die Kluft zwischen China und Europa immer kleiner wird, sind die feinen Unterschiede in der Ästhetik immer noch interessant. Zum Beispiel mögen die meisten Menschen in China viel Farbe und Inhalt, weil sie das Gefühl haben, dass sie dadurch einen hohen Unterhaltungswert haben. In Europa bevorzugen die meisten Menschen minimalistisches Design. Man vergleiche die cyberpunkartigen Straßenschilder in Hongkong und Berlins breite Straßen mit wenig Werbung!

Chinesische Schriftzeichen sehen zudem komplexer aus als lateinische Buchstaben, und die Schriftbegrenzungen in der digitalen Welt bedeuten oft, dass den Designs die visuelle Hierarchie fehlt. Das lässt manche Designs optisch überladen wirken.

5.22 Kartenserie:
Positive word, 2015

Kulturelle Unterschiede in Social Media
Gesellschaftliche Vorgaben, Stereotypen und Trends hat es schon immer gegeben, aber die Erfindung der Massenmedien hat unsere Wahrnehmung der Realität dramatisch verändert. Die neuen Medien sind Instrumente der sozialen und politischen Einflussnahme durch spezielle Interessensgruppen, Einzelpersonen und Länder. Unterstützt durch die Medientechnologie können Menschen in einem größeren Ausmaß beeinflusst werden. Bilder und Videos gewinnen zunehmend die Oberhand über das geschriebene Wort. Und das Wichtigste: Medien können durch Simulation eine neue Realität konstruieren, ohne etwas Reales abzubilden. Stellen Sie sich einen wunderschönen Sonnenuntergang mit ihrer/ihrem Liebsten vor. Was würden Sie tun, um ihn noch realer zu machen? Sie würden z. B. die Farben optimieren und diesen einzigartigen Moment auf Instagram posten. Allerdings wäre dieses veränderte Bild nicht mehr authentisch und echt.

Um zu analysieren, wie sich kulturelle Unterschiede und Gemeinsamkeiten auf die Wahrnehmung von YouTube-Werbespots auswirken, verwendete dieser Workshop am Indonesia Institute of The Arts Yogyakarta zwei verschiedene Ansätze:
- ↗ den bei Gestaltenden üblichen Weg, der inhaltsbasiert ist und Eindrücke, Gefühle und Erfahrungen nutzt und auf statistische Befragungen zurückgreift,
- ↗ Erfassung von Eye-Tracking Daten, während des Betrachtens der YouTube-Videos mit dem Ziel, das Verhalten und die Aufmerksamkeitsspanne der Zuschauenden zu analysieren

Die Auswahl der YouTube-Videos konzentrierte sich auf folgende Trendkategorien: VLogs, Influencer, Animationen, Kochen und Backen sowie Werbung für die jüngere Generation, sowohl in Indonesien als auch in Deutschland. Zentrales Ziel war es, den indonesischen und deutschen Studierenden ein besonderes Setting zu ermöglichen, das das interkulturelle Verständnis fördert und somit den Dialog eröffnet. Erreicht wurde dies durch die Erprobung unterschiedlicher Herangehensweisen und Methoden beim Vergleich von YouTube-Videos als Grundlage für kreative Analysen. Der Fokus lag nicht auf dem gestalterischen Ergebnis, sondern auf dem Prozess und der Dokumentation der gewonnen Erkenntnisse.

5.23 Workshop: „Social Media–Cultural Differences", Yogyakarta, Indonesien, 2020

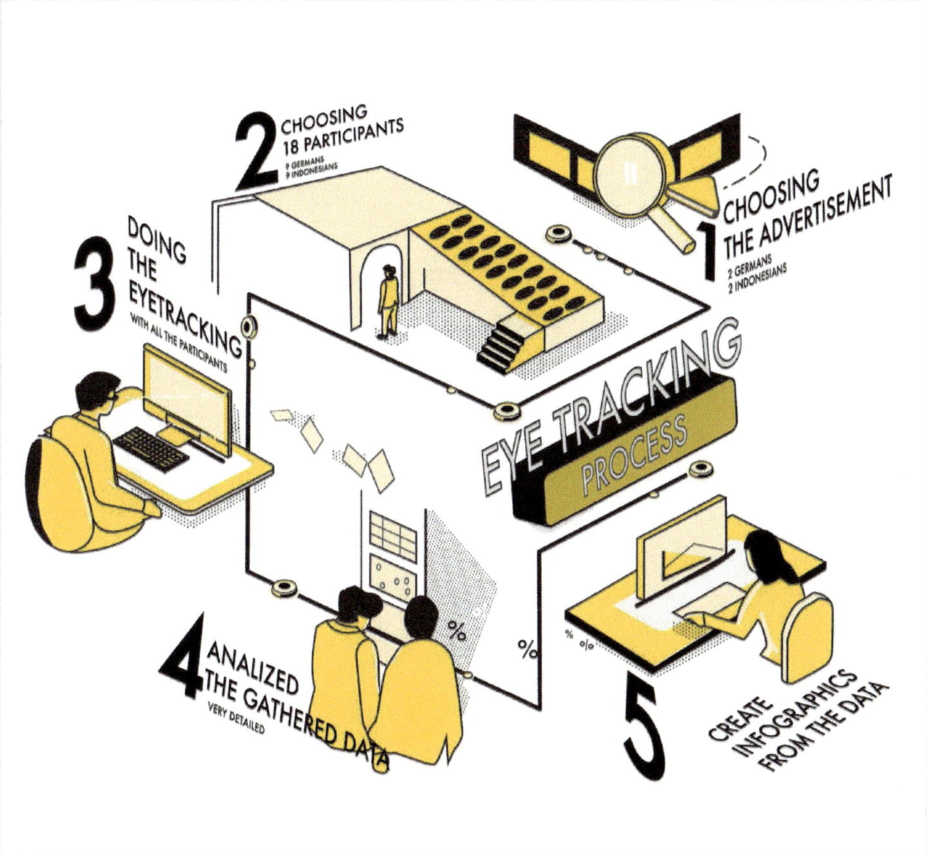

5.24 Recherche zu indonesischen und deutschen YouTube Videos „Eyes on Tracking", 2020

5.25 Grafik zur Visualisierung eines deutsch-indonesischen Videovergleichs, basierend auf einer Eye-Tracking Analyse, 2020

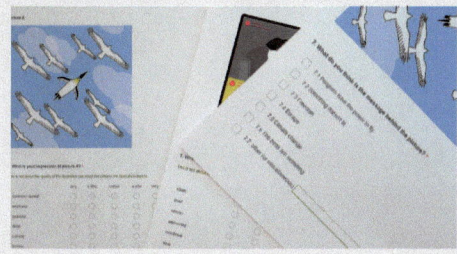

5.26 Evaluierung zur Analyse von YouTube Videos, 2020

5.27 Typografisches Plakat auf Arabisch im Lichtdruckverfahren in der Lichtdruckwerkstatt Leipzig erstellt, 2012 (Ausschnitt)

Beschreiben Sie bitte Ihre Ausbildung, Ihren beruflichen Werdegang und Ihre internationalen Erfahrungen.

Ich startete meine Ausbildung in meiner Geburtsstadt Mosul im Irak mit meinem Abitur, das – auf Wunsch meines Vaters – einen technisch orientierten Schwerpunkt hatte, insbesondere den des Feinmechanikers und Drehers. Dieses Wissen hilft mir bis heute, da es sich dabei um Millimeterarbeit handelt, die sich auf viele Bereiche meines Arbeitens anwenden lässt. Sachverhalte und deren Verhältnismäßigkeiten werden mess- und fassbar. Das macht vieles sehr anschaulich und man kann dabei die Funktionalität eines Mikrobereichs respektvoll behandeln. Ich machte mich anschließend auf den Weg nach Deutschland, um dort meine Wunschstudiengänge zu absolvieren: zunächst Kulturpädagogik, dann Visuelle Kommunikation.

In welchen Ländern oder Kulturkreisen haben Sie gelebt und/oder gearbeitet? Haben Sie Erfahrungen in anderen kulturellen Zusammenhängen gemacht, die prägend waren?

Ich hatte mich sehr bewusst für das Studieren in Deutschland entschieden, um hier neue Erfahrungen zu sammeln jenseits meines kulturellen Hintergrundes. Das empfand ich als eine sehr große Bereicherung, die bis heute anhält. Nach Deutschland kam ich über einen Zwischenstopp in Rumänien, wo ich ein Semester lang studierte. Durch meine Tätigkeit als Gründungsdekan der Designfakultät an der Deutschen Universität in Kairo hielt ich mich dort über einen längeren Zeitraum auf und bin auch heute noch mehrmals im Jahr vor Ort tätig. Weitere Aktivitäten laufen in Katar, Jordanien und in meinem Heimatland Irak.

Was wussten Sie über diese Länder bzw. Kulturkreise bevor Sie dort beruflich tätig wurden?

Nicht mehr als jeder andere mit einer Allgemeinbildung aus sämtlichen Medien. Aber genau das ist es, was mich neugierig macht. Es ist jedes Mal eine Art Forschungsreise für mich. Ich vergleiche sehr gerne die Mentalitäten und Arbeitsweisen, den Umgang mit Zeit und Ressourcen. Bei jeder Reise gibt es Überraschungen, aus denen ich viel lernen kann. Man vergleicht automatisch und reflektiert sein eigenes Handeln stärker als sonst. So kann man viel dazulernen.

Rayan Abdullah
Professor für Typografie an der Hochschule für Grafik und Buchkunst Leipzig, Deutschland
2002 Geschäftsführer von Markenbau, Agentur für Corporate Identity und Corporate Design, Leipzig, Deutschland
2006 Gründungsdekan der Deutschen Universität in Kairo
2016 Gründung der Akademie für transkulturellen Austausch, Hochschule für Grafik und Buchkunst Leipzig, Deutschland

Welche speziellen Unterschiede in der Art zu lernen, haben Sie bei Studierenden anderer Kulturkreise beobachtet?

Als Hochschullehrer mache ich vor allem Erfahrungen mit Studierenden, die im deutschen und arabischen Kulturkreis leben. Bei ihnen allen konnte ich beobachten, dass sie zwar sehr neugierig und offen, aber dennoch in ihrer eigenen Erziehung verhaftet sind. Sie sind sehr freundlich und umgänglich, aber manchmal nicht unbedingt zielstrebig bezüglich ihrer eigenen Zukunft. Sie scheuen keine Diskussionen darüber und sind auch bereit, umzudenken, wenn sie es für richtig erachten. Ihr Umfeld macht es ihnen nicht immer leicht. Sie erzielen dennoch gute Ergebnisse, mit welchen sie im Beruf viel erreichen können.

In einem anderen Kulturkreis zu arbeiten und/oder zu lehren, beinhaltet auch, sich auf andere soziale und ethnische Normen einschließlich möglicher Klassen- und Genderunterschiede einzustellen. Wie waren Ihre Erfahrungen in diesem Bereich und wie hat es Ihren Arbeitsstil und/oder Ihre Lehrmethodik beeinflusst?

Bildung bedeutet heutzutage nicht unbedingt nur reine Vermittlung von Sachwissen, sondern vielmehr die Aneignung einer Methodenkompetenz, also die Fähigkeit zur methodischen und eigenständigen Problemlösung. Dabei ist es wichtiger denn je geworden, die Herangehensweise an die Problemlösung als Prozess, die gewonnenen Erfahrungswerte und natürlich auch die Resultate anschaulich zu vermitteln.

Der Zugang zu Informationen ist grenz- und kulturüberschreitend global überall vorhanden, aber nur die Reflexion der eigenen kulturellen Identität als Lehrender und auch als Designer ermöglicht es, Wissen kulturspezifisch, adressatengerecht und authentisch zu vermitteln. Dadurch wird ein kommunikatives Alleinstellungsmerkmal mit hohem professionellem Nutzen geschaffen, gleichsam für Lehrende und Lernende.

Was war der Vorteil, in einem anderen Kulturkreis als Ihrem eigenen zu arbeiten bzw. zu lehren?

Ich erinnere mich an eine meiner ersten Einladungen nach meiner Ankunft in Deutschland zu einem Frühstück. Der Gastgeber bot mir blauen Schimmelkäse an, den ich nichtsahnend für hochgiftig hielt. Als ich ihn jedoch probierte, überzeugte mich der neue Geschmack und so sammelte ich nach und nach mit großem Interesse neue kulinarische Geschmacks- und Genusserfahrungen. Ich denke, diese vielleicht oftmals auch kindliche Wissbegierde ist es, die mir erhalten geblieben ist und die mich zu immer neuen Erkenntnissen führt. Die Neugier bleibt mein treuer Begleiter.

5.28 Buchstabenornament, Exponat der Ausstellung zur Arabischen Schriftkunst in Berlin, 1993

5.29 Zwei arabische Punkte als Detail eines typografischen Plakats auf Arabisch im Lichtdruckverfahren in der Lichtdruckwerkstatt Leipzig erstellt, 2012

5.30 Kalligrafische Darstellung des Wortes Freiheit auf Arabisch, 2010

„Bauhaus and Beyond"

Dieser viertägige interkulturelle Workshop fand in Kooperation mit dem Indonesia Institute of the Arts Yogyakarta, Indonesien, statt. Dem Workshop folgte eine Exkursion nach Dessau an das Bauhaus und nach Berlin zu Designagenturen.

Zu Beginn standen Vorlesungen und Diskussionen, um vor allem die indonesischen Studierenden mit dem Thema „Bauhaus and Beyond" vertraut zu machen. Sicher ist das Bauhaus allen Designstudierenden ein Begriff, aber welche Bedeutung es im Einzelnen für die Entwicklung des Berufsbildes des Designenden und auch für die Designpädagogik hat, ist weniger bekannt. Das Schlagwort „Bauhaus" wird meist mit einem bestimmten minimalistischen Stil gleichgesetzt, ohne die historischen und sozialen Hintergründe zu kennen.

Eine Sammlung von Zitaten der Lehrenden aus dem Bauhaus und auch der Hochschule für Gestaltung (HfG) bildeten den ersten Einstieg für eine Auseinandersetzung mit Leitlinien und Glaubenssätzen wie „Weniger ist mehr" und „Form follows function". Recherchen zu Themen wie der Geschichte des Bauhauses und einzelner Produkte wie der bekannten Bauhaus-Wiege, die aus den Formen Dreieck, Quadrat und Kreis besteht, schlossen sich an. Ein Besuch der ehemaligen Hochschule für Gestaltung Ulm (HfG, 1953-1968), einer der Nachfolgeschulen des Bauhauses, machte neben einer Ausstellung zu den Designprodukten die besondere Architektur der HfG erlebbar.

Ziele des Workshops waren, das Wissen vor allem der indonesischen Studierenden zum Mythos Bauhaus zu erweitern und einen Stil, der als Bauhausstil verstanden wird, zu hinterfragen. Bewusst wurden ornamentale Designs, die von der javanischen Kultur beeinflusst sind, integriert und visuell in einen Kontrast gesetzt.

5.31 HfG Archiv Ulm, Deutschland, 2015

Schlussfolgerung

Das Konzept meiner interkulturellen Designworkshops hat sich im Hochschulbereich bewährt. Die Studierenden sammeln wertvolle Erfahrungen für ihr späteres Berufsleben und lernen in der praxisnahen, internationalen Lernsituation neue Konzepte, Methoden und Designvarianten. Sie profitieren fachlich und persönlich, werden kulturell flexibler und bauen Vorurteile ab. Zudem erweitern sie ihr Fachenglisch. Das sind gute Voraussetzungen für eine internationale Karriere. Die Erfahrungen nutzen ihnen aber auch zu Hause beim Umgang mit Kunden, Mitarbeitern und Vorgesetzten.

Bei den Befragungen im Anschluss an die Workshops sprachen sich 94% dafür aus, erneut teilzunehmen, wenn auch wieder Studierende aus anderen Ländern/Kulturen mit beteiligt sind. Die Teilnehmenden bestätigen, dass ein 3-5 Tage dauernder interkultureller Designworkshop ihre technischen und gestalterischen Fähigkeiten mehr fördert als ein wesentlich zeitintensiverer Theoriekurs.

Dies ist nur ein kleiner Teil meiner quantitativen Evaluierung mit 97 Probanden von insg. 228 Teilnehmenden aus elf Workshops. In Verbindung mit meiner qualitativen Evaluierung haben sich Aussagen wiederholt, so dass die Botschaft klar und deutlich ist: Was zum Gelingen interkultureller Workshops beiträgt, sind mindestens zwei verschiedene Kulturen, ein Arbeitsraum, ein Setting, ein für alle interessantes Thema sowie ein gemeinsames Ziel. Ist das gegeben, können fast jedes Medium und viele andere Themen gleich gute Ergebnisse bringen.

Alle interkulturellen Designworkshops:
www.intercultural-design-workshop.de

WAS IST FÜR DICH AM WICHTIGSTEN?

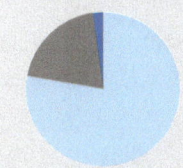

- ↗ **78%** Teammitglieder aus unterschiedlichen Kulturen
- ↗ **20%** Thema
- ↗ **2%** Animation

WÜRDEST DU NOCHMALS AN EINEM INTERKULTURELLEN WORKSHOP TEILNEHMEN,
wenn die Teilnehmer aus anderen Ländern/Kulturen kämen?

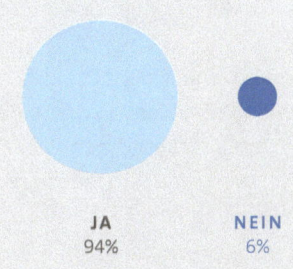

JA 94% NEIN 6%

5.32 Evaluierung von 97 Probanden aus 11 interkulturellen Workshops

Bitte beschreiben Sie Ihren Bildungshintergrund, einschließlich Ihres Studiums, Ihrer Arbeit/ Studien und Ihrer Reisen.

Ich entschied mich zunächst für eine Ausbildung zur Kommunikationsdesignerin für Printmedien. Später promovierte ich in Kunst/Design/Medien an der Bauhaus-Universität, Deutschland. Zurzeit arbeite ich als Studienrätin an einer Sekundarschule im höheren Dienst und unterrichte bildende Kunst im Rahmen von Forschungsprojekten.

Mit welchen Ländern oder Kulturen haben Sie eng zusammengearbeitet und/oder in welchen Ländern oder Kulturen haben Sie gelebt? Haben Sie prägende Erfahrungen in anderen Kulturen gemacht?

Direkt nach meinem Designstudium in Hannover, Deutschland, habe ich zwei Jahre in London gelebt. Dort hatte ich viele Jobs, unter anderem als Kellnerin, Barkeeperin, Aktmodell und Kellnerin in Nachtclubs in Soho. Diese Jobs waren sicherlich in vielerlei Hinsicht prägend.

Kairo:
In Kairo lebte ich sechs Jahre lang als alleinerziehende Mutter von drei Kindern. Dort war ich als Design-Professorin an der German University in Kairo tätig und leitete sechs Jahre lang die Zeichenabteilung.

Während meiner Zeit an der GUC habe ich Abteilungen für Buchbinderei und Buchdruck sowie ein Ton-Gips-Studio eingerichtet. Es war ein Vergnügen, ägyptische Studierende zu unterrichten, weil sie so freundlich und höflich sind und die meisten von ihnen wirklich hart arbeiten. Heute bringen meine ehemaligen Studenten und Studentinnen die Idee des nachhaltigen Designs und die Schaffung nützlicher Industrieprodukte sowie zweisprachige Designlösungen ins Leben und setzen diese um.

Was wussten Sie über diese Länder/Kulturen, bevor Sie die Zusammenarbeit begannen?

London:
Als Kind bin ich mit meinen Eltern in den Norden Englands gereist und ich mochte die Atmosphäre dort. Meine Eltern hatten Lehrerfreunde in Nottingham, bei denen ich in den Sommerferien gewohnt habe, um Englisch zu lernen.

Kairo:
Ich bin in einer sehr aufgeschlossenen Familie aufgewachsen. Meine Mutter, die aus einem schwäbischen Dorf kam, wollte anders leben. Wir hatten Gäste aus vielen Ländern, aber ihr besonderes Interesse galt der arabischen Kultur. Das ist sicher die Quelle für mein eigenes Interesse an der arabischen Welt.

Welche spezifischen Unterschiede sind Ihnen bei der Art und Weise, wie Studierende in anderen Ländern/Kulturen lernen, aufgefallen?

Während ich an meiner Doktorarbeit geschrieben habe, verglich ich das ägyptische Bildungssystem mit dem deutschen. Ich fand, dass die meisten Lehrpläne in ägyptischen Schulen den britischen, französischen und amerikanischen sehr ähnlich waren. Es ist, als ob sie kein Vertrauen in ihre eigene Kultur und Sprache hätten. Ich denke, das ist ein Überbleibsel aus der Kolonialzeit. Gerade im Design ist die Akzeptanz von neuen Wegen und Methoden wichtig. Ich glaube, dass es auch wichtig ist, die traditionelle arabische Kalligrafie zu lehren, wenn man in arabischsprachigen Ländern arbeitet.

Mussten Sie Ihre Arbeits- oder Lehrmethoden anpassen, während Sie sie in einer fremden Kultur praktiziert haben, d. h. sie an verschiedene soziale und moralische Normen anpassen, einschließlich Klassen- oder Geschlechterfragen?
Wenn ja, wie?

Ich habe meine Doktorarbeit über die Rolle des Geschlechts im Aktzeichnen geschrieben. Der Titel meiner Dissertation lautete „Vom Aktmodell zur weiblichen Aktivistin – die doppelte Kolonisierung des weiblichen Körpers in Ägypten."
Ich musste bestimmte Methoden entwickeln, wenn ich Aktzeichnen unterrichten wollte, da ein nacktes Modell niemals erlaubt gewesen wäre. Also verwendete ich Drahtmodelle sowie Anatomievorlesungen und Zeichnungen, um Proportionen und Bewegung zu lehren.

Was war der Vorteil, in einem anderen Kulturkreis als Ihrem eigenen zu arbeiten bzw. zu lehren?

Seit 2012 bin ich wieder in Deutschland, aber die Ägypten-Deutschland-Verbindung besteht weiter. Studierende rufen mich immer noch an oder schreiben mir, wenn sie meinen Rat brauchen. Einer von ihnen hat mich sogar in einem TED-Talk erwähnt. An der Freien Universität Berlin habe ich zusammen mit einem ehemaligen Studenten einen Workshop über Nachhaltigkeit im Design gegeben. Meine Erfahrung ist, dass das Unterrichten keine Einbahnstraße ist. Man gibt sein Wissen und seine Erfahrung, und gleichzeitig bekommt man so viel zurück, sowohl emotional als auch intellektuell.

Fred Meier-Menzel
Studium des Kommunikationsdesigns an der Hochschule für angewandte Wissenschaft und Kunst in Hannover, Deutschland
2006–2012 Design-Professorin an der Deutschen Universität in Kairo, Leiterin der Abteilung Zeichnung
2015 Promotion mit anschließender Leitung einer Forschungsgruppe an der Bauhaus Universität in Weimar, Deutschland

Agnieszka Ziemiszewska

5.33 Workshop „Text Message", 2016

Workshops: Text Message und Tolerance
Die Workshops sind einer der wichtigsten und sicherlich einer meiner liebsten Tätigkeitsbereiche als Pädagogin. Der Workshopmodus ermöglicht es, aktuelle Themen zu betrachten und innerhalb eines kurzen Zeitrahmens zu bearbeiten.

Da Workshops in der Regel in einer für die lehrende Person neuen Umgebung stattfinden, ermöglichen sie ihr auch, die eigenen Methoden aus einer anderen Perspektive zu betrachten. Zu den Themen, die ich mit den Teilnehmenden bearbeite, gehören in der Regel Typografieübungen und die Besprechung aktueller Probleme oder zukunftsrelevanter Themen, wie z. B. Ökologie.

Ich denke, dass es für den Bildungsprozess extrem wichtig ist, in der Welt um uns herum nach Inspiration zu suchen. Auf diese Weise erlangen die Studierenden nicht nur ein vertieftes Wissen über ihr Fach, sondern sie lernen auch, die Welt um sich herum genau zu beobachten und so ihr Wissen über sich selbst zu erweitern. Die Diskussion wichtiger und aktueller Themen lehrt die Studierenden, dass sie nicht nur Teilnehmende, sondern auch Mitgestaltende dessen sind, was hier und jetzt ist.

Ich habe in vielen Ländern Workshops durchgeführt und für einige von ihnen ein Programm entwickelt, damit sich die Teilnehmenden auch nach Beendigung der Workshops weiter mit den Themen auseinandersetzen. Im Jahr 2016 haben wir in Zusammenarbeit mit einer französischen Universität das Projekt „Text Message" durchgeführt, dass sich mit der Frage beschäftigt, wie wir heute kommunizieren (was den Titel „Text Message" erklärt). An dem Projekt, welches in drei Phasen aufgeteilt ist, nahmen mehr als 100 Studierende von polnischen und französischen Universitäten teil. Die Studierenden in Warschau nahmen kurze Videobotschaften auf, die ihren französischen Kolleginnen und Kollegen präsentiert wurden. Die französischen Studierenden antworteten auf diese Botschaften in Form eines typografischen Posters. Die Ergebnisse waren verblüffend: Die Autorinnen und Autoren präsentierten unterschiedliche, oft überraschende Interpretationen der gleichen Botschaft. Das Projekt wurde später in einer Ausstellung in Warschau (als Begleitveranstaltung zur ATypI Warschau 2016) und 2017 in Hebei, China, gezeigt.

Ein weiteres Programm, das ich ebenfalls erwähnen möchte, ist der Toleranz-Workshop, den ich 2019 an der Metropolitan University in Budapest geleitet habe. Das Thema Toleranz ist so umfangreich, dass es eine Menge Interpretationsmöglichkeiten bietet. Aber die richtige visuelle Entsprechung zu finden, ist keine leichte Aufgabe. Wir haben zu Beginn der Arbeit ein Ziel festgelegt. Die Techniken, die zur Verfügung standen, um dieses Ziel zu erreichen, durften die Studierenden frei wählen. Fast alle Studierenden schlugen eine andere Herangehensweise vor und wählten eine andere Methode der Umsetzung. Die Studierenden fanden diese Vielfalt und die überraschenden Kombinationen von grafischen Lösungen interessant und ungewöhnlich. Besonders wichtig waren die interessanten und lebhaften Diskussionen, die die Umsetzung des Themas begleiteten. Ich hatte eine internationale Jury zur Mitarbeit eingeladen, um die Ergebnisse der Workshops zu bewerten. Die besten Arbeiten wurden auf der Dubai Design Week 2019 gezeigt.

Wenn ich das wichtigste Merkmal des Workshopprogramms benennen sollte, dann würde ich sagen, dass Workshops eine Form der Bildungsarbeit sind, bei der wir die Studierenden einbinden, anstatt ihnen zu sagen, was sie tun sollen.[14]

5.34 Workshop „Tolerance", 2019

Bitte beschreiben Sie Ihren Bildungshintergrund, einschließlich Ihres Studiums, Ihrer Arbeit/Studien und Ihrer Reisen.

Ich habe Bildende Kunst und Kunstpädagogik in einem interdisziplinären Programm an der School of the Art Institute an der University of Illinois in Chicago, USA, studiert. In Deutschland lebe ich seit 1981. In dieser Zeit habe ich als Illustratorin, Kuratorin, Englisch- und Designlehrerin sowie als bildende Künstlerin gearbeitet. Meine Kunst ist stark von meinem indischen Hintergrund als auch von meiner Schulbildung in den USA beeinflusst. Ich habe mehrmals an der Berlin Biennale für zeitgenössische Kunst teilgenommen, an internationalen Einzelausstellungen, sowie an anderen künstlerisch-sozialen Projekten.

Mit welchen Ländern oder Kulturen haben Sie eng zusammengearbeitet und/oder in welchen Ländern oder Kulturen haben Sie gelebt? Haben Sie prägende Erfahrungen in anderen Kulturen gemacht?

Ich lebe und arbeite seit mehr als zehn Jahren in Chicago, Kochi, Mumbai, Berlin und Hamburg. So habe ich meine multikulturellen Erfahrungen durch Sprache, Klang, Musik und Bilder noch weiter vertieft. In meiner künstlerischen Arbeit habe ich mich mit den Themen Sehnsucht, Spiritualität, Sinnlichkeit, Heilung, Zusammenleben und -arbeit, Kontraste, Krieg und Kinder, Kinder in Not, Kinder auf der Flucht, Familien in Bewegung und anderen Themen beschäftigt, die sich damit auseinandersetzen, wie wir Menschen miteinander umgehen.

Was wussten Sie über diese Länder/Kulturen, bevor Sie die Zusammenarbeit begannen?

Ich wurde in den USA, in Chicago, geboren und verbrachte meine frühe Kindheit in Indien. Meine Eltern haben als Akademiker gearbeitet, also bin ich mit meinen Cousins und Cousinen in Indien bei unserer Großmutter aufgewachsen. Als ich elf Jahre alt war, kehrte ich zurück, um in meiner Geburtsstadt zur Schule zu gehen. Diese frühen Einflüsse haben mich als Künstlerin zu einer „ewigen Einwanderin" gemacht.

Ich bin mit mehreren kulturellen Einflüssen innerhalb von Kulturen aufgewachsen und wurde dadurch kulturell fluide. Das hat mich zu der Arbeit als Künstlerin und zu anderen professionellen Disziplinen geführt. Wenn ich zum Beispiel unterrichte, bringe ich meine Schüler und Schülerinnen dazu, ihre eigene Vielfalt und das, was sie einzigartig macht, zu erforschen, aber auch zu sehen, was sie gemeinsam haben.

Welche spezifischen Unterschiede sind Ihnen bei der Art und Weise, wie Studierende in anderen Ländern/Kulturen lernen, aufgefallen?

In Indien waren und sind die Klassen innerhalb eines auf Kasten basierten Systems sehr streng in Bezug auf Bildung. Deshalb drängen indische Familien und auch die erweiterte Familie einen dazu, mit anderen zu konkurrieren und sich zu beweisen. Das öffentliche Schulsystem in den USA hingegen lässt Raum zum Erkunden – zumindest war das in meiner Kindheit so. Ich wurde also dazu ermutigt, zu zeichnen und zu malen – einfach kreativ zu sein. Also wurde ich Künstlerin. In meinem liberalen Umfeld wurde ich oft als anders gesehen. Meine Familie war jedoch offen genug, mich meistens einfach ich sein zu lassen.

Im Rückblick habe ich in drei verschiedenen Bildungssystemen gelebt und aktiv in ihnen gearbeitet: Indien, USA und Deutschland. In jedem Lernraum gab es andere Herausforderungen zu bewältigen. Als ich zum Beispiel 1981 mit meiner noch kleinen Tochter nach Berlin kam, musste sie sich an das deutsche Schulsystem gewöhnen, in dem Naturwissenschaften und Sport mehr Raum gegeben wird als Kreativität und Fremdsprachen. Außerdem wurde unser amerikanischer Hintergrund lieber gesehen als unsere indische Identität.

Zari Harat
Studium der Kunsterziehung und Bildenden Kunst an der School of the Art Institute in Chicago, USA
Zuvor Kunstlehrerin an Schulen in Chicago/Seattle/San Francisco, USA
Derzeit Kunstkuratorin, bildende Künstlerin, Kunstlehrerin und Designerin in Berlin/Hamburg, Deutschland

Mussten Sie Ihre Arbeits- oder Lehrmethoden anpassen, während Sie sie in einer fremden Kultur praktiziert haben, d. h. sie an verschiedene soziale und moralische Normen anpassen, einschließlich Klassen- oder Geschlechterfragen? Wenn ja, wie?

Ich versuche, die Schülerinnen und Schüler dazu zu bringen, ihre eigenen Biografien zu nutzen, um ihre Geschichten visuell zu erzählen und ihre eigene Bildsprache anzuerkennen und zu würdigen. Das kann zu Konflikten führen, weil Moralvorstellungen, Geschlechtsidentität, Wandel, Radikalität und Klasse eben Türen öffnen, aber auch schließen können. Da ich selbst einen multikulturellen Hintergrund habe, konzentriere ich mich nicht auf irgendwelche Einschränkungen, sondern suche nach Lösungen, die den Einzelnen ermutigen. Meine Methode ist, sie ihre eigenen Geschichten erzählen zu lassen, was sie für den Tausch von Perspektiven und Wahrnehmungen sensibilisiert, und das wiederum kann Grenzen überschreiten.

Was war der Vorteil, in einem anderen Kulturkreis als Ihrem eigenen zu arbeiten bzw. zu lehren?

Eine Belohnung war auf jeden Fall zu sehen, wie die Leute lächeln und sagen, dass ihnen etwas wirklich geholfen hat und auch mit den Konflikten umzugehen, die sich daraus ergeben, wenn man unkonventionell ist. Ich habe eine Zeichenklasse auf Englisch gegeben, an der verschiedene Altersgruppen teilgenommen haben. Um das Eis zu brechen, bat ich sie, die Person, neben der sie sitzen, zu skizzieren. So konzentrierten sie sich nicht auf die Angst, nicht gut zeichnen zu können, sondern stattdessen mehr auf die Kommunikation mit der anderen Person. Die Zeichnungen wurden besser, weil das Selbstvertrauen und Bewusstsein wuchs. Viele waren beeindruckt von ihren Ergebnissen.

Sigrid A. Bathke

Studium der Sozialpädagogik an der Evangelischen Hochschule Rheinland-Westfalen-Lippe, Bochum, Deutschland
Studium Diplompädagogik und Promotion an der Universität Duisburg-Essen, Deutschland
Seit 2004 Forschungs- und Beratungstätigkeit am Institut für soziale Arbeit e.V. in Münster, Deutschland
Seit 2012 Professorin für Soziale Arbeit in der Kinder- und Jugendhilfe an der Hochschule Landshut, Deutschland

Lernziel
Das Bewusstwerden divergierender Wahrnehmungs- und Bewertungsrahmen; Sensibilisierung und Umgang mit kulturellen Differenzen

Theoretischer Background
Symbolischer Interaktionismus

Lehrmethode
Bildassoziation, Foto- bzw. Bildanalyse, Struktur-Lege-Technik

Verstehen und Rekonstruieren

Das Foto ist auf Bali in Indonesien entstanden. Während einer Tour geriet der in pink gehaltene Gegenstand vor blauem Hintergrund in meinen Blickwinkel. Mich haben bei diesem Motiv insbesondere die Farben und die Bildkomposition angesprochen. Konzeptionell verorte ich meine Fotografie im Bereich „gewöhnlich-ungewöhnliche" Alltagsgegenstände oder auch angelehnt an die Stilrichtung des Objet trouvé.[15]

Was für Menschen aus dem westeuropäischen Raum eine faszinierende Besonderheit ist, stellt sich für die lokalen Betrachter jedoch häufig geradezu als banal dar. So fragte mich mein indonesischer Guide: „Wieso fotografierst du einen Limonadenbeutel? Was ist daran so besonders?" In Deutschland dagegen wurde das Foto in Landshut zum einen auf der Langen Nacht der Kultur ausgestellt und zum anderen von der Fotogalerie LITVAI prämiert.

Die Reaktionen und vor allem die Assoziationen der Westeuropäerinnen und -europäer waren vollkommen

5.35 Just drink, 2017

andere als die von Personen aus dem asiatischen Raum. Die sich in der Ästhetik des Bildes zeigende Binarität von „gewöhnlich-ungewöhnlich" tritt dadurch immer wieder deutlich zutage und lässt sich erweitern in Richtung kulturelle Differenzen, insbesondere wenn es um das Verstehen kultureller Systeme geht.[16]

Deshalb bietet sich das Foto im Lehrkontext immer dann an, wenn es um Sensibilisierung und Aufzeigen von kulturell unterschiedlichen Zuschreibungen von Bedeutungsrahmen geht. Zeigt man das Foto westeuropäischen Personen, ist die erste Assoziation in der Regel, dass es etwas mit Blut, Krankenhaus und Infusion zu tun hat. Zum Teil wird ein Gefühl in Richtung Ekel geäußert. Im Gegensatz dazu wird das Fotomotiv bei Menschen aus dem asiatischen und/oder indonesischen Raum sofort korrekt identifiziert – nämlich als einen Plastikbeutel mit einem wahrscheinlich recht zuckerhaltigen Softdrink.

Das Foto gehört mittlerweile zum festen Bestandteil meiner Lehrveranstaltungen, wenn es um „Verstehen"[17] und die Rekonstruktion von Bedeutungszusammenhängen geht – so beispielsweise in meinen Vorlesungen zur qualitativen Sozialforschung.[18] Der Terminus „Verstehen" und die Rekonstruktion von Bedeutungszusammenhängen sind zentrale Elemente in der qualitativen Sozialforschung.[19] Es kommt auf den Kontext an, wenn man kulturelle Symbole angemessen rekonstruieren und deuten will. Diesen Kontext muss man verstehen, um korrekt interpretieren zu können. Es ist im Übrigen nicht notwendig, sich hier beim Verstehen divergierender Vorstellungen unbedingt auf fremde Kulturen zu beziehen. Auch im eigenen Land gibt es unterschiedliche Kulturen und Milieus, wie symbolische und sprachliche Unterschiede zwischen Bayern und Nordrhein-Westfalen. Das Foto hat sich auch als guter Einstieg für das Sichtbarmachen kultureller Differenzen im Rahmen von Vorbereitungsseminaren meiner Indonesien-Exkursionen bewährt.

Natürlich ist darüber hinaus auch in anderen Arbeitsfeldern ein kontextbezogenes Wissen, das kultursensibel die Lebenswelten betrachtet und deren Besonderheiten bzw. Symbole berücksichtigt, von erheblicher Bedeutung. Für im sozialen Bereich tätige Personen, aber auch Kulturschaffende oder Designerinnen und Designer, sind Wahrnehmung, Verstehen und Reflexion kontextgebundener Bedeutungszuschreibungen unabdingbar, will man sich in der Praxis nicht ständig mit Missverständnissen und Fehldeutungen befassen. Ohne das Infragestellen und Überprüfen der eigenen – für selbstverständlich erachteten und häufig kaum noch bewussten – Perspektive der Dinge, werden Interaktion und Kommunikation vorschnell negativ konnotiert oder gar ablehnt, wie das obige Beispiel zeigt. Doch interkulturelle Kommunikation ist nur möglich über den Abgleich der eigenen Wahrnehmung und dem Verstehen der jeweils anderen Kultur.[19]

Wenn andere in einem ihnen fremden Kontext etwas völlig anders einstufen und bewerten als man selbst, dann entstehen Fremdzuschreibungen, die oft nicht der Lebenswirklichkeit des Gegenübers entsprechen. Das kann im ungünstigsten Fall zu Abwertungen führen und in Stigmatisierungsprozesse münden. Auswirkungen eines fehlenden Verstehens der Lebenswirklichkeit der Zielgruppen führen nicht selten dazu, dass passgenaue, akzeptierte und integrierte Unterstützung nicht angeboten werden (können). Das führt in internationalen Teams zu ineffektiver Zusammenarbeit und frustrierten Mitarbeiterinnen und Mitarbeitern. Im Kontext von Design kann dies u. a. zur Entwicklung von Produkten führen, die in ihren Bereichen nicht die implizierten Wirkungen entfalten.[20]

224 | LOCAL VS GLOBAL

6.01 Internationales und lokales Branding

*Traditionelle Fassbrause aus Deutschland

LOCAL VS. GLOBAL

Menschen drücken sich seit Jahrtausenden über Designs aus und entwerfen Dinge, die sie einfach nur als schön empfinden, obwohl sie keinerlei Einfluss auf die Befriedigung ihrer Grundbedürfnisse haben. Die schönen Dinge machen sie einfach nur glücklicher und zufriedener. Diese Fähigkeit hebt sie von anderen Spezies ab.

Es gibt Medien und Designs in unserer globalisierten Welt, deren Botschaft in fast allen Kulturen verstanden wird, wie etwa der Coca-Cola-Schriftzug. Dieser wird – trotz lokaler Unterschiede wie der verwendeten Schrift – überall erkannt. Aber auch in chinesischen Schriftzeichen werden die vier Silben Co-ca-Co-la von Sprachfremden anhand von Typo und Farbe verstanden. Interessant ist, dass das Design der Produktwerbung global einheitlicher funktioniert als der Produktinhalt. Coca-Cola als global agierender Konzern verfolgt auch eine lokale Designstrategie. Rezepturen werden den Geschmackspräferenzen der Konsumierenden angepasst.[1] Der Zuckergehalt von Fanta Orange variiert international: In Deutschland beträgt er 45,5g, in Frankreich nur 32,5g je 0,5 Liter. Auch Farbe oder Geschmacksrichtungen sind international unterschiedlich. Entsprechend der Farbvorlieben sieht in Thailand Fanta Orange deutlich oranger aus als in Deutschland. In Indonesien gibt es die Geschmacksrichtung Strawberry und diese ist dort viel beliebter als Orange.[2]

Geschmäcker sind unterschiedlich. Sie sind individuell und werden – egal ob für Softdrinks oder wirkungsvolle Plakate – soziokulturell geprägt. Design ist auch ein Spiegel der kulturellen Identität und diese ist nie unpolitisch oder geschichtslos. Design als Charakteristika einer Kultur trägt wesentlich dazu bei, die Identität einer Gemeinschaft zu konstruieren, sicherzustellen und zu präsentieren.[3] Designer und Designerinnen sind Botschafter der kulturellen Identität und haben hier eine Verantwortung. Sie übersetzen und vermitteln ihre Kultur und schaffen gleichzeitig Neues. So sorgen sie dafür, dass ihr lokales kulturelles Erbe nicht von globalen Elementen überwältigt wird und untergeht. Diese Sicherstellung der lokalen Identität, das Erinnern und Differenzieren wird in einer globalisierten Welt zunehmend schwieriger. Deshalb hat die UNESCO auch beschlossen, das Bewusstsein für die Bedeutung des Kulturerbes auf lokaler und nationaler Ebene zu fördern.[4]

Nachfolgend ist die lokale Designgeschichte von drei Ländern auf verschiedenen Kontinenten beschrieben. Die Designgeschichte Kubas zeigt das Ergebnis von jahrzehntelanger politischer Isolation, die Polens das einer Tradition der finanziellen Unabhängigkeit und die von Indonesien einen postkolonialen Kulturmix, der seine traditionellen Wurzeln zu wahren sucht.

Kuba

Lange Zeit spielte Design in Kuba eine sehr untergeordnete Rolle. Im vorrevolutionären Kuba (1902-1958) hatten die Neo-Kolonialisten kein Interesse daran, kreative und schon gar nicht politische Ausdrucksformen zu fördern. Einige heute bekannte Designbeispiele gibt es dennoch, z. B. Tabaketiketten, die als die ältesten Verpackungskreationen der karibischen Insel gelten können, verbinden auf einprägsame Weise Design und Kultur des Landes.

Insgesamt hat Kuba einen jahrhundertelangen Kampf gegen zahlreiche Diktatoren und um seine Unabhängigkeit hinter sich. Mit der Revolution Ende der 1950er Jahre war dieser Kampf für Jahrzehnte beendet. Seitdem schmückten die Konterfeis der revolutionären Helden Fidel Castro und Che Guevara zahllose Plakate und wurden genauso populär wie die Plakate von Popsängerinnen und -sängern.[5] Mit der Revolution hatte sich das kubanische Design von Werbebotschaften hin zu pädagogischen, kulturellen und politischen Botschaften gewandelt. Plakate wurden zu einem Massenmedium. Die Urväter des klassischen kubanischen Plakats stammen aus dieser Zeit. Anfang der 1980er Jahre präsentierten Publikationen wie Prisma, Revolución y Cultura, Cuba Internacional aktuelle Plakatkunst und erlangten formale und typografische Erfolge. Das erste und einzige Universitätszentrum Kubas, das Higher Institute of Industrial Design (ISDI), wurde 1984 gegründet.[6]

Ende der 1990er Jahre kam es mit der kubanischen Wirtschaftskrise infolge des Sturzes des sozialistischen Lagers zu einem Umbruch und zur Ernüchterung in der kubanischen Plakatkunst. Diese Periode war ein Problem für die gesamte Kunst Kubas, denn jetzt standen das Überleben und die Befriedigung der Grundbedürfnisse an erster Stelle. Infolgedessen kam es zu einer Schaffensflaute im kubanischen Design. Einige Werke, die im kubanischen und internationalen Kontext bedeutsam waren, wurden jedoch u. a. im Plakatclub Club de Amigos del Cartel (CACa Club) gesammelt. Das alles fiel in die Zeit, in der die erste Generation von kubanischen Designenden gerade ihren Abschluss an der ISDI gemacht hatte. Kommerzielle Aufträge gab es jedoch kaum, die Designerinnen und Designer zeigten ihre Werke eher in Wettbewerben und Ausstellungen.[7]

In den 2000ern kam es wieder zu einem Aufschwung der Plakatkunst, in der seither das kulturelle Erbe des Landes eine bedeutende Rolle spielt. In der Hommage von Edel Rodríguez an den bekanntesten kubanischen Musiker Bola de Nieve (Bola en su centenario, 2011) oder auch in der Hommage zum 40. Jahrestag des Films von Michelle Mijares (Memorias del Subdesarrollo) werden Grafiken mit Konzepten präsentiert, die Kino und Musik als untrennbare Bestandteile der nationalen kubanischen Identität zeigen und auch bewahren. Die Hommagen weisen eine plakative Sprache aus Cartoon, chromatischen Elementen und Symbolen auf, die das Objekt mit Hilfe der Typografie veranschaulichen. Sie sind zu einer visuellen Botschaft des kubanischen Lebensgefühls geworden.[8]

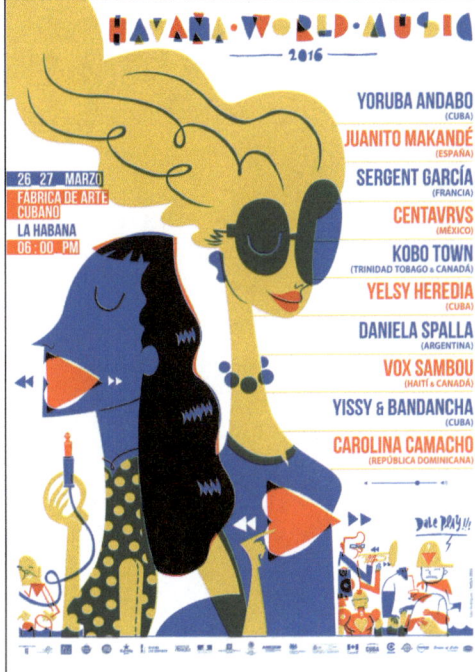

6.02 Ball zum 100-jährigen Jubiläum des Musikers Bola de Nieve, 2011 6.03 Havana World Music Festival, 2016

Edel Rodríguez Mola, Kuba

Edel Rodríguez Mola, geboren 1982 in Havanna, Kuba, leitete Ende der 1990er Jahre bis kurz nach der Jahrtausendwende zusammen mit Giselle Monzón u. a. Absolvierenden der 1984 gegründeten Designhochschule Kubas (ISDI), eine neue Ära des Grafikdesigns ein. Bekannt wurde er durch sein Poster zum 100-jährigen Jubiläum des bekanntesten kubanischen Musikers des 20. Jh., Bola de Nieve. Er wurde mit vielen Preisen ausgezeichnet z. B. dem Best Poster Design 2013 des Club de Amigos del Cartel (CACa).

6.04 Medea, 2013

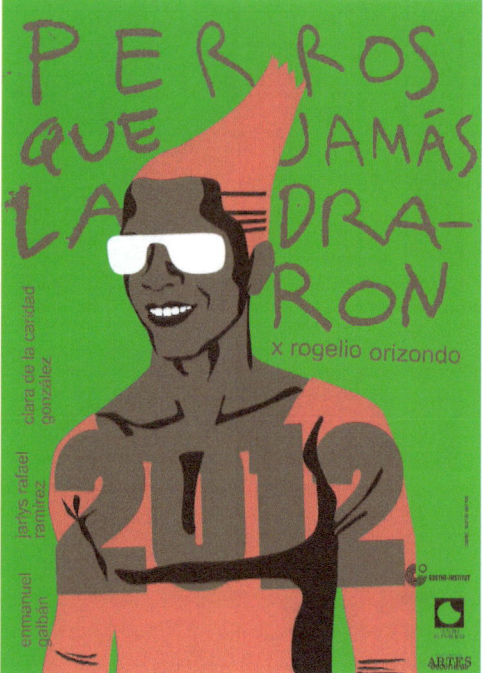
6.05 Hunde, die nie bellten, 2012

Indania del Río, Kuba

Indania del Río, geboren 1981, ist eine kubanische Designerin und Grafikerin. Sie besuchte in Havanna das Instituto Superior de Diseño Industrial und schloss 2004 mit einem Diplom in Grafikdesign und Visueller Kommunikation ab. Ihre Plakatkunst wurde in kubanischen und internationalen Ausstellungen gezeigt, darunter in der Seattle-Havana Poster Show 2007-2008 und in den Ausstellungen Ghost Posters 2009 und Últimas Escenas 2011. 2015 eröffnete sie das erste unabhängig geführte kubanische Designgeschäft Clandestina in Alt-Havanna mit der spanischen Geschäftspartnerin Leire Fernández.

Giselle Monzón, Kuba

Giselle Monzón, geboren 1979 in Villa Clara, Kuba, ist Grafikdesignerin und hat ihren Abschluss am Institut für Design (ISDI) gemacht. Sie gestaltet Poster für Theater, visuelle Künste und Filme und hat zwei Mal den Coral Grand Prize in der Kategorie Poster beim Internationalen Festival des Neuen Lateinamerikanischen Kinos in Havanna gewonnen und war Finalistin bei verschiedenen internationalen Poster-Biennalen. Sie hat an Ausstellungen in Kuba, der Schweiz und der EU teilgenommen und als Professorin am Cuban Higher Design Institute und der Kommunikationsfakultät der Universität Havanna gearbeitet.

6.06 Plakat für das 10-jährige Jubiläum der Plakatbiennale in Bolivien, 2018

6.07 Filmplakat „7 Días en La Habana" von verschiedenen Regisseuren, 2011

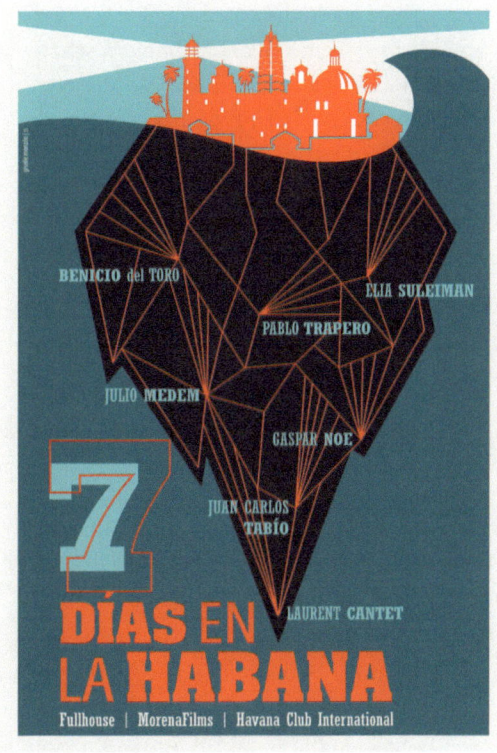

Polen

Ende des 19. Jh. etablierte sich Krakau als Wiege des künstlerischen und wissenschaftlichen Lebens im heutigen Polen. Die Farblithografie war gerade erfunden, in Frankreich die Idee des Plakats geboren und Henri de Toulouse-Lautrec ein gefeierter Künstler. Die ersten polnischen Plakate erschienen. Sie waren kunstbezogen und kündigten z. B. Ausstellungen an. 1898 fand die 1. Internationale Plakatausstellung in Krakau statt. Bereits hier stachen polnische Plakate durch ihre hohe künstlerische Qualität und interessante Stilmischung aus Jugendstil, Kubismus und Folklore hervor.[9]

Nach dem Ersten Weltkrieg war der Bedarf an Produktwerbung groß. Vor allem Studierende der Architektur schafften wirkungsvolle Werbeplakate. Es fiel ihnen leicht, ihre verinnerlichten Regeln der Geometrie und Proportionen für kommerzielle Zwecke zu nutzen. Dabei passten sie ihren Stil an das jeweilige Plakatthema an – Humorvolles zeigte Tänzerisches oder Dynamisches Sportliches.[10]

Nach dem Zweiten Weltkrieg wurde das polnische Plakat mit einer neuen Ästhetik versehen und vor allem als Propagandamittel eingesetzt. Die Plakate waren geprägt durch den sozialistischen Realismus. In Lublin wurde das erste Propaganda Plakatstudio gegründet.

In den 1950ern standen wieder Fantasie und zeichnerische Qualität im Mittelpunkt. „Kunst wirbt für Kunst" war das Motto. Die jungen Kunstschaffenden kündigten etwas an und kommunizierten mit ihren Film- oder Ausstellungsplakaten gleichermaßen.[11] Film Polski und die Zentrale für Filmverleih waren die Hauptauftraggeber. Das Plakat war jetzt die einzige erlaubte Form des individuellen künstlerischen Ausdrucks und der Staat zensierte diese nicht wie andere Medien. Außerdem war die Kunst- und Designbranche staatlich subventioniert. Die Kunstschaffenden konnten sich frei von den Zwängen des Marktes entfalten. Dies war die Geburtsstunde der „Schule des polnischen Plakats".[12] Durch die stilistische wie kommerzielle Ungebundenheit wurde die Plakatkunst humorvoll, respektlos, frei und intellektuell anspruchsvoll.[13] Weder der Markt noch Hollywood regierte sie.[14] Berühmte Vertreter waren Henryk Tomaszewski und Jan Lenica. Lenicas Plakate wurden z. B. als „sozialistischer Realismus auf LSD" rezensiert.[15] Die Farbgestaltung war expressiv, Objekte verbanden sich zu Fantasiegebilden.

Die 1980er Jahre waren von der starken Opposition gegen die zunehmend repressive kommunistische Regierung geprägt. Die Plakatkunst nahm ab, weil auf einmal andere Dinge wie das wirtschaftliche Überleben im Vordergrund standen. Erst mit der Privatisierung gab es wieder neue Aufträge für Künstler. Heute gibt es eigenständige polnische Plakatkünstler, die ihr Erbe kennen, international aufgestellt sind und eine Vielfalt von Stilen und Sichtweisen aufweisen.

6.08 Freedom, 2014

6.09 Type Text Identity, 2020

Agnieszka Ziemiszewska, Polen
Agnieszka Ziemiszewska ist Grafikdesignerin, akademische Lehrerin und Kuratorin. Sie ist MA-Absolventin der Akademie der Bildenden Künste in Łódź. Ihre Promotion schloss sie an der Fakultät für Grafik an der Akademie der Bildenden Künste in Warschau ab. Sie nahm international an zahlreichen renommierten Grafik- und Designausstellungen teil und organisierte auch viele. Sie wurde u. a. mit dem Platin Award bei den Creativity Annual Awards in den USA geehrt. Derzeit arbeitet sie als außerordentliche Professorin am Polnisch-Japanischen Institut für Informationstechnologie in Warschau, wo sie das Typografiestudio leitet. Sie ist Autorin des Poster/Blogs, der sich der Plakatkunst widmet.

6.10 „Adela jeszcze nie jadła kolacji", 2019

Jerzy Skakun und Joanna Górska, Polen
Jerzy Skakun und Joanna Górska sind Absolventen der Fakultät für Malerei der Akademie der Bildenden Künste in Danzig. In ihrem 2003 gegründeten Grafikstudio Homework entwerfen sie Plakate und Druckgrafiken für kulturelle Veranstaltungen und Institutionen wie das Nationalmuseum in Warschau und das Museum der Geschichte der polnischen Juden. Sie wurden mit zahlreichen Preisen ausgezeichnet u. a. 2008 mit der Goldmedaille der Poster-Biennale in Mexiko und dem Grant Front 2017 für das beste polnische Cover in der Kategorie „Politik, Wirtschaft und Gesellschaft".

6.11 Konzert Liban, 2017

6.12 Griechisches Konzert, 2017

6.13 Tango Festival, 2017

6.14 BEM! Musical, Theaterplakat, 2018

Marcin Władyka, Polen
Marcin Władyka ist 1975 in Warschau geboren. Er studierte an der Schule für Gestaltung in St. Gallen, Schweiz und erhielt 1999 den MA an der Akademie der Bildenden Künste in Warschau. Im gleichen Jahr gründete er sein eigenes Designstudio HEADMADE. Seit 2000 arbeitet er als Dozent für Plakatdesign, Verlagsdesign, Typografie und Motiondesign an der Akademie der Bildenden Künste und verschiedenen Kunstschulen in Warschau. Er hat 2012 im Verlagsdesign promoviert und leitet seit 2016 MA-Klassen an der Polnisch-Japanischen Akademie für Informationstechnologie.

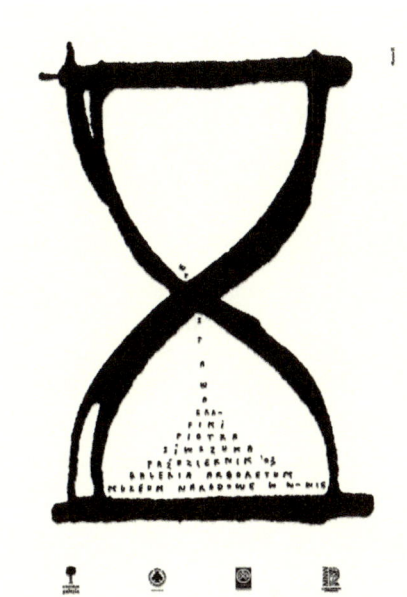
6.15 Plakat zur Ausstellung von Piotr Siwczuk, 2003

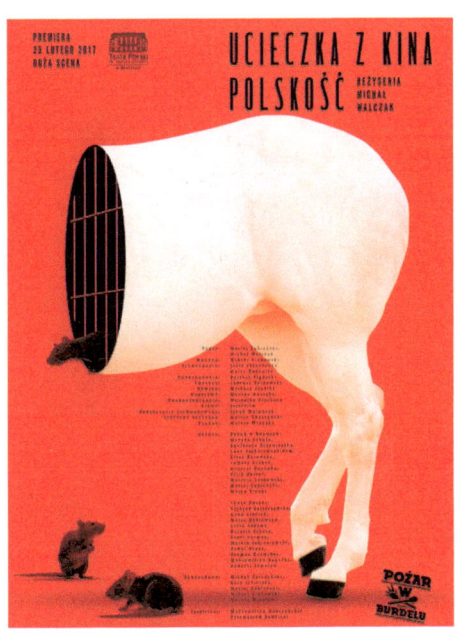
6.16 Flucht aus dem polnischen Kino, Theaterplakat, 2017

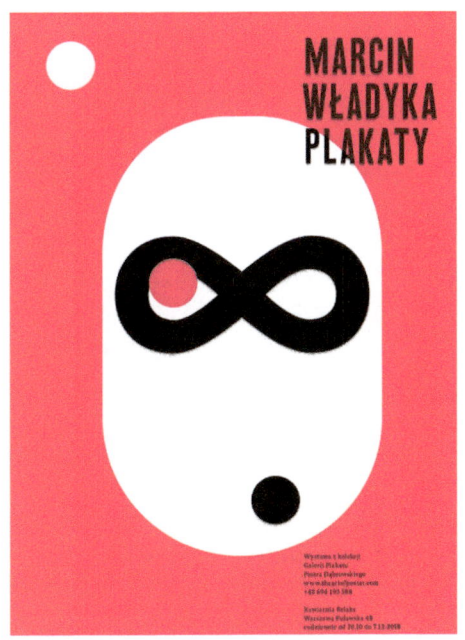
6.17 Plakat zur Ausstellung von Piotr Dabrowski, 2018

6.18 Dymny, Theaterplakat, 2019

Bitte beschreiben Sie Ihren Bildungshintergrund, einschließlich Ihres Studiums, Ihrer Arbeit/ Studien und Ihrer Reisen.

Ich habe an der Akademie der Bildenden Künste in Łódź studiert, die eine sehr reiche Tradition der Typografie hat. Nach meinem Abschluss habe ich dann viele Jahre als Grafikdesignerin gearbeitet. Irgendwann begriff ich aber, dass es sich für mich nicht sehr förderlich anfühlte, nur an kommerziellen Projekten zu arbeiten. Also habe ich mich dafür entschieden, an der Akademie der Bildenden Künste in Warschau zu promovieren. Im Gegensatz zu meiner vorherigen, auf Typografie ausgerichteten Akademie in Łódź, war das eine neue Erfahrung, die auf den Traditionen der Polnischen Schule des Plakats aufbaute.

Wenn ich meine Arbeit in Vorträgen präsentierte, betitelte ich sie später oft: „Zwischen Wort und Bild". Das Wort war ein symbolischer Verweis auf Łódź und seine wichtigsten geistigen Traditionen (Typografie), das Bild war ein Verweis auf Warschau (Illustration, Polnische Plakatschule). „Dazwischen" scheint mir der passendste Begriff zu sein, um das faszinierende Terrain zu beschreiben, das ich für mich als eine unendliche Inspirationsquelle entdeckt habe.

Sobald ich eine erfahrene Designerin war, begann ich meine akademische Karriere und habe beschlossen, weniger kommerzielle Arbeit anzunehmen. Derzeit bin ich Professorin an der Polnisch-Japanischen Akademie für Informationstechnologie und an der Akademie der Schönen Künste in Warschau. Ich lade oft meine Kolleginnen und Kollegen aus anderen Ländern ein, um zusammenzuarbeiten und Erfahrungen auszutauschen. Ich bin sehr neugierig und habe auch unabhängig von beruflichen Zwecken viele Länder und Kontinente bereist. Ich bin immer noch fasziniert von der Vielfalt der Welt.

Mit welchen Ländern oder Kulturen haben Sie eng zusammengearbeitet und/oder in welchen Ländern oder Kulturen haben Sie gelebt? Haben Sie prägende Erfahrungen in anderen Kulturen gemacht?

Ich habe Workshops und Vorträge in Frankreich, Bulgarien, China, Ungarn, den Niederlanden, Indonesien, Südkorea, Deutschland, Jordanien, den Arabischen Emiraten und Iran gehalten, die meisten von ihnen in einem wöchentlichen oder zweiwöchentlichen Modus.

Während der Pandemie habe ich Onlineworkshops für 40 Studierende aus China geleitet. Obwohl ich schon einmal in China gewesen bin, war das eine außergewöhnliche Erfahrung der Kommunikation ohne die Möglichkeit eines direkten persönlichen Kontakts. Man könnte aber auch sagen, dass es gleichzeitig der persönlichste Kontakt war, den ich je mit Studierenden hatte, denn die chinesischen Studierenden haben mich bei sich zu Hause aufgenommen. Ich hatte die Gelegenheit, nicht nur ihren Arbeitsplatz zu sehen, sondern auch zu erleben, wie stolz sie ihre Fortschritte mit ihren Familien teilten. Es war eine bereichernde Erfahrung, nicht nur in Bezug auf Kommunikation und Ausbildung.

Was wussten Sie über diese Länder/Kulturen, bevor Sie die Zusammenarbeit begannen?

Wenn ich für einen Workshop in ein Land eingeladen werde, das ich noch nicht kenne, recherchiere ich davor grundlegende Informationen und frage, was sind die Besonderheiten usw. Ich habe auch viele Freunde im Ausland, die ich fragen kann, um etwas über den Ort zu erfahren, damit ich nicht nur Informationen aus Veröffentlichungen oder aus dem Internet habe. Wenn ich einen Vortrag oder eine Präsentation halte, versuche ich auch immer, zumindest einen kleinen Teil davon in der Sprache des Gastlandes vorzubereiten.

Welche spezifischen Unterschiede sind Ihnen bei der Art und Weise, wie Studierende in anderen Ländern/Kulturen lernen, aufgefallen?
Trotz einiger Unterschiede glaube ich, dass wir uns in gewisser Weise alle sehr ähnlich sind. Wir alle brauchen Aufmerksamkeit, gegenseitigen Respekt und Verständnis, auch über Sprache hinaus. Ich mag zwar keine Verallgemeinerungen, aber wenn ich eine Gemeinsamkeit nennen sollte, dann wäre es, dass alle Studierenden, die ich getroffen habe, von der Polnischen Schule für Plakate wussten und sie als wunderbare Inspiration beschrieben.

Mussten Sie Ihre Arbeits- oder Lehrmethoden anpassen, während Sie sie in einer fremden Kultur praktiziert haben, d. h. sie an verschiedene soziale und moralische Normen anpassen, einschließlich Klassen- oder Geschlechterfragen? Wenn ja, wie?
Ich glaube, dass es beim Grafikdesign nicht nur darum geht, schöne Bilder zu erschaffen, sondern auch darum, gute Umgangsformen und Kultur im weiteren Sinne zu prägen. Ich versuche, diese Idee zu verbreiten, indem ich auch die Themen Toleranz und Gleichberechtigung hervorhebe. Wenn ich weiß, dass es in einem Land Bräuche gibt, die einen bestimmten Kleidungsstil oder anderes Verhalten erfordern, respektiere ich einfach die Gewohnheiten des Gastgebers.

Was war der Vorteil, in einem anderen Kulturkreis als Ihrem eigenen zu arbeiten bzw. zu lehren?
Der größte Vorteil ist die Möglichkeit, neue Menschen, Kulturen und Orte kennenzulernen. Diese Begegnungen sind immer sehr lehrreich, manchmal auch überraschend. Ich sage oft, dass ich mehr von meinen Studierenden lerne, als sie von mir lernen. In fast jedem Land haben die Leute Schwierigkeiten, meinen Namen und Nachnamen auszusprechen. Während ich in China war, bekam ich einmal eine E-Mail mit dem Titel Professor Aka. Ich habe verstanden, dass die Menschen in China einen Weg gefunden haben, wie sie dieses Problem lösen können. Das war eine super Lektion, wie man Kommunikation vereinfachen kann. Ich fand diese Lösung sehr einfallsreich und hilfreich in meiner Kommunikation und bitte meine Studierenden seither, mich einfach so zu nennen.

Agnieszka Ziemiszewska
Studium an der Akademie der Bildenden Künste in Łódź, Polen
Promotion an der Akademie der Bildenden Künste in Warschau, Polen
Professorin am Polnisch-Japanischen Institut für Informationstechnologie und der Akademie der Schönen Künste in Warschau
Lehrtätigkeit und Austellungen: USA, China, Italien, Deutschland, Taiwan, Japan, Bolivien, Russland, Iran u. a.
Auszeichnungen: Creativity Annual Award (USA), Grand Prix der Polish Poster Bienniale u. a.

Indonesien

Das indonesische Grafikdesign war in den Anfängen maßgeblich von den fremden Ideen und Werten der Kolonialherren und Besatzer beeinflusst. Sie brachten ihre Konzepte nicht nur für Wirtschaft, sondern auch für Design und Werbung mit auf den Inselstaat. Die niederländischen Kolonialisten importierten im 17. Jh. den Buchdruck, um amtliche Bekanntmachungen und missionarische Traktate zu verbreiten.[16] 1917 wurde die erste Werbeagentur von Chinesen gegründet und seit 1905 gab es die Nachrichtenagentur Aneta[17] mit Werbeabteilung, deren Arbeitskräfte aus Europa kamen.

Die erste Kunstschule wurde 1947 von der niederländischen Kolonialregierung am Bandung Institute of Technology (ITB) gegründet. Nach wie vor war der niederländische Einfluss in der Bildsprache dominierend. So zeigten z. B. Restaurantanzeigen eine Illustration eines indonesischen Kellners im weißen Anzug mit traditionellem Hut, der die Bestellungen eines Holländers entgegennimmt.[18] Viele Indonesier waren Analphabeten. Noch 1980 lag die Alphabetisierungsrate bei rund 67%[19] d. h. die Menschen waren darauf angewiesen, eindeutig zu erkennen, wofür geworben wurde. 1967 wurde die lokale Werbeagentur Inter-Visa Ltd. gegründet, die Pionierin der modernen Werbung. 1980 wurde die Indonesian Graphic Design Society (IPGI), heute ADGI, gegründet.[20]

1984 entstand als Zusammenlegung mehrerer Kunstdisziplinen die andere wichtige Kunst- und Designakademie Indonesiens, das Institut Seni Indonesia (ISI) in Yogyakarta, deren Vorläufer (ASRI) bereits 1949 als erste staatliche Kunstschule der noch jungen Republik Indonesiens gegründet worden war.

Zur Jahrtausendwende stellten Computer- und Kommunikationstechnologien Werbung und Grafikdesign auf eine neue Stufe. Hunderte von neuen Magazinen wurden veröffentlicht wie das Cakram-Grafikdesign-Magazin.[21]

Heute ist Indonesien dabei, seinen eigenen Weg im Grafikdesign zu finden, in einer Fusion globaler Einflüsse und traditioneller Techniken wie Batik. „Es ist ein Balanceakt, der versucht, seine eigenen Wurzeln zu bewahren"[22], schreibt John Kudos. Nach wie vor werden westliche Produkte und Designs hoch geschätzt und der postkoloniale Einfluss ist vor allem in der Werbung für Kosmetika, z. B. für den Hautton aufhellende Produkte, vorhanden.[23]

Aktuell gibt es drei Designrichtungen: 1. Kommerzielles Design, das von den USA (Tabak), Korea (Social Media), Singapur, China und arabischen Ländern beeinflusst ist.[24] 2. Kommunikationsdesign, hier vor allem Corporate Identity Medien, die einen professionellen, klaren Stil haben und kaum von westlichen zu unterscheiden sind. 3. Experimentelles Grafikdesign, das sich u. a. in Kulturplakaten und Comics manifestiert. Comic Plakate wie von Apotik, verbinden vertraute Geschichten mit Humor, um Nachdenken und Perspektivwechsel anzuregen.[25]

6.19 IF Film Festival New York, 2019

John Kudos, Indonesien
John Kudos absolvierte die allgemeine Schulbildung in Bandung, Indonesien und studierte ab 2001 am Maryland Institute College of Art, USA. Im Anschluss arbeitete er sieben Jahre bei Pentagram New York mit Abbott Miller zusammen. 2008 gründete er Kudos Design Collaboratory in New York. Die Agentur arbeitet mit zukunftsorientierten Marken und Institutionen zusammen, um Brandings, UX- und Interaktiondesign, Editorial Design und Leitsysteme zu entwickeln und erhielt zahlreiche Preise. Kudos lehrt zudem in den USA am Maryland Institute College of Art, School of Visual Arts, The New School und Cornell University.

6.20 Lembusura, Filmplakat, 2015

6.21 Prenjak, Filmplakat, 2016

Studio Batu, Indonesien

Studio Batu, ein multidisziplinäres, indonesisches Kollektiv, wurde 2013 gegründet. Es setzt sich aus Kunstschaffenden aus Film, Musik, Fotografie, Design und Architektur zusammen. Ihr Film „Lembusura" wurde 2014 auf der Berlinale, „In the Year of Monkey" 2016 in Cannes ausgezeichnet. Studio Batu benutzt gemischte Plattformen wie Puppen, Licht, Schatten und 2D-Mapping, um sich künstlerisch auszudrücken. 2019 schufen sie die Performance „While You're Away", unterstützt von der Djarum Foundation, und „Your Tail is Red", unterstützt von Yayasan Kelola. In ihren Darstellungen geht es um Liebe, Tragödie, Ideologie und Anderssein.

Indieguerillas, Indonesien

Indieguerillas wurde 1999 vom Künstlerehepaar Santi Ariestyowanti (Kommunkationsdesigner) und Dyatmiko „Miko" Bawono (Innenarchitektin) aus Yogyakarta, Indonesien gegründet. Beide sind Absolventen der Fakultät für Kunst am Indonesian Institute of the Arts in Yogyakarta. Die Indieguerillas sind für ihr Interesse an Alltags- und Designkultur international bekannt, ebenso wie für ihre farbenfrohen intermedialen Experimente am Puls der Zeit einer sich stets ändernden urbanen Kultur. Sie kreieren räumliche Installationen mit Fantasiewesen, die oft der indonesischen Kultur entnommen sind. Sie gehören zur internationalen Kunstszene.

6.22 Lompat Besar (Big Leap), Installation, 2015
6.23 Panjang Umrur, Bild, 2019

6.24 Kawan Korupsi, 2015
6.25 Kampagne für den HIV AIDS Global Fund (RED), 2006

Bitte beschreiben Sie Ihren Bildungshintergrund, einschließlich Ihres Studiums, Ihrer Arbeit/Studien und Ihrer Reisen.

Ich bin Grafikdesigner und Bergsteiger. 1997 habe ich meinen Abschluss in Grafikdesign an dem Institut Teknologi an der Bandung Art and Design School in Indonesien gemacht. Es war eine der ersten Grafikdesignschulen des Landes, beeinflusst von niederländischen Designern wie Gert Dumbar und Jan Van Toorn von der Jan Van Eyck Academie in Maastricht. 1998 zog ich nach New York und machte dort 2000 meinen MA in Kommunikationsdesign. In meiner Freizeit gehe ich wandern, zelten und reise mit meiner Familie. Jetzt bin ich Creative Director bei BARK & Co. in New York City.

Mit welchen Ländern oder Kulturen haben Sie eng zusammengearbeitet und/oder in welchen Ländern oder Kulturen haben Sie gelebt? Haben Sie prägende Erfahrungen in anderen Kulturen gemacht?

Ich wurde in Bandung, Indonesien, geboren. Freunde, die in der künstlerischen Leitung oder als Copywriter in der Werbung tätig waren, haben mich bei bestimmten Kampagnen manchmal um Hilfe gefragt, um die Botschaft und Geschichte von großen Marken an die Gemeinschaft zu bringen. Das erforderte echtes Bewusstsein und Verständnis für die jeweilige Kultur der Zielgruppe. Im Jahr 2015 fragte mich mein Freund Elwin Mok, Leiter der Indonesia Advertising Association in Jakarta, nach einem Entwurf für eine nationale Kampagne für Seni Lawan Korupsi (Kunst gegen Korruption) für den Jakarta Arts Council. Als indonesischer Grafikdesigner, der in New York lebt, kenne ich die indonesischen Symbole und Metaphern für Korruption und weiß von der Art und Weise, wie man mit lokalen Wörtern (Bahasa) Gegenüberstellungen herstellt. Für diese Kampagne wurde ein ironischer, aber provokanter Schriftzug entworfen, der KAWAN (befreundet sein) mit Nachdruck in LAWAN (kämpfen) umwandelt. Dazu wurde eine kurze serielle Animation kreiert, die das lokale Symbol für Korruption (Ratten) in eine Bombenexplosion verwandelt.

Faszinierend war auch 2006 die Zusammenarbeit mit dem Grafikdesigner Wolff Olins in New York, an der auch Bono von U2 beteiligt war. Ziel war es, die Macht der großen globalen Einzel-

Henri Kusbiantoro
Studium an der ITB School of Art and Design in Bandung, Indonsien und am Pratt Institute, New York
Associate Creative Director bei FutureBrand, New York, Design Director bei Siegel+Gale, New York u. a.
Seit 2020 Kreativdirektor bei BARK&Co, New York
Preise: Transform Award, Rebrand 100, GRAPHIS Design Annual, New York Art Director Club u. a.

händler zu nutzen, um nachhaltige Einnahmen für den HIV AIDS Global Fund zu generieren. In unseren Entwürfen verwendeten wir einen kraftvollen grafischen Illustrationsstil – als Alleinstellungsmerkmal der Kampagne – um eine einfache, aber lebendige Grafik von Afrika über Blumenmotive zu entwickeln. Diese kann flexibel an jedem Berührungspunkt mit der Marke eingesetzt werden – bei Mitteilungen, der Markenidentität sowie Verpackungen bis hin zu digitalen Angeboten. Diese Kampagne bekam 2007 beim D&AD London Graphite Pencil die höchsten Auszeichnung.

Was wussten Sie über diese Länder/Kulturen, bevor Sie die Zusammenarbeit begannen?

Ich wusste viel von Freunden, die selbst in der Werbebranche in Südostasien und in den USA arbeiten.

Welche spezifischen Unterschiede sind Ihnen bei der Art und Weise, wie Studierende in anderen Ländern/Kulturen lernen, aufgefallen?

Unterschiede können als Hindernisse gesehen werden, aber vor allem Studierende sollten sie als eine Stärke sehen, als Möglichkeit, die bereichernd und überraschend sein kann. Als ich an der Pratt studierte, konnte ich zwei verschiedene Kulturen bzw. Länder beobachten und habe ähnliche Herangehensweisen, nicht nur Unterschiede, in der Lösung eines Problems entdeckt, wobei aber die Ausführungen und der Stil unterschiedlich waren. Das Ergebnis dieser Beobachtungen war verblüffend. Meine MFA-Arbeit von 1999 konzentriert sich auf die Entwicklung eines symbiotischen Ansatzes zwischen dem internationalen Layout-Rastersystem der Schweiz im Grafikdesign und den indonesischen Entwurfsmustern im Batiklayout. Es ist erstaunlich, dass sich diese beiden unterschiedlichen Methoden und Ansätze in neue Sprachen des Grafikdesigns verwandeln lassen und dann zur Entwicklung maßgeschneiderter Schriftarten genutzt werden können. Die Arbeit wurde auf der EXPO 2000 in Hannover visuell dargestellt und getestet.

Mussten Sie Ihre Arbeits- oder Lehrmethoden anpassen, während Sie sie in einer fremden Kultur praktiziert haben, d. h. sich an verschiedene soziale und moralische Normen anpassen, einschließlich Klassen- oder Geschlechterfragen? Wenn ja, wie?

Wenn man in New York ankommt, entdeckt man verschiedene Seiten von der Stadt. Als Tourist oder Touristin empfindet man die unglaubliche Energie vielleicht als ein bisschen chaotisch – ständig Polizei und Ratten in den U-Bahn-Stationen. Aber wer dort studiert und arbeitet, wird eine Liebe und Hass entwickeln, die langsam wächst. Man lernt Bagels mit Schmierkäse zu mögen und mit der ständig verspäteten U-Bahn zu leben. Dafür findet man im Metropolitan Museum of Art die beeindruckendsten Sammlungen chinesischer Literatur und Dacharchitektur außerhalb Pekings. Die Abende verbringt man mit Freunden aus verschiedensten Kulturen, mit diversen Geschlechtern und Hintergründen im Yakitori-Laden am St. Mark's Place, der so authentisch ist, als wäre man in Tokio. Es ist ein Prozess und eine Reise über Jahre hinweg, und es formt eine neue Perspektive, einen neuen Geist und eine neue Seele.

Verschiedene kulturelle Einflüsse in den Design- und Arbeitsprozess einzubeziehen und zu integrieren, wird zu einer wesentlichen Aufgabe. Das ist der Schlüssel und die Voraussetzung für den Erfolg jedes Projekts, um unvoreingenommene Lösungen, weitreichende Ansätze und unerschütterliche Ergebnisse zu finden.

Was war der Vorteil, in einem anderen Kulturkreis als Ihrem eigenen zu arbeiten bzw. zu lehren?

Wenn man über sich selbst lachen kann, ohne abwehrend zu werden, ohne aufgrund seines kulturellen Stolzes oder seiner Herkunft empfindlich zu sein, ist man nicht nur auf dem richtigen Weg, sondern hat die Ziellinie überschritten.

6.26 Kampagne für den HIV AIDS Global Fund (RED), 2006

6.27 Batik and Brockmann (Masterarbeit), EXPO 2000 Hannover, 1999

KAPITEL 1 | ZEICHEN

1. **Meier-Oeser, Stephan (2011):** *Medieval Semiotics.*
   URL: https://plato.stanford.edu/entries/semiotics-medieval [08.12.2020].
2. **Eco, Umberto (1976):** *A Theory of Semiotics (Advances in Semiotics).*
3. **Watzlawick, P./Bavelas, J. B./Jackson D. D. (1967):** *Pragmatics of Human Communication. A Study of Interactional Patterns, Pathologies and Paradoxes,* S. 51.
4. **Schulz von Thun, F./Ruppel, J./Stratmann R. (2003):** *Miteinander reden. Kommunikationspsychologie für Führungskräfte.*
5. **Saussure, Ferdinand de (2016):** *Grundfragen der allgemeinen Sprachwissenschaft. Eine Auswahl.*
6. **Houser, N./Kloesel, C. J. W. (Hg.) (1992/1998):** *The Essential Peirce,* Volume 1 and 2: *Selected Philosophical Writings.*
7. **Ogden, C. K./Richards, I. A. (1923):** *The Meaning of Meaning.*
8. **Morris, Charles W. (1946):** *Signs, Language and Behavior.*

KAPITEL 2 | GRUNDELEMENTE UND GRUNDFORMEN

1. **Chokron, S./De Agostini, M. (2000):** *Reading habits influence aesthetic preference,* in: Cognitive Brain Research, Volume 10, Issues 1-2, September, S. 45-49.
2. **Friedrich, T. E./Elia,s L. J. (2016):** *The write bias: The influence of native writing direction on aesthetic preference biases,* in: Psychology of Aesthetics, Creativity, and the Arts, Vol 10(2), S. 128-133.
3. **Max Wertheimer (1880–1943)** gilt als Hauptbegründer der Gestaltpsychologie. Er formulierte 1923 die Gestaltgesetze wie das Gesetz der Nähe, der guten Gestalt und der Geschlossenheit. Diese haben bis heute nicht an Bedeutung für Gestaltende verloren. Das deutsche Wort „Gestalt" hat im 2. Weltkrieg über die jüdische Diaspora seinen Eingang in die englische Sprache gefunden und wird im Cambridge Dictionary wie folgt erklärt: „*Something such as a structure or experience that, when considered as a whole, has qualities that are more than the total of all its parts.*" Das knüpft an den Aristoteles zugeschriebenen Satz an: „Das Ganze ist mehr als die Summe seiner Teile." Allen unterschiedlichen psychologischen Ansätzen gemeinsam ist, dass es um die Ganzheitlichkeit geht. In der Gestaltung kann man sich das gut an einem Smiley vorstellen. Es besteht lediglich aus einem Halbkreis (Mund) und zwei Kreisen (Augen). Die Einzelteile haben für sich genommen keine Bedeutung, erst als Ganzes erhalten sie Sinn. Ändert man ein Teil, ändert sich die ganze Aussage.
4. **Colin Blakemore und Grahame F. Cooper** veröffentlichten 1970 ihre Forschungsergebnisse zur frühen Entwicklung des Gehirns von Katzen. Sie wiesen nach, dass die Entwicklung des Gehirns von der visuellen Umgebung abhängt.
5. **Kandinsky, Wassily (1926):** *Punkt und Linie zu Fläche,* Band 9 der „Bauhaus-Bücher", Reprint in 7. Aufl., 1955, S. 167; English translation published 1947 by Solomon R. Guggenheim Foundation New York.
6. **David Hubel und Torsten Wiesel** erhielten 1981 den Nobelpreis für ihre Forschungen zur Verarbeitung visueller Informationen im Gehirn.
7. **Wolfgang Köhler** hat 1929 in einem Experiment nachgewiesen, dass es Zusammenhänge zwischen der Sprache und visuellen Darstellungen gibt. Er nutzte dabei das Wortpaar „Takete-Maluma". Die Mehrheit der Probanden ordnete Takete einer vorgegebenen spitzen Form und Maluma einer weichen, runden Form zu. 2001 wurde erneut der Zusammenhang zwischen Wortklang und Sound am Beispiel des Paars „Bouba-Kiki" nachgewiesen. Dieser Klang-Symbolismus ist auch bei Kleinkindern und interkulturell wirksam, aber nur, wenn die Klangstruktur in der jeweiligen Sprache vorkommt.
8. **Kandinsky, Wassily (1926):** *Tanzkurven: Zu den Tänzen der Palucca,* in: Das Kunstblatt, Potsdam, Bd. 10, Nr. 3, S. 117-21.
9. **Golomb, Claire (2004):** *The Child's Creation of a Pictorial World,* 2. Aufl., S. 15.
10. **Verstockt, Mark (1987):** *The Genesis of Form. From Chaos to Geometry,* S. 85-95.
11. **Bill, Max (1957):** *Die gute Form.*
12. **Lupton, Ellen (2009):** *Graphic Design Theory. Reading from the Field,* S. 64-69 und S. 90-93.
13. **Im Animationsfilm „Logorama" (2009),** wird am Beispiel von Los Angeles ein urbanes und stilisiertes Stadtbild gezeigt, das nur noch aus Werbeflächen und Logos besteht. Selbst die Protagonisten sind Marken wie Esso und Michelin entlehnt. Der Kurzfilm wurde 2010 mit einem Oskar ausgezeichnet.

14 **Rob Janoff,** der Designer des Apple-Logos sagt in einem Interview: „*He (Steve Jobs) just smiled and nodded and didn't say much*", URL: https://www.logodesignlove.com/rob-janoff-apple-logo-designer [23.02.2021].

KAPITEL 3 | TYPO UND FORM

1 Joordens, J./d'Errico, F./ Wesselingh, F. et al. (2015): *Homo erectus at Trinil on Java used shells for tool production and engraving,* in: Nature 518, S. 228-231, doi: 10.1038/nature13962.
2 Aubert, M./ Lebe, R./ Oktaviana, A. et al. (2019): *Earliest hunting scene in prehistoric art,* in: Nature. 576, S. 442-445, doi: 10.1038/s41586-019-1806-y.
3 Weisdorf, Jacob L. (2005): *From Foraging To Farming. Explaining The Neolithic Revolution,* in: Journal of Economic Survey, Vol. 19, issue 4, S. 563-564/574-578.
4 Fay, N./Ellison, T. M./Garrod, S. (2014): *Iconicity. From Sign to System in Human Communication and Language,* in: Pragmatics & Cognition 22, S. 245, doi: 10.1075/pc.22.2.05fay.
5 Puhvel, Jaan (2019): *Cuneiform,* URL: https://www.britannica.com/topic/cuneiform [23.02.2021].
6 Houston, Stephen D. (2004): *The First Writing. Script Invention as History and Process.*
7 Eberhard, D. M./ Simons, G. F./ Fennig, C. D. (Hg.) (2020): *Ethnologue: Languages of the World,* URL: https://www.ethnologue.com/enterprise-faq/how-many-languages-world-are-unwritten-0 [23.02.2021].
8 Valentino, Andrea (2020): *The alphabets at risk of extinction,* URL: https://www.bbc.com/future/article/20200121-the-alphabets-at-risk-of-extinction [23.02.2021].
9 McLuhan, Marshall (1962): *The Gutenberg Galaxy. The making of typographic man,* S. 13/ 36/ 55.
10 Grady, C. L./McIntosh, A. R. et. al. (1989): *Neural correlates of the episodic encoding of pictures and words,* in: Proceedings of the National Academy of Sciences, Vol. 95, S. 2705, doi: 10.1073/pnas.95.5.2703.
11 Clayton, Ewan (o. J.): *A short history of calligraphy and typography,* URL: https://www.bl.uk/history-of-writing/articles/a-short-history-of-calligraphy-and-typography [23.02.2021].
12 **Der Schriftenanbieter MyFonts** hat über 100.000 einzelne Schriftschnitte wie light, regular, bold und italic im Angebot. Die Adobe Creative Suite enthält über 2.000 Schriftfamilien, die die Schnitte inkludieren, und Google Fonts bietet kostenfrei sogar über 1.000 Familien an.
13 **Die Gebrochenen Schriften** wie die Fraktur (ab dem 12. Jh.) werden ausgelassen, da ihre heutigen Einsatzgebiete gering sind.
14 Radtke, S. P./Pisani, P./ Wolters, W. (2013): *Handbuch Visuelle Mediengestaltung,* 7. Aufl., S. 152-167.
15 Allianz deutscher Designer (AGD) e.V., URL:https://agd.de/wp-content/uploads/2015/01/agd-weidemann-plakat-hoch.pdf [23.02.2021].
16 **Pentagram** besteht seit über 50 Jahren und ist die größte, unabhängige und eigentümergeführte Designagentur weltweit mit Studios in New York, Berlin und London.
17 **Schriftenhersteller Audi Type** des holländischen Schriftenherstellers Bold Monday, BBC Reith Sans und Serif von Dalton Maag und TCCC Unity für Coca-Cola von Neville Brody.
18 Bantjes, Marian (2013): *Pretty Pictures,* S. 83.
19 **Literatur:** Healy, John F. (1990): *Reading the Past. The Early Alphabet. /* **Mioni, Elpidio (1977):** *Introduzione alla Paleografia Greca. /* Scholderer, Victor (1994): *Greek Printing Types. /* Macrakis, Michael S. (Hg.) (1996): *Greek Letters. From Tablets to Pixels. /* „**Athens / Αθήναι**" (2017/18): *Typography & Graphic Design. /* **Matthiopoulos, Georgios D. (2019):** Ανθολογία της ελληνικής τυπογραφίας *(An illustrated Anthology of Greek Typography). /* **Greek Font Society,** URL: https://www.greekfontsociety-gfs.gr [23.02.2021].
20 **Literatur:** Liu, Eric (2019): *Collection of Research on Chinese Typography* 中文文字设计研究选集. URL: https://www.thetype.com/shop-2/collection. / **Reed, Christopher A. (2014):** *Gutenberg in Shanghai. Chinese Print Capitalism (1876-1937)* 古登堡在上海海：中国印刷资本主义 / **Zhou, Bo (2018):** *History of Chinese Modern Character Design* 中国现代文字设计图史 / **Zhou, B. / Wu, F./Liu, C. (2017):** *Chinese Type Modern* 字体摩登 / **Jiang, Q./ Liu. R. (2014):** *Shanghai Characters* 上海海字记 / **Sun, Mingyuan (2018):** *Juzhen's Study of Song Style* 聚珍仿宋体研究

21   **Literatur: AbiFarès, Huda Smitshuijzen (2002):** *Arabic Typography: A Comprehensive Sourcebook* / **'Azab, K./Hasan M. (2011):** *Diwan al-khatt al-'arabi fi Misr: dirasa watha'iqiya li-l-kitabat wa-ahamm al-khattatin fi 'asr usrat Muhammad 'Ali.* Alexandria: Maktabat al-Iskandariya li-l-Nashr wa-l-Tawzi', 2011. / **Blair, Sheila S. (2006):** *Islamic Calligraphy* / **Hamm, Roberto (1975):** *Pour une Typographie Arabe (For an Arab Typography).* / **Milo, Thomas (2002):** *Arabic Script and Typography. A Brief Historical Overview.* In John D. Berry, ed., Language Culture Type. International type design in the age of Unicode, 112-27 / **Shehab, B./Nawar, H. (2020):** *A History of Arab Graphic Design.* The American University in Cairo Press. / **Zoghbi, Pascal (2015):** *Beyond Latin.* Eye Magazine, Issue 90.

KAPITEL 4 | FARBE

1   **Schläpfer, Kurt K. (2012):** *Möglichkeiten zur Erweiterung des Farbraums,* in: Jahrbuch 2012 Verein deutscher Druckingenieure e.V., S. 41.

2   **Sun, Xiaochun (2009):** *Connecting Heaven and Man. The role of astronomy in ancient Chinese society and culture,* in: The Role of Astronomy in Society and Culture Proceedings IAU Symposium No. 260, S. 99.

3   **Littlejohn, Ronnie (o. J.):** *Wuxing (Wu-hsing),* in: The Internet Encyclopedia of Philosophy. URL: https://iep.utm.edu/wuxing [23.02.2021].

4   **Huiqin, Zhang (2014):** *On confucianism reflected in the description of clothing in the Analects of Confucius,* in: The Research Journal of the Costume Culture Vol.22, No.6, S.1028-1033.

5   **Hu, Xiaoyan Hu (2016)**: *The Notion of 'Qi Yun' (Spirit Consonance) in Chinese Painting,* in: Proceedings of the European Society for Aesthetics Volume 8, S. 249.

6   **Kirchner, Eric (2015):** *Color theory and color order in medieval Islam. A review,* in: Wiley Periodicals, Vol. 40, S. 5-16.

7   **Betty Edwards empfiehlt für die Acrylmalerei folgende sieben Grundfarben:** Kadmiumgelb hell, Kadmiumorange, Kadmiumrot mittel, Alizarin Karmesin, Kobaltblau, Ultramarinblau, Permanentgrün und die Unbuntfarben: Elfenbeinschwarz und Titanium Weiß, in: Edwards, Betty (2004): Color. A course in mastering the art of mixing color, S. 37.

8   **Albers, Josef (2013):** *Interaction of color.*

9   **Dittmann, Lorenz (2003):** *Die Farbtheorie Johannes Ittens,* in: Beiträge eines wissenschaftlichen Symposiums, S. 178-208.

10 **Itten, Johannes (1961):** *Kunst der Farbe.*

11 **Der Hashtag #sunset** steht bei Instagram an 45. Stelle und ist die dritte Nennung im Bereich der Natur. Davor steht nur noch #Natur, #Sommer und #Hund. Siehe URL: https://top-hashtags.com/instagram/ [04.01.2021].

12 **Buether, Axel (2020):** *Die geheimnisvolle Macht der Farben.* Kindl-Version, German Edition. Pos. 830: „Warme Farben wie Rot, Orange und Gelb treten in den Vordergrund, während kalte wie Blau und Türkis zurückweichen." Pos. 1650: „Blau hat den Charakter einer Lichtfarbe, die uns Räume öffnet und aufgrund ihrer Immaterialität keine Gefahr darstellt. Es gibt daher keine andere Farbe, der wir intuitiv mehr vertrauen."

13 **Kay, P./Berlin, B./Maffi, L./ Merrifield, W. R./Cook, R. (2020):** *The World Color Survey, Center for the Study of Language and Information,* 2. Auflage.

14 **Deutscher, Guy (2010):** *Through The Language Glass. Why The World Looks Different In Other Languages.*

15 **Kay, P./Berlin, B./Maffi,L./ Merrifield, W. R./Cook, R. (1969)**: *The World Color Survey.*

16 **Mehta, R., Zhu, R. (2009):** *Blue or Red? Exploring the Effect of Color on Cognitive Task Performances, Science 27,* Vol. 323, Issue 5918, S. 1226-1229. URL: https://science.sciencemag.org/content/323/5918/1226 [23.02.2021].

17 **URL:** https://www.sciencemag.org/news/2017/05/babies-gazes-suggest-we-are-born-understanding-color. [23.02.2021].

18 **URL:** https://wisotop.de/warum-sehen-wir-farben.php [23.02.2021].

19 **Reinhard, W. (2004):** *Lebensformen Europas. Eine historische Kulturanthropologie,* S. 128.

20 **Han, J./Quye, A. (2018):** *Dyes and Dyeing in the Ming and Qing Dynasties in China. Preliminary Evidence Based on Primary Sources of Documented Recipes,* in: Textile History, Volume 48, S. 2. URL: http://eprints.gla.ac.uk/157138/7/157138.pdf [23.02.2021].

21 Irtem, Çiğdem (2014): Osmanli Kültüründe Renk Kavrami ve Sosyal Yapiya Etkilieri. URL: http://earsiv.halic.edu.tr/xmlui/bitstream/handle/20.500.12473/619/385749.pdf?sequence=1 [23.02.2021].
22 Elliot, Matthew (2004): *Dress Codes in the Ottoman Empire. The Case of the Franks*, in: Ottoman Costumes: From Textile to Identity, S. 105-107.
23 Thurn, Hans Peter (2007): *Farbwirkungen. Soziologie der Farbe*, S. 18. ff.
24 Jonauskaite, D./Abdel-Khalek, A./Abu-Akel, A. et al. (2019): *The sun is no fun without rain: Physical environments affect how we feel about yellow across 55 countries*, in: Journal of Environmental Psychology 66, 101350, S. 6.
25 Hårleman, Maud (2007): *Daylight Influence on Colour Design: Empirical Study on Perceived Colour and Colour Experience Indoors*, S. 46.
26 Müller, Stefan (2020): *Interkulturelles Marketing*, S. 293.
27 Michiels, Inez (2018): *Indications for a Valid Color Test to Measure Personality, Visual Needs and Preferences for Tailored Design Applications, AIC Lisboa 2018, Colour & Human Comfort Proceedings*, S. 769.
28 Jonauskaite, D./Abdel-Khalek, A./Abu-Akel, A. et al. (2020): *Universal Patterns in Color-Emotion Associations Are Further Shaped by Linguistic and Geographic Proximity, Psychological Science*, Nr. 31(10), S. 1245-1260, doi:10.1177/0956797620948810.
29 Buether, Axel (2020): *Die geheimnisvolle Macht der Farben. Wie sie unser Verhalten und Empfinden beeinflussen*.
30 Einige Regionen, wie Subsahara-Afrika können hier nicht berücksichtigt werden, da wissenschaftlich verlässliche Quellen schwer zugänglich sind.
31 Müller, Stefan (2020): *Interkulturelles Marketing*, S. 239.
32 Sandikci, Ö./Rice, G. (2013): *Handbook of Islamic Marketing*, S. 121.
33 Schindler, Verena M. (2019): *Jean-Philippe Lenclos' methodology of "The Geography of Colour": back to the origins and its international impact*, in: Proceedings of the International Colour Association (AIC) Conference 2019, Newtown, NSW, Australia, S. 54-63.
34 Dupey García, Élodie (2017): *The material of color in pre-columbian codices. Insights from cultural history*, in: Ancient Mesoamerica 28(1), S. 21-40.
35 Guirola, Christina (2010): *Natural Dyes. Used in Mesoamerica since prehispanic age, Asociacion FLAAR Mesoamerica*. URL: http://www.maya-archaeology.org/FLAAR_Reports_on_Mayan_archaeology_Iconography_publications_books_articles/13_etnobothany_etnohistory_archaeology_precolumbian_mayan_civilization_natural_dye_fibers_textile_ink.pdf [23.02.2021].
36 Basiert auf einem Interview mit einem Roma Ehepaar aus Südost Ungarn, geführt von Enikö Papp am 31.08.2020.
37 URL: https://www.deutschlandfunk.de/der-froehliche-friedhof.1242.de.html?dram:article_id=189448 [23.02.2021].
38 Herrera-Sobek, Maria (Hg.) (2012): *Celebrating Latino Folklore. An Encyclopedia of Cultural Traditions*, Volume 1: A-D, S. 405-407.
39 o. A. (2012): *Que Significa Ofrenda Muertos Elementos, Universia México*. URL: https://de.scribd.com/document/327613413/Que-Significa-Ofrenda-Muertos-Elementos [23.02.2021].
40 Flores Farfán, José Antonio (2020): *Yauhtli and Cempoalxochitl: The sacred marigolds. Tagetes species in Aztec medicine and religion*. URL: https://www.academia.edu/37945160/Yauhtli_and_Cempoalxochitl_The_sacred_marigolds_Tagetes_species_in_Aztec_medicine_and_religion.
41 Matthäusevangelium, 15:17-20; Jn 19:2-3.
42 Cox-Tamay, L. D./Cervantes-Uribe, J. S. (2016): *Laelias: Flores mágicas y ceremoniales*, in: Desde el Herbario CICY 8, S. 122-127. URL: https://docplayer.es/22581313-Laelias-flores-magicas-y-ceremoniales.html [23.02.2021].
43 Basiert auf einem E-Mail Austausch mit dem französischen Historiker Jean-Christian Petitfils vom 12.07.2020.
44 Darmaputera, Eka (1997): *Pancasila and the Search for Identity and Modernity in Indonesian Society: A Cultural and Ethical Analysis*.
45 URL: https://www.kompas.com/skola/read/2020/02/05/183000869/simbol-negara-garuda-pancasila. [23.02.2021].

46 **Kurniawan, Machful Indra (2017):** *Pancasila as A Basis For Nation's Character Education,* in: Advances in Social Science, Education and Humanities Research (ASSHR), Nr. 125 /1st International Conference on Intellectuals' Global Responsibility (ICIGR).
Die fünf Prinzipien der Pancasil: 1. Glaube an den all-einheitlichen Gott (Ketuhanan Yang Maha Esa), 2. gerechte und zivilisierte Menschheit (Kemanusiaan yang Adil dan Beradab), 3. nationale Einheit Indonesiens (Persatuan Indonesia), 4. Demokratie, geführt von der Weisheit der Repräsentanten des Volkes (Kerakyatan yang dipimpin oleh Hikmah Kebijaksanaan dalam Permusyawaratan/Perwakilan), 5. soziale Gerechtigkeit für alle Indonesier (Keadilan Sosial bagi Seluruh Rakyat Indonesia); Für Frau Munro: The principles of Pancasila: 1. Belief in the one and only God. (Ketuhanan yang Maha Esa), 2. A just and civilized humanity.
(Kemanusiaan yang Adil dan Beradab), 3. Unity of Indonesia. (Persatuan Indonesia), 4. Democracy, led by the wisdom of the representatives of the people (Kerakyatan yang Dipimpin oleh Hikmat Kebjaksanaan dalam permusyawaratan/perwakilan), 5. Social justice for all Indonesian people. (Keadilan Sosial bagi Seluruh Rakyat Indonesia).

47 **Jegalus, Norbertus (2009):** *Das Verhältnis von Politik, Religion und Zivilreligion untersucht am Beispiel der Pancasila,* Beiträge zur Politikwissenschaft, Bd. 11, S. 148 ff.

48 „Warna kuning emas melambangkan keagungan bangsa atau keluhuran Negara."
Gesetz der Republik Indonesien, Nr. 24, 2009, S. 15.

49 **Tjakraningrat, K. P. H./ Soemodidjojo, R./ Noeradyo, S. W. S. (1980):** *Kitab primbon Betaljemur adammakna.*

50 **Sindhunata, Gabriel P. (2018):** *Anak Bajang Menggiring Angin,* S. 213. Sowie Statistik 2020 unter URL: https://www.statista.com/statistics/320160/employment-by-economic-sector-in-indonesia/ [01.10.2020].

51 **Hasyim, M./Rachmawati, A. (2018):** *Bahasa Warna: Konsep Warna dalam Budaya Jawa, Semiotika,* S. 9, URL: https://www.researchgate.net/publication/325391940_Bahasa_Warna_Konsep_Warna_dalam_Budaya_Jawa [23.02.2021].

52 **Masilamani, Nirmala (2018):** *The Exigency Of Comprehensive Maritime Policy To Materialize And Implement Indonesia's Global Maritime Fulcrum Objective.* in: Advances in Engineering Research, Vol. 167, International Conference on Maritime and Archipelago, doi: 10.2991/icoma-18.2019.34

53 **Bellwood, P./ Fox, J. J./ Tryon, D. (Hg.) (1995):** *The Austronesians: Historical and Comparative Perspectives.*

54 **Green, Amy M. (2005):** *Rangi above/Papa below, Tangaroa ascendant, water all around us: Austronesian creation myths,* S. 8. URL: https://digitalscholarship.unlv.edu/rtds/1938 [23.02.2021].

55 **Reid, A./Chambert-Loir, H. (Hg.) (2002):** *The Potent Dead: Ancestors, saints and heroes in contemporary Indonesia.*

56 **Sukarno, Cindy Adams (2011):** *Bung Karno, Penyambung Lidah Rakyat Indonesia,* S. 272.

57 „Warna kuning emas melambangkan keagungan bangsa atau keluhuran Negara." *Gesetz der Republik Indonesien,* Nr. 24, 2009, S. 16.

58 URL: https://ppkn.unibabwi.ac.id/2020/02/13/pancasila/ [23.02.2021].

59 **Hasyim, M./Rachmawati, A. (2018):** *Bahasa Warna: Konsep Warna dalam Budaya Jawa, Semiotika,* S. 8, https://www.researchgate.net/publication/325391940_Bahasa_Warna_Konsep_Warna_dalam_Budaya_Jawa.

60 Auf YouTube gibt es unter dem Suchbegriff „Pancasila" zahlreiche Musikvideos. Das Lied „Mars Pancasila" (1956) fehlt in keinem schulischen Gesangsbuch. Mars deutet auf das Tempo der Marseillaise (1792), die französische Nationalhymne, hin, und wurde in Indonesien mit dem Wunsch nach Unabhängigkeit verbunden. Das Singen der Marseillaise war unter der niederländischen Kolonialregierung verboten. Heute heißt das Lied wie das Symbol „Garuda Pancasila". Die Interpretation von Pancasila ist nicht in Stein gemeißelt und hat sich auch unter den Millenials geändert. Das beliebte Volkslied „Garuda di Dadaku" (Garuda in my heart) wurde von der alternativen Rockband Netral 2009 für den Soundtrack des gleichnamigen Films neu interpretiert. Nachfolgend der Songtext von "Garuda di Dadaku" auf Englisch:
Garuda in my heart Come on, sons o the nation / Give pride to the nation / Make us proud / Indonesia
Show the world / I the Motherland / Worthy to be champions / Indonesia
Long live my country / Beloved homeland /Great Indonesia / Long live my country / Beloved homeland / Great Indonesia
Garuda on my heart / Garuda is my pride / I'm sure today will definitely win ... / Kindle your spirits / Show your sportsmanship / I'm sure
today will definitely win ...
Garuda on my heart / Garuda is my pride / I'm sure today will definitely win ... / Kindle your spirits / Show your sportsmanship / I'm sure today will definitely win ...

KAPITEL 5 | INTERKULTURELLE EXPERTISE

1. **Meyer, Erin (2014):** *The Culture Map: Decoding How People Think, Lead, and Get Things Done Across Cultures,* Kindle-Version, S. 171.
2. Ebd., S. 247.
3. „They give the pupils something to do, not something to learn; and the doing is of such a nature as to demand thinking, or the intentional noting of connections; learning naturally results." **Dewey, John (1916):** *Democracy and Education,* Position: 2469.
4. **Klafki, Wolfgang (2002):** *Schultheorie, Schulforschung und Schulentwicklung im politisch-gesellschaftlichen Kontext,* S. 176-195.
5. **Auernheimer, Georg (2012):** *Einführung in die interkulturelle Pädagogik,* S. 59.
6. **Intermedia Arts and Creative Technology - Volume 1:** CREATIVEARTS, S. 147-155. doi: 10.5220/0009032101470155.
7. **Diah Mayang Sari, Interview an der Technischen Hochschule Ulm, 2015.** URL: https://workshop.intercultural.design/TiM2015/video.html [23.02.2021].
8. **Radtke, Susanne (2019):** *Educational Animations in Inter- and Monocultural Design Workshops,* in: Proceedings of the 1st International Conference on Intermedia Arts and Creative Technology - Volume 1: CREATIVEARTS, S. 147-155. doi: 10.5220/0009032101470155.
9. **Elsen, Hilke (2020):** *Gender - Sprache - Stereotype,* S. 104.
10. **Jonas, K./Schmid Mast, M. (2007):** *Stereotyp und Vorurteil,* S. 1.
11. **Allport, Gordon (1954):** *The nature of prejudice,* S. 276-279.
12. **Radtke, Susanne P. (2016):** *Internationalisierung der Medienausbildung. Methoden und Ergebnisse am Beispiel von interkulturellen Design-Workshops in den USA, Ägypten und Indonesien,* in: Klaffke,H./Knutzen, S./Buether, A./Toscano, B. (Hg.): *Tagungsband Medienberufe auf neuen Wegen. Wandel der Gesellschaft, der Berufe und der dualen Ausbildung?,* Technische Universität Hamburg-Harburg, Technische Bildung und Hochschuldidaktik G-3, S. 162.
13. **Lewandowska, A./Mieder, W. (Hg.) (2008):** *Sprichwort-Gebrauch heute. Ein interkulturell-kontrastiver Vergleich von Sprichwörtern anhand polnischer und deutscher Printmedien,* Sprichwortforschung Bd. 26., S. 132.
14. URL: https://textmessage.pja.edu.pl, URL: http://design.pja.edu.pl/workshops [23.02.2021].
15. Ein ‚Objet trouvé' (franz. ‚gefundener Gegenstand') ist ein Alltags- oder Naturgegenstand, der zu einem Kunstwerk gemacht wird, indem der Künstler ihm einen ästhetischen Wert zuschreibt und in sein Werk verwandelt oder integriert. Der Begriff entstand Anfang des 20. Jahrhunderts, als viele Künstler z. B. Surrealisten traditionelle Vorstellungen über das Wesen der wahren Kunst in Frage stellten, nach dem Motto: „Jeder Gegenstand kann ein Kunstwerk sein."
16. **Verstehen** ist im Übrigen auch in der englischsprachigen qualitativen Sozialforschung ein feststehender Fachbegriff und wird nicht übersetzt. Patton definiert "Verstehen" wie folgt: "Meaningful understanding, the capacity to see things from another's perspective" (vgl. Patton 2015, S. 56, Fußnote 19)
17. **Gerade in der qualitativen Sozialforschung** existieren verschiedene theoretische Ansätze zur Auffassung von Wirklichkeit und wie Gesellschaften und deren Individuen diese beeinflussen bzw. gestalten – welchen Dingen sie also welche Bedeutung zuschreiben. So geht der Symbolische Interaktionismus davon aus, dass Interaktionen mittels symbolischer Kodifizierungen vermittelt werden auf bestimmten konventionalisierten Interaktionsformen, Gesten und Ritualen basieren (vgl. Kruse 2014, S. 29 Fußnote 21). Auch der Sozialkonstruktivismus geht davon aus, dass Wirklichkeiten nicht objektiv gegeben ist, sondern sozial konstruiert werden. (vgl. Flick 2013, S. 151, Fußnote 21).
18. **Geertz, Clifford (1999):** *Dichte Beschreibung. Beiträge zum Verstehen kultureller Systeme.*
19. **Patton, M. Q. (2015):** *Qualitative Research & Evaluation Methods*
20. **Meyer, Erin (2015):** *The Culture Map. Decoding How People Think, Lead, And Get Things Done Across Cultures.*
21. **Weiterführende Literatur:**
    Flick, Uwe (2013): *Konstruktivismus,* in: Flick, U./von Kardoff, E./Steinke, I. (Hrsg.): *Qualitative Forschung. Ein Handbuch.* 10. Aufl., S. 150-164.
    Kruse, Jan (2014): *Qualitative Interviewforschung. Ein integrativer Ansatz.*

KAPITEL 6 | LOCAL VS. GLOBAL

1 **URL:** https://www.onlineprinters.de/magazin/die-geschichte-des-plakats/ [23.02.2021].
2 **Villaverde, Héctor (2009):** *Testimonios del diseño gráfico cubano.* 1959-1974.
3 **Valdés, Reyna María (1991):** *Cuba en la gráfica.*
4 **Fernández, Lucila (2014):** *Una isla de diseño Cuba 1960 al 2000,* Arte cubano No. 2, S. 64-67.
5 **URL:** https://www.smashingmagazine.com/2010/01/the-legacy-of-polish-poster-design/ [23.02.2021].
6 **Rudzinski, Piotr (2009):** *Pierwsze polwiecze polskiego plakatu 1900-1950.*
7 **URL:** https://www.porta-polonica.de/de/atlas-der-erinnerungsorte/polnische-plakatkunst-der-bundesrepublik-der-nachkriegszeit. [23.02.2021].
8 **Eckstein, Hans (1962):** *Vorwort,* in: Plakate aus Polen (Ausst.kat.), München, Die Neue Sammlung.
9 **URL:** https://www.smb.museum/ausstellungen/detail/der-salon-der-plakate-ist-die-strasse-die-schule-der-polnischen-plakatkunst-1950-1970/ [23.02.2021].
10 **URL:** https://www.europa.clio-online.de/essay/id/fdae-1656 [23.02.2021].
11 **URL:** https://www.sueddeutsche.de/leben/lichtbilder-ganz-kleines-kino-1.3223598 [23.02.2021].
12 **URL:** https://hgdi.wordpress.com/2009/05/19/timeline-for-indonesian-graphic-design-history/ [23.02.2021].
13 **Brattinga, Maartje (2014):** *Advertising in the Dutch East Indies. In search of a tropical style,* in: Wimba. Jurnal Komunikasi Visual & Multimedia, Vol. 6, No. 2, S. 3-4.
14 **URL:** https://hgdi.wordpress.com/2009/05/03/1900s/ [23.02.2021].
15 **URL:** https://de.statista.com/statistik/daten/studie/253272/umfrage/alphabetisierung-in-indonesien/ und https://datatopics.worldbank.org/world-development-indicators/themes/people.html [23.02.2021].
16 **URL:** http://www.adgi.or.id/en/about [23.02.2021].
17 **Sumarijanto, Lucia C. (2007):** *In Search of a Style. The Issue of Cultural Identity and Graphic Design in Indonesia.* Thesis for the degree of Master Science (Communication Design) at Pratt Insititute School of Art and Design, December 2003, S. 33-49.
18 **John Kudos,** E-Mail Korrespondenz vom 02.02.2021.
19 **Wulan, Roro Retno (2017):** *The Myth of White Skin. A Postcolonial Review of Cosmetics Ads in Indonesia,* in: SHS Web of Conferences 33, doi: 10.1051.
20 **URL:** https://smoking-room.net/pria-punya-selera-gudang-garam-international/ [23.02.2021].
21 **URL:** https://hgdi.wordpress.com/2009/05/19/timeline-for-indonesian-graphic-design-history/ [23.02.2021].

BILDNACHWEIS

1.01 Illustration: Jan Büttner
1.02 Illustration: I Kadek Buda Patrayasa
1.03 Foto: Susanne P. Radtke
1.04-1.06 Illustration: Beryl Natalie Janssen
1.08 Konzept/Illustration: Mimi Rehmann
1.09 Illustration: Beryl Natalie Janssen
1.11 „1908: (https://commons.wikimedia.org/wiki/File:Tube_map_1908-2.jpg), „Tube map 1908-2", bearbeitet, https://creativecommons.org/publicdomain/zero/1.0/legalcode 1933: https://en.wikipedia.org/wiki/Harry_Beck#/media/File:Beck_Map_1933.jpg
1.12 „Piet Mondrian artist QS:P170,Q151803 (https://commons.wikimedia.org/wiki/File:Blossoming_apple_tree,_by_Piet_Mondriaan.jpg)
Piet Mondrian artist QS:P170,Q151803 (https://commons.wikimedia.org/wiki/File:Mondriaan_-_No._11.jpg), „Mondriaan - No. 11"
Piet Mondrian artist QS:P170,Q151803 (https://commons.wikimedia.org/wiki/File:Piet_Mondriaan,_1921_-_Composition_en_rouge,_jaune,_bleu_et_noir.jpg)
1.13 Illustration: Beryl Natalie Janssen
1.14 Deutschland Ost (ca. 1969), Deutschland regional z.B. Dresden / Sachsen (1996) und nach 1989 teilweise für Deutschland West
1.15 Deutschland (Ampelpärchen spez. Frankfurt am Main/Hessen, Dänemark (spez. Stadt Fredericia), 2. Deutschland (spez. Region Rheinland Pfalz)
1.16 Österreich (Stadt Insbruck, temporär Winterhalbjahr)
1.17 Mustienes, C./Hilland, T. (2006): Icons. Colors Signs. Taschen (Hrsg.) (2009): COLORS. 1000 Signs.
Anm.: Deutsches Reich 1939: gleiches Zeichen auch Bundesrepublik Deutschland, (1949–1953), Deutsche Demokratische Republik (1949–1956) und Niederlande 1941"
1.18-1.21 v.l.o.n.r.u.
RAUTE, Fotos: Verena Seitz, Ashely Cooper, Verena Seitz, https://pixabay.com/de/stra%C3%9Fenschild-warnung-b%C3%A4r-gefahr-2630485, Ashely Cooper, Verena Seitz, Susanne P. Radtke, Hubert Mousseigne, Verena Seitz, Verena Seitz
DREIECK, Fotos: Hal Brinkley, https://pixabay.com/de/photos/warnschild-verkehrsschild-schild-2446886, Susanne P. Radtke, Roly Vasquez, Lariset Aguilar, https://amp.spb.kp.ru/daily/26589.5/3604756, Lewis Nightingale, Mira Wagner, https://www.zoonar.de/photo/strassenschild-warnt-vor-wandernden-sanddnen-oman_2664129.html, Joachim Kant
KREIS, Fotos: Ashely Cooper, Verena Seitz, Verena Seitz
Verena Seitz, Verena Seitz, Verena Seitz, Verena Seitz, Diego Catto, Verena Seitz, Olaf Hoffmann
SONDERFORMEN, Fotos: Olaf Hoffmann, Carsten Lange, Anita Diepold, Dinna Louise C. Dayao, Ashely Cooper, Sebastian Volkholz, Greg Montani, Susanne P. Radtke, Verena Seitz, Sebastian Volkholz"
1.22-1.25 Design: Yossi Lemel
2.01-2.02 Illustration: Jan Büttner
2.04 Illustration: Susanne P. Radtke
2.05 Illustration: Bachelorabschlussarbeit Niko Winkler, 2019
2.06-2.15 Illustration: Susanne P. Radtke
2.16 Studentische Arbeiten, v.l.n.r.: Jan Herok, Jasdev Bhogal, Felix Dedek, Jennifer Beifuss
2.18 Wassily Kandinsky, „Tanzkurven: Zu den Tänzen der Palucca," Das Kunstblatt, Potsdam, vol. 10, no. 3 (1926), pp. 117-21
2.19-2.10 Studentische Arbeit: Jan Büttner
2.20 Studentische Arbeit: Jan Büttner
2.21 Studentische Arbeit: Jan Büttner
2.22 Studentische Arbeit: Jan Büttner
2.23 Illustration: Susanne P. Radtke
2.24 Illustration: I Kadek Buda Patrayasa
2.25 Foto: Verena Seitz
2.26 Foto: Wolfgang Siol HfG-Archiv / Museum Ulm, Inv. Nr. 61.0324
2.27 Designer: Rob Janoff, 1977
2.28 Designer: Anton Stankowski, 1974
2.29 Fotos: Hintergrund: Lars-Thore Rehbach
v.o.n.u: Lars-Thore Rehbach, Lars-Thore Rehbach, Thomas Kärcher
2.30 Studentische Arbeit: Li Hang
2.31 Studentische Arbeiten: v.l.o.n.r.u. Marie-Sophie Stelte, Erdem Demet und Angelique Gelhar, Philipp Kühlein, Andreas Bindseil und David Cisar
3.01 Foto: Paul Daniel
3.02 Adaptiert von Fay, N./Ellison, T. M. (2014): Iconicity: From Sign to System in Human Communication and Language, doi: 10.1075/pc.22.2.05fay, S. 245

3.03 Grafik: Paul Daniel
3.04-3.06. Illustration: Angela Ziegler
3.08 Illustration: Jan Büttner
3.09 Studentische Arbeit: Jan Büttner
3.10 Studentische Arbeit, oben: Jenny Beuth, unten: Andreas Rusch
3.11 Illustration: Franziska Wagner
3.12 Illustrationen: I Kadek Buda Patrayasa, Paul Daniel
3.13 Modell: Wulf Architekten, Stuttgart, Germany
3.14-3.16 Design: Saki Mafundikwa
3.17 Design: Anushka Sani
3.18 Design: Thaakierah Abdul
3.19-3.21 Design: Marian Bantjes
3.22 Design: Elizabeth Resnick
3.23-3.24 Design: Gustavo Greco
3.25 Susana Machicao,
3.26-3.27 Design: Georgios D. Matthiopoulos
3.28-3.30 Design: Typical organization: Joshua Olsthoorn und Kostas Vlachakis
3.31 Design: k2design
3.32-3.33 Design: Katerina Antonaki
3.34-3.35 Design: MNP Athens
3.36-3.49 Quellen: Zhiqian Li
3.50 Design: Yi Meng Wu
3.51 Design: Hong Jie Guan
3.52 Design: Yan Song Li
3.53 Design: Hai Long Xiang
3.54-3.56 Quellen: Haytham Nawar
3.57-3.58 Design: Muhammad Yaqoob, 1834
3.59 Bildquelle: Haytham Nawar
3.60 Design: Pascal Zoghbi für das Eye Magazine #90, 2015
3.61 Bildquelle: Haytham Nawar
3.62-3.63 Design: Golnar Kat Rahmani
3.64-3.65 Design: Nada Abdallah
3.66-3.68 Design: Engy Aly
3.69-3.70 Design: Yosra Gamal, Mirna Noaman & Nada Hesham, Yasser Nazmy, Ahmed Hammoud
4.01 Bachelorabschlussarbeit: Joshua Schlaier
4.02-4.03 Illustration: Paul Daniel
4.04 Painting: Wen Shu (https://commons.wikimedia.org/wiki/File:%E6%96%87%E4%BF%86_%E3%80%8A%E8%8A%B1%E9%B8%9F%E5%9B%BE%E3%80%8B.jpg)
4.05 AKG935663_Newtons Experiment mit der Lichtbrechung, Grafik Bildnachweis: akg / Science Photo Library
4.06-4.08 Illustration: Paul Daniel
4.09 Design: Susanne P. Radtke
4.10 Photo: unbekannt
4.11 Studentische Arbeit, v. l. n. r: Franziska Emhardt, alle weiteren von Martina Stoll
4.12 Studentische Arbeit: Carina Hauf
4.13 Studentische Arbeit: Max Willier
4.14 Studentische Arbeit: Simon Deering
4.15 Illustration: Jan Büttner
4.16 Foto: Thomas Kärcher
4.17 Erster Santa Claus vom Cartoonist und Grafiker Haddon Sundblom für ColaCola 1931 entworfen.
4.18 (https://commons.wikimedia.org/wiki/File:Empress_Catherine_The_Great_1787_(Mikhail_Shibanov).JPG), „Empress Catherine The Great 1787 (Mikhail Shibanov)"
4.19 Rembrandt artist QS:P170,Q5598 (https://commons.wikimedia.org/wiki/File:Rembrandt_-_De_Staalmeesters-_het_college_van_staalmeesters_(waardijns)_van_het_Amsterdamse_lakenbereidersgilde_-_Google_Art_Project.jpg), „Rembrandt - De Staalmeesters- het college van staalmeesters (waardijns) van het Amsterdamse lakenbereidersgilde - Google Art Project"
4.20 Grafik: Beryl Natalie Janssen
Literatur:
Aslam, Mubeen M. (2006): Are You Selling the Right Colour? A Cross-cultural Review
of Colour as a Marketing Cue Journal of Marketing Communications, Vol. 12, No. 1, S. 15–30. / Chase, Emily (2014-2015): Colors of Judaism, in: DERECH HATEVA. A Journal of Torah and Science. A Publication of Stern College

for Women, Yeshiva University, Vol. 19. / Bünau, Detlef (2008): Farben (AT), Wissenschaftliches Bibellexikon im Internet, URL: https://www.bibelwissenschaft.de/wibilex/das-bibellexikon/lexikon/sachwort/anzeigen/details/farben-at/ch/b43afcce7c87584a7111d922a4f3ac61/ [16.02.2021]. / Abu Bakar, Muhammad Fauzan (2015): Colours of Islam, Academia.edu, URL: https://www.academia.edu/6434115/Colours_of_Islam [25.09.2020]. / Namiri, Mahsa Esmaeili (2017): Symbolic Meaning of Colors in Traditional Mosques, Submitted to the Institute of Graduate Studies and Research in partial fulfillment of the requirements for the degree of Master of Science in Architecture, Eastern Mediterranean University, Gazimağusa, North Cyprus, URL: http://i-rep.emu.edu.tr:8080/xmlui/handle/11129/4314 [25.09.2020]. / Shirgaonkar, Varsha (2017): Colors ans Color Symbolism in Ancient Buddhism and Hinduism: Reflections in Art and Rituals, Department of History, S.N.D.T. Women's University, Mumbai 400020. URL: https://www.academia.edu/35893126/COLOURS_AND_COLOUR_SYMBOLISM_IN_ANCIENT_BUDDHISM_ [23.02.2021]
4.21 Jonauskaite, D., Abu-Akel, A., Dael, N., Oberfeld, D., Abdel-Khalek, A. M., Al-Rasheed, A. S., Antonietti, J.-P., Bogushevskaya, V., Chamseddine, A., Chkonia, E., Corona, V., Fonseca-Pedrero, E., Griber, Y. A., Grimshaw, G., Hasan, A. A., Havelka, J., Hirnstein, M., Karlsson, B. S. A., Laurent, E., ... Mohr, C. (2020). Universal Patterns in Color-Emotion Associations Are Further Shaped by Linguistic and Geographic Proximity. Psychological Science, 31(10), 1245–1260. https://doi.org/10.1177/0956797620948810, Abb. 3, S. 7
4.22 Mit freundlicher Genehmigung von Lenclos, Jean-Philippe (1995): Les couleurs de l'Europe. géographie de la couleur, S. 123
4.23 Grafik: Paul Daniel
Literatur: Blum, Lothar B. (2010): Colours & Cultures, Beiträge zur empirischen Designforschung, URL: https://designforschung.wordpress.com/2010/05/20/colours-cultures [11.10.2020]. / Buether, Axel (2020): Die geheimnisvolle Macht der Farben: Wie sie unser Verhalten und Empfinden beeinflussen, Kindle Version (German Edition). / De Bortoli, Mario & Maroto, Jesús (2008): Colours Across Cultures: Translating Colours in Interactive Marketing Communications, Global Propaganda, Granada, Spain, URL: http://www.globalpropaganda.fresa.net/articles/TranslatingColours.pdf [25.09.2020]. / Halbgebauer, Nora (2008): Polychromie romanischer Portale in Wien und Niederösterreich, Diplomarbeit, Universität Wien, Historisch-Kulturwissenschaftliche Fakultät, URL: http://othes.univie.ac.at/974/1/2008-08-26_9400017.pdf [28.09.2020]. / Jonauskaite, D. et al. (2020): Universal Patterns in Color-Emotion Associations Are Further Shaped by Linguistic and Geographic Proximity, Psychological Science, 31(10), S.. 1245–1260. doi:10.1177/0956797620948810 [13.09.2020]. / Li, Yuhai: On the Symbolic Meaning of Color Words in Chinese Traditional Culture (chin.), URL: https://m.xzbu.com/1/view-6162666.htm [16.02.2021]. / Morton, Jill (2004): Global Color Clues and Taboos, PDF document published by COLORCOM. / Panja, Ishita (2020): Color in Architecture, Department of Architecture, B. Arch. Dissertation, ITM School of Architecture & Town planning, N.H.-24, Bakshi KaTalab, Lucknow, Uttar Pradesh, URL: https://issuu.com/rediffmail9741/docs/colour__in_architecture__ishita_panja_ [29.09.2020].
4.24-4.26 Design: Ghada Wali
4.27-4.28 Design: Hanny Kardinata
4.29-4.32 Design: Shino Suefusa
4.33 Design: Eduardo Barrera Arambarri
4.34 Design: Leo Lin
4.35 Design: Sophia Shih
4.36 Design: O'Plerou Grebet
4.37 Design: Lulu Zhao,
4.38 Design: Ping Mu
4.39 Design: Jing Yang
4.40 Design: Jing Xiao
4.41 Illustration: Beryl Natalie Janssen, Alexandra Stoll
4.42 Illustration: Paul Daniel
4.43 https://pixabay.com/de/users/andyg-144138/
4.44 Foto: Filiberto Santillan
4.45 Foto: Alice Triquet
4.46 Bachelorabschlussarbeit: Robin Muster
4.47 Bachelorabschlussarbeit: Robin Muster
4.48 Foto: Susanne P. Radtke
4.49 Foto: https://de.depositphotos.com/stock-photos/tumpeng.html?filter=all&qview=271353866
4.52 Schaubild: Susanne Radtke
4.53 Foto: Katrin Hinz
4.54 Grafik: Katrin Hinz
4.55 Illustration: Antonia Mahlke
4.56 Piktogramme: Lisa Voigt
4.57-4.58 Foto: Katrin Hinz

5.01 Im Uhrzeigersinn, oben: Studentische Arbeit von Blasius Vebiyona Abi, Ade Surya Nanda, Dharmawan Arif Setiawan, Niklas Luther, Adrian Jehne und Rebekka Egl
Foto: Celine Benachour
Foto: Susanne P. Radtke,
Schriftgestaltung „Type in Motion": Regina Sembiring
Foto: James Wasswa, Uganda
Foto: Susanne P. Radtke
Foto: Tina Schradin
Foto: Agnieszka Ziemiszewska, Polen
Mitte: Studentische Arbeit von Maira Bizimi, Jan Herok, Nathalie Hochholzer und Ioannis Katsibras
5.02 Grafik: Angela Ziegler
5.03 Studentische Arbeit: Jan Gurbandt, Maximilian Maier
5.04 Studentische Arbeit: Alexander Braun, Heather Guilford, Rose Carlyle, Max Maier, Sabrina Tan
5.05 Foto: unbekannt
5.06 Studentische Arbeit: Franziska Wegmann, Sophie Griebel, Irna Audina, Bayu Santoso
5.07 Studentische Arbeit: Khansa Dewi K, Arjuna Kresna, Kristina Schirmer, Sebastian Volkholz
5.08 Grafik: Frank Rausch
5.09 Foto: Susanne P. Radtke
5.10 Studentische Arbeit: Jonathan Bail, Lena Heger, Nathalie Hochholzer, Bayu Santosa, Kristina Schirmer, Sebastian Volkholz"
5.11 Studentische Arbeit: Hoda Abd El Latif, Mona Diab, Emma El Benany, Heba El Kest, Iman El Shenawy, Salma El Ashkar, Sandra Fahim Botros, Nawarra Hany Mehrem, Ayah O Moustafa, Kanzy Taha, Ulrike Grau, Andrea Jall, Bernd Kächler, Diana Macuta, Robert Martinez, Andrea Prade, Moritz Schwindt, Nadja Weber, Maximilian Willier, Anastaszija Zelic
5.12 Studentische Arbeit: Judith Bahr, Xenia Engelke, Maxi Stumpp, Regina Sembiring, Yannis Katsimpras
5.13 Foto: Susanne P. Radtke
5.14 Studentische Arbeit: Maira Bizimi, Jan Herok, Nathalie Hochholzer, Ioannis Katsibras
5.15 Studentische Arbeit: Lydia Papacanstantinou, Joshua Schlaier, Samantha Schraag
5.16 Studentische Arbeit: Jan Büttner, Karolin Knapik, Zoi Panteliadou, Evanthia Papakosma
5.17 Foto: unbekannt
5.19 Studentische Arbeit: Emmerich Buchmüller, Anna Krutova, Mackenzie Moran, Stephanie Reiner
5.20 Studentische Arbeit: Cheung, Jennifer (San Francisco State University) Müller, Saskia (University of Applied Sciences Ulm) Naoi, Kenta (San Francisco State University) Wilutzki, Christopher (University of Applied Sciences Ulm)"
5.21-5.22 Design: Lu Yu
5.23 Foto: Celine Benachour
5.24 Illustration: Blasius Vebiyona Abi, Ade Surya Nanda, Dharmawan Arif Setiawan
5.25 Illustration: Blasius Vebiyona Abi, Ade Surya Nanda, Dharmawan Arif Setiawan
5.26 BZ: Illustration: Jennifer Steffen
5.27-5.30 Design: Rayan Abdullah
5.31 Foto: Sebastian Volkholz
5.32 Grafik: Angela Ziegler
5.34 Bildquellen: Agnieszka Ziemiszewska
5.35 Foto: Sigrid A. Bathke
6.01 Illustration: Angela Ziegler
6.02-6.03 Design: Edel Rodríguez Mola
6.04-6.07 Design: Indania del Río
6.08-6.09 Design: Agnieszka Ziemiszewska
6.10-6.13 Design: Jerzy Skakun und Joanna Górska,
6.14-6.18 Design: Marcin Władyka
6.19 Design: John Kudos
6.20-6.21 Design: Studio Batu
6.22-6.23 Design: Indieguerillas
6.23-6.27 Design: Henri Kusbiantoro

BUCHTIPP

Sabine Dengscherz, Michèle Cooke

Transkulturelle Kommunikation

Verstehen – Vertiefen – Weiterdenken

1. Auflage 2020, 270 Seiten
€[D] 24,90
ISBN 978-3-8252-5319-6
eISBN 978-3-8385-5319-1

Was haben Ampelfiguren, ein Hase oder ein „Speibsackerl" mit Transkultureller Kommunikation zu tun? Was spielt alles mit in einer Kommunikationssituation und was macht professionelle Transkulturelle Kommunikation aus? Warum braucht es ein differenziertes Kulturverständnis ohne Simplifizierung und Zuschreibungen? Mit diesen und vielen weiteren Fragen der Transkulturellen Kommunikation setzt sich diese interdisziplinäre Einführung auseinander.
Das Buch richtet sich an Studierende, an Lehrende der Kultur- und Kommunikationswissenschaften sowie an alle an Kommunikation Interessierten.

UVK Verlag. Ein Unternehmen der Narr Francke Attempto Verlag GmbH + Co. KG
Dischingerweg 5 \ 72070 Tübingen \ Germany
Tel. +49 (0)7071 97 97 0 \ Fax +49 (0)7071 97 97 11 \ info@narr.de \ www.narr.de